ZHENGMIANZHANCHAN

YUANGUOMINDANGJIANGLINGKANGRIZHANZHENGQINLI

正面战场

南京保卫战

原国民党将领抗日战争亲历记

唐生智　刘　斐等著

中国文史出版社

目　　录

前　言

　　抗日战争是中国人民一百年来第一次彻底打败帝国主义侵略的民族解放战争，是反法西斯第二次世界大战的重要组成部分，在中国和世界的历史进程中都占有重要地位。为取得抗日战争的胜利，全国军民浴血战斗，英勇牺牲，为国家、为民族立下了不朽的功勋。为了全面反映抗日战争的概貌，为史学工作者提供研究资料，特将全国政协和各地政协征集的原国民党将领回忆抗日战争的文章，经过审慎的选择和核实，汇编成《正面战场·原国民党将领抗日战争亲历记》丛书。本书是丛书中之一部。

　　一九三七年八一三淞沪抗战结束后，日军继续西犯，妄图以武力优势彻底摧毁我军战斗意志，迫使我以最屈辱的条件讲和，早日"解决事变"。十二月一日，日本大本营下达第八号敕令："华中方面军司令官须与海军协同，攻占敌国首都南京。"守卫南京的中华儿女，面对强敌，在富饶美丽的长江三角洲展开了一场短暂而又壮烈的民族自卫战——南京保卫战。

　　十一月八日，日军兵分两路直逼南京：一路以上海派遣军之第九、十三、十六师团主力尾随我军左翼部队沿沪宁线西进，一路以第十军之第六、十八、一一四师团和国崎支队全部沿太湖南岸向湖州集结，企图切断我军退路。

十一月中旬，我第二十三集团军刘湘部共五个师、两个独立旅奉命千里迢迢由四川赶赴广德、泗安，长兴一线，迎击侵略军。与此同时，第五十七军缪澂流部从河南直赴前线，该部第一一二师和由上海撤下来的第一〇三师奉命固守江阴，以江阴要塞为依托，阻敌继续西进。

十一月三十日，广德失守，日军逆向南京右侧背迂回，形成对南京东南至西南面的包围。十二月一日，江阴要塞失守。四日，日军完成了对南京东面的包围。这样，南京的第一道防线——江宁、牛首山、淳化、汤山、龙潭之线暴露在敌军的面前。

我军自决定固守南京后，将在宁的教导总队、首都警备部队和由上海战场调回南京正在整补的第七十四、六十六、八十三军以及第八十七、八十八、三十六师编成卫戍军战斗序列，同时又命第二军团徐源泉部由湖北旦夜兼程开赴南京。我军投入南京保卫战的总兵力共十余万人。在南京第一线阵地开战后，日军不断增加兵力向我猛扑，数以万计的炮弹、炸弹袭我阵地。我军将士殊死抵抗，给敌人以重创。就连日本防卫厅战史室所编《中国事变陆军作战史》对此也记载有"敌人顽强抵抗""战斗没有进展"等语。

十二月八日晚，卫戍司令长官唐生智下令第一线守军退守复廓、城垣阵地继续抵抗，同时采取措施，决心背水一战。九日起，敌军以第十六师团主力攻打紫金山各要点，以第十三师团之山田支队攻打栖霞山、乌龙山之线，以第九师团攻打光华门、通济门，以第六、一一四师团各一部攻打雨花台、中华门、水西门一线。光华门城垣首先告急，敌军两次突入，但都被驻守在那里的教导总队谢承瑞团、第八十七师一部和第一五六师敢死队消灭。我第八十七师第二五九旅旅长易安华殉国。敌军在光华门受挫，便于十一日将主力集中于雨花台和中华门，并对该地区昼夜轰炸。我第八十八师官兵英勇抵抗，旅长朱赤、高致嵩和团长韩宪元、李杰、华品章等身先士卒，壮烈牺牲。在南京保卫战中牺牲的团以上指挥官还有：肖山令、饶国华、罗策群、姚中英、司徒非、李少霞、程智、罗熠斌、谢承瑞等。战至十二日暮，紫金山第二峰和各城门均告失守。唐生智根据蒋介石的指示，向守城各部队下达了突围和撤退的命令。当时，南京城内已呈混乱状态，事先又没有准备，北渡长江船只奇缺，加之通信中断，联络困难，除第六十六、八十三军少数部队突围外，绝大部分拥入下关，造成了严重失控和极度拥塞局面。

十三日，日军侵占南京，开始了对我无辜百姓和徒手官兵为期两个月的灭绝人性的残酷杀戮，被害者达三十五万人之多，造成了震惊中外的南京大屠杀事件。

在方圆数十里的南京展开的这场为期八天的战斗，敌我双方投入兵力数十万，光华门及其附近城垣被夷为平地，战况之激烈可窥一斑。我守卫部队中大部分是入伍不久的新兵，在装备劣、素质差的情况下，并没有被凶残强大的敌人所吓倒，为了祖国和民族的存亡，他们浴血奋战，在抗日战争史上写下了悲壮的一页。

本书辑录了当年参加南京保卫战的国民党将领所写的回忆文章，内容翔实，反映了我中华民族反对侵略、救亡图存的不屈气节和英雄气概。由于我们征集的史料还不够全面，加之编辑水平有限，疏漏和错误之处在所难免，希望各界读者批评指正。

编　者

第一章
综　述

卫戍南京之经过

唐生智[※]

一九三七年，上海战事开始时，我担任军委会执行部主任，那时虽然身体不好，还是经常参加军事会议和调动军队的工作。我当时在会议上对抗日战争的主张是："抗日持久，一个人拼他两三个，拖死日本人，最后胜利一定是中国的。"平常，我对蒋百里及一些朋友也常谈起抗日的问题，并和蒋百里讨论过抗日的办法。他去重庆代理陆军大学校长时，还在冷水滩下车，在我家里住过两天。对于上海、南京战事的计划，我同他也谈过，他提了些意见。执行部起草后，由蒋（介石）核定：以上海、杭州湾为第一线，昆山、无锡、苏州、杭州一带为第二线，江阴、镇江为第三线，南京、京杭公路（宁杭公路）为第四线。同时，"各线部队应该预先有准备，假如上海的部队打了一个时期要撤退时，则第一线上海、杭州湾的部队撤到浙江以西、皖南一带，整

※ 作者当时系南京卫戍司令长官。本书脚注除标明作者注外，均为编者注。

理补充，并在那里准备阵地。以后各线则陆续往后方调动，以做长期抗日、拖死日本人的准备"。当时，执行部是按照我的意见构筑各线工事的。蒋介石对我的意见，口头上表示同意。结果，他不征求任何人的意见，就直接与各部队通电话下达命令，很快将各线的部队调走了。以致执行部修筑的工事和军事计划都没有付诸实行。

我在军委会执行部时，蒋介石要我让德国顾问法根浩森上将多参加执行部的工作。我对蒋说："法根浩森在日本当过武官，而德、意、日三国是一起的，这样搞恐怕不好吧？"蒋说："法根浩森是个旧军官，没有什么关系，我们可以信任他。"但我始终对法根浩森抱着怀疑的态度。以后，他好像是从日本转道回国去了，还听说在第二次世界大战中，担任过德国某部队的总司令，好像是驻在挪威。

执行部拟定作战区域时，从海州至舟山群岛为第三作战区，当时蒋介石内定我担任第三战区司令长官。一九三七年我患重病，上海战事刚开始时，蒋有一次问我身体怎样。我说精神还是不好。他说第三战区的事要冯玉祥搞，实际的责任由顾墨三去担负。我说："好吧，我没意见。"他说："关于军队调动有许多事，还是请你照料一下。"以后，我有一次在军委会碰到冯玉祥，他正准备到无锡去。他对我说："这个事不好办。"我说："这个事是费劲的。"不久，蒋自兼第三战区司令长官，顾祝同代理。可是，凡属一些军政实权，实际上都是蒋介石亲自掌握，不是他所谓亲信的人，是没有实权的，只是挂名而已。

上海战事非常紧张的时候，部队接连失败。我在中山陵园蒋介石的办公室，时常看见蒋介石打电话到上海骂人。那时，如顾祝同、陈诚、薛岳、白崇禧、张治中等所有在上海守卫失利的人，都被蒋介石骂过。蒋介石稍有不如意的事，总是爱发火，喜怒无常。

上海战事开始后不久，刘湘到南京，曾见过蒋介石等许多人，也来看过我，我也回看了他。刘问过我关于上海、南京战事的看法。我说："上海的战事是不能长久打下去的，只有拖住敌人一些时候，并利用这个时机，在后方休整部队和做好长期抗战的准备工作。至于南京的问题，的确不大好办，守是要守的，就是没有完整的部队来守。不过，依我的看法，可以派一个军长或总司令率领几个师来守卫南京，以阻止敌人迅速向我军进逼，从而赢得时间，调整部队，以后再撤出南京，以拖住敌人。"刘说："听蒋说，准备要你守南京。"我说："根本没有这个必要，要我守，我只好拼老命。"他说："你看能守多久？"我说："天晓得。"刘在临走时，对我说："我这次所见到的人，只有你对我讲了真心话。"

直到上海的部队将要全部撤退的时候，蒋介石在中山陵园的住宅内，召开了一次会议，我也在座。他提出了守南京的问题，并问大家说："守不守？"他自己又说："南京一定要守。"我说："我同意守南京，掩护前方部队的休整和后方部队的集中，以阻止和延缓敌人的进攻。"他说："哪一个守呢？"当时，没有一个人作声。他说："如果没有人守，我自己守。"我说："用不着你自己守，派一个军长或总司令，带几个师或几个军就行了。从前方下来的人中间派一个人守，或者要南京警备司令谷正伦守都可以。"蒋说："他们不行，资历太浅。"又说："再商量吧！"第二天，蒋又找我去。他说："我们出去看一看。"到了复廊一带，主要是看桂永清所指挥的教导总队的阵地。他说："这个地势，应该有办法。"我说："现在从上海撤下的部队伤亡很大，新兵多，没有几个老兵，任务是艰巨的。"我回家以后，就要参谋处赶快拟一个城防计划准备次日亲自送给蒋看，并推荐谷正伦、桂永清为城防正副司令，或再加上罗卓英为总司令。因为罗是陈诚的副手，我考虑到将来陈的队伍退到皖南时，他们还可以相互呼应（谁知陈诚的部队在上海撤退时，就一气退过了宣城、广德，而敌人也跟着到了宣城、广德，另一支直趋芜湖了）。

下午，蒋又找我去，对我说："关于守南京的问题，要就是我留下，要就是你留下。"我说："你怎能够留下呢？与其是你，不如是我吧！"他立即问："你看把握怎么样？"我说："我只能做到八个字：'临危不乱，临难不苟'。"我自从九一八事变回到南京以后，始终是主张抗日的。同时，担任的工作也是筹划抗日的工作。上海战事开始时，我又兼任军法执行总监部总监，我能违抗命令，不守南京吗？加之，在这种情况下，蒋介石这样来将我的军，我明知其不可为而为之。事后，有人说我办蠢事。我说："世界上有些事也是要蠢人办的。"在当时情况下，我虽患重病，还不得不担任守南京的任务。

蒋介石在离开南京的前夕，和宋美龄到我家里来。蒋对我说："孟潇兄，你的身体还没有恢复，有劳你守南京，我很难过。"我说："这是军人应该干的事嘛！我还是要重复前天对你说的话，我可以做到'临危不乱，临难不苟'，没有你的命令，我决不撤退。"

蒋、宋走了以后，好几个高级幕僚都围着我来谈话。我记得有一个陆军大学的老同学欧阳起莘（湘乡人）对我开玩笑说："你真是个湖南骡子。"我说："骡子也是人所需要的。"于是一笑而散。以后关于南京战役的经过，有些详细情节，我也记不清楚了。当时有许多参加南京战役的军、师长大概他们总会写一些资料的。

南京我明知不可守，这是任何稍有常识的人都会知道的。当时，局势也很紧迫，没有充足的时间布置，民众工作和军队工作都没有基础。上海战争一开始，蒋介石不惜调动大量部队在上海拼，我是不赞成的。蒋曾说过："上海这一仗，要打给外国人看看。"我对这句话很是反感。事后回溯，他是希望德国出来缓和局面的。

十二月十日中午①，我接到顾祝同打来的电话，他转来蒋介石关于撤退的命令，要我渡江向津浦路撤退，军队相机突围。接到电话时是中午十二时，顾祝同对我说："委员长已下令要南京守军撤退，你赶快到浦口来，我现在要胡宗南在浦口等你。"我说："前线如此紧急，被突破的地方很多，如何撤退？"顾说："你今晚务必撤退过江。"我说："有许多事情应该与各部队长交代清楚，才能撤退。不然，以后责任，由谁来负？"他说："你留个参谋长交代一下就行了，今晚赶快过江吧！"我说："那不行，最早也要到明晚才能撤退。我不能只顾一人的死活，不顾军队。"他说："敌人已到六合，情况非常紧急。"我仍说："今晚要我过江是不行的。"于是，就在当晚研究撤退部署。次日一早②，就召集总司令、军、师长开会，我先将蒋的命令宣读一遍，再将撤退部署每人发一张（用油印印好的）。对于各部队的撤退时间、先后、路线都有详细规定。除了广东的两个军（邓龙光和叶肇部）按计划突围，宋希濂部遵照命令由浦口撤退以外，其他部队都没有按照命令实行。

我回到汉口，见到了蒋介石，送了一份南京战役概要。我说："一切责任都是我的，请处分。"但以后，蒋也没有置议。我在这一段期间内，养了很久的病。

———————————

① 根据上下文判断和谭道平同志的回忆，顾祝同的电话应该是十二月十一日。

② 召集守城将领开会宣布撤退命令的时间，应为十二月十二日下午五时许。

在汉口时，有一次汪精卫邀我去他家里吃饭，还有张发奎在座。汪当时的调子很低，他说："这个仗不能再打下去了，要另想办法了。"我说："已经死了这许多人，这些人都是为抗日而死的。我们何以对祖先？何以对死者？"汪即说："在上海、南京牺牲的人不少了。"我说："但他们都是为不愿做亡国奴而牺牲的。中国是不会亡的，抗战一定要坚持到底。除了抗战到底以外，别无出路。"这样，话也谈不下去了，终于不欢而散。从这次谈话中，我更认识到汪的为人：有点小聪明，但骨头太软了，什么气节都不讲。

不久，因我的父亲病重，我乃回到湖南东安原籍。

抗战初期的南京保卫战

刘　斐※

一九三七年卢沟桥事变后，蒋介石举行了庐山会议，召集各界人士会谈，决定抗战。旋即在南京组织对日作战大本营，全国各界人士包括共产党人在内都踊跃参加。这样，神圣的抗日战争就展开了。

当时大本营作战组根据敌我基本情况，对敌我战略方针，作了具体的分析。认为：日本对中国的侵略，一贯采取逐步蚕食政策，和它这种政策相适应，它在战略上采取速战速决的歼灭战方针。所以，当它挑起卢沟桥事变时，一方面引诱宋哲元等谋作地方事件解决，以便达到它不战而略取华北的目的；一方面调集重兵，企图以速战速决的方针，先解决华北，造成既成事实，然后进一步压迫南京国民政府承认。

它之所以采取速战速决的战略方针，是因为：它的兵备虽强，但人口少，兵员不足，国土小，资源贫乏，国力弱，不利于

※　作者当时系国民政府军令部第一厅（作战）厅长。

长期作战，且它是侵略者，侵略的不义战争是失道寡助的，帝国主义国家之间又有矛盾，若长期战争，它会引起第三者干涉。所以，它只能采取速决歼灭战略。而我国军备虽处劣势，但人口众多，兵源充足，领土大，资源丰富，国家潜力大，并且我是进行反侵略的正义战争，有哀兵必胜、得道多助等有利条件。故我利于采取持久消耗战略。

根据上面分析，我们的战略方针应该是：针对敌人企图使战争局部化的阴谋，应尽量使战争全面化，针对敌人速战速决的战略方针，应利用我地大物博、人口众多的有利条件，实行以空间换时间、积小胜为大胜的持久消耗战略。这些意见，成为当时指导抗日战争的基本战略思想。

当日本帝国主义者看到中国决心抗战，它的不战而屈和企图使事件局部化的阴谋不能实现时，就一面加紧进攻华北，一面到处挑衅，并于八月九日发生了上海虹桥机场事件，借口要求南京国民政府撤退上海保安总队，压服中国各地的抗日运动。我为扩大战场，造成全面抗战的形势，就乘机主动把驻在苏州的张治中部三个师迅速驰援上海，迎击敌人对上海保安总队的进攻，展开了八一三淞沪抗战，迫使敌人逐步向上海增援，打乱了它整个作战计划，使它陷于被动，而且深深地陷入了中国持久抗战的泥淖之中。在战事迁延不决的情况下，日本侵略军改用战略包围由杭州湾登陆，对上海阵地进行远后方的迂回。

十一月初，日军由杭州湾登陆后，蒋介石想把部队向原阵地后方稍撤，即把右翼（原中央兵团）撤到青浦、白鹤港之线，结果也站不稳脚。于是左翼兵团又不能不连带一起，向吴（苏州）福（山）线既设阵地转进。这时，受敌机动性较强的海陆空军的追击，部队不能不尽量疏散，就使原来已经混乱的部队更不好掌握。加之既设阵地线上既没有设留守部队和向导人员，也没有工事位置图。部队转进到来后，找不到工事位置，找到了工事位置，又没有打开工事的钥匙。以致在敌跟踪追击的情况下，没有占领阵地的余裕时间。因此，在吴福线上还没有站稳脚时，敌人已从吴福线的两侧（平望、福山、浒浦）进行威胁，只好继续向锡（无锡）澄（澄山，江阴县城）线既设阵地撤退，终于在锡澄线上也没有站住脚。

这样一来，南京防守问题，就出乎意料地提前提到日程上来了。

唐生智"自告奋勇"守南京

战局的演变，使蒋介石筹建了多年的吴福线和锡澄线国防工事，丝毫没有起到阻止敌人前进的作用，出乎意外地迫使他急于解决南京防守的问题。蒋为解决这个问题，十一月中旬连续在他的陵园官邸召开了三次高级幕僚会议。

第一次会议只有何应钦、白崇禧、徐永昌和我等几个人参加，当时我认为上海会战后期没有贯彻持久消耗战略精神，没有适时调整战线保存部队有生力量，不应该在敌海陆空军便于协同作战的长江三角洲胶着太久，且依靠九国公约，把战略做了政略的牺牲品，致自陷于被动。我军应坚持持久消耗战略原则，不应该在一城一地的得失上争胜负，而要从全盘战略着眼，同敌人展开全面而持久的战争。如果拖到日本对占领我国的每个县要出一个连，甚至一个营的兵力来防守战地，即使它在战术上有某些胜利，但在整个战争上它非垮台不可。

对于南京的防守问题，我认为日军利用它在上海会战后的有利形势，以优势的海陆空军和重装备，沿长江和沪宁、京杭国道（宁杭公路）等有利的水陆文通线前进，机动性大，后方联络线也很便利。而南京在长江弯曲部内，地形上背水，故可由江面用海军封锁和炮击南京，从陆上也可由芜湖截断我后方交通线，然后以海陆空军协同攻击，则南京将处在立体包围的形势下，守是守不住的。我军在上海会战中损失太大，又经过混乱的长途退却，已无战斗力，非在远后方经过相当长时期的补充整训不能恢复战斗能力。基于我军当前的战斗任务，为贯彻持久抗战方针，应避免在初期被敌强迫决战，故应以机动灵活的运动战，争取时间，掩护后方部队的整补及进一步实行全国总动员，争取在有利时机集中优势兵力，对敌进行有力的打击。针对以上的情况判断，我认为南京是我国首都所在，不作任何抵抗就放弃，当然不可。但不应以过多的部队争一城一地的得失，只用象征性的防守，作适当抵抗之后就主动地撤退。对兵力使用上，以用十二个团，顶多十八个团就够了，部队太多将不便于机动。

大本营副参谋总长白崇禧首先表示支持我的意见，说应该这样做。何应钦和徐永昌也说有道理。蒋介石虽说我的看法很对，但又说南京是国际观瞻所系，守是应该守一下的，至于如何守法，值得再加考虑，当时他没做明确的决定。对上海作战中损失大的部队，他则说应一律调到后方整补。

蒋这次的决定，虽然是模棱两可的，但决定上海作战损失大的部队调后方整补，则同对南京只作象征性防守的方针还是符合的。因当时估计吴福线站不住脚，已指令在吴福线的部队尽力掩护占领锡澄线之后，即向苏皖边境的广德、安吉、孝丰等地转移。只有第七十八军宋希濂部是调到南京整补的。胡宗南的第一军则在镇江附近整补，在掩护南京防守部队占领阵地后，即向长江北岸转移。

过了两天，大约是十一月的十五六日，接着开第二次高级幕僚会议。参加的人比上次多一点，除了何应钦、白崇禧、徐永昌和我之外，还有唐生智、谷正伦，另外还有一个人，姓名记不清了。谈到守南京的问题时，唐生智主张南京非固守不可。他的理由是：南京是我国首都，为国际观瞻所系，又是孙总理陵墓所在，如果放弃南京，将何以对总理在天之灵？因此，非死守不可。但我仍主张只用十二至十八个团的兵力，作象征性的防守，并把当时敌我形势又谈了一通。实际当时主力部队已下令向广德、安吉、宁国一带退却，连陈诚、顾祝同都已到皖南一带去部署部队的整补工作去了。蒋在这次会上既没有做肯定的决定，也没有改变以前的部署，只说："孟潇（唐生智的号）的意见很对，值得考虑，我们再研究研究罢！"

又过了一天的晚上，接着开第三次幕僚会议。唐生智仍坚持固守南京，蒋介石明确地同意他的意见。蒋问："谁负责固守南京为好？"这时没有一个人作声。最后唐生智打破了一时的沉寂，坚决地说："委员长，若没有别人负责，我愿意勉为其难，我一定坚决死守，与南京城共存亡！"蒋说："很好，就由孟潇负责。"蒋并望着何应钦说："就这么办，有什么要准备的，马上办，可让孟潇先行视事，命令随即发表。"

蒋在决定固守南京的方针后，就决定迁都重庆。那时日本空军已对南京进行过三次空袭，中央机关各部门都已纷纷迁往武汉，只有很少数的人还在南京。蒋为避免敌机轰炸，住在中山门外树林荫蔽的四方城旁边的一幢极小的房屋里，全部只有两间小房。蒋吃饭、会客、办公，都在一幢小房里。汪精卫却住在中山陵园他自己的别墅里，当他得悉前线部队已撤离乍（浦）嘉（善）吴福线，日军已沿太湖南岸西进向南浔压迫等情况后，就乘船去汉口了。

蒋介石决定了南京防守方针后，唐生智在十一月二十日先行到职（命令二十四日才发表），组织南京卫戍司令长官部。首先把第七十八军宋希濂部由第三战区预备序列调归卫戍军序列，并准备调第六十六军叶肇部也参加防守南京。此外参加防守的还有原在南京的教导总队、宪兵团等。防守计划大体分作两线配备。即一部占领自京芜路上的大胜关起，至淳化镇、汤水镇（汤山）、龙潭这一弧形线的前进阵地。主力占领复廓阵地，就原有永久工事增强成为闭锁式或半闭锁式阵地。在防御方针上则已改为永久性防御了。大约是二十七八日左右，日军已经越过锡澄线继续西进一两天的样子，蒋介石以计划已定，让作战组的人先走，他说他准备坐飞机走，缓些时没关系。后来蒋介石在南京又大大增加了防守南京的部队，就地由东战场第三战区序列抓去的不算，连在武汉的第二军团徐源泉部也正在向南京输送中。

南京失守

唐生智任南京卫戍司令长官后，以罗卓英、刘兴为副司令长官，周斓为参谋长。从他坚持固守南京的一切姿态来看，确有与南京共存亡的决心的。唐就职后于十一月二十七日向新闻记者谈话，表示："本人奉命保卫南京至少有两件事有把握：第一，即本人所属部队誓与南京共存亡，不惜牺牲于南京保卫战中；第二，此种牺牲定将使敌人付出莫大之代价。"

在唐生智以固守南京为目的方针指导下，就尽量要求增加兵力，蒋介石把一切可以调得动的兵力，都调去防守南京，以至兵力愈增愈多，共计达到十多万人。蒋介石在离开南京时曾召集守军高级将领讲话，要他们死守；并告诉他们一个好消息说，现在云南部队已经在开拔途中，只要他们死守下去，不久他就会亲自率领强大的军队来解他们的围，歼灭入侵的敌人，光复国土云云。

唐生智为了表示破釜沉舟，背城一战的必死决心，还要交通部部长俞飞鹏把下关到浦口间的渡轮撤退，以后又禁止任何部队和军人从下关渡江；并通知在浦口的第一军，凡由南京向北岸渡江的任何部队或军人个人，都请制止。如有不听他们制止的，可以开枪射击。

那时日军对南京分三路进攻：右路敌主力沿沪宁路西进，中路由宜兴经溧阳、句容攻南京，左路由太湖南侧西进，先攻广德、宣城，趋芜湖，截断南京守军退路，再向南京合围。十二月四日右中两路日军攻陷句容、秣陵关，向南京外围阵地猛攻，至十二月八日先后攻陷淳化镇、汤山、龙潭各地。这时，敌左路也攻陷芜湖，即北上于十一日陷当涂，继续向南京攻击前进。南京外围前沿阵地守军已逐次退入复廓阵地固守。

占领南京外围阵地的日军，从十日起对复廓阵地展开猛烈的攻击，集中步、炮、空协同的威力向各城门猛轰。当天下午就有一部分日军窜入光华门外廓，经尽力反击，到黄昏时才把窜入的日军打退，修好被轰毁的城墙缺口。战斗继续到十二日正午，敌主攻方面的雨花台被敌攻陷。那里的守军第八十八师孙元良部由城墙爬进城内，径趋挹江门，企图由下关渡江逃脱。经卫戍司令部指定的戒严部队宋希濂部堵劝，收容约两千人，仍由孙元良率领回中华门附近作战。到下午四时许，俞济时部第七十四军又由三汊河向下关搭浮桥，做向下关撤退准备，又经长官部制止。这时，敌虽猛烈攻城，雨花台和紫金山第一峰据点被敌占领，但战斗并没有到最后分晓阶段。

据说当天下午五时左右，唐生智向守城各部队长下达了撤退、突围的命令。由于安排不周，大部分部队没有按计划撤退，而是退入挹江门，造成极度混乱，使许多人在城门洞内丧生或淹没在江里。因为许多部队并没有由正面突围，一起拥到下关去了。既然这么一打就要突围，当初又何必向复廓阵地撤退呢？岂非多此一举。自然在自己国内作战，由正面突围倒是比较安全的。

当时，有些部队长没有把突围命令传达下去就一走了事。所以到十三日敌人进城后，下关一带还在纷纷地扎木筏抢渡，自相践踏，有的淹没到江中去了。也有许多失去了官长率领的士兵，徘徊在南京街头，像无舵漂船不知往何处去好；有的只好向难民国际委员会交出武器请求收容了事。守南京的十多万大军，就这样一阵风吹散了。接踵而来的是日军惨无人道的大肆劫掠、屠杀，牺牲我几十万无辜人民，写下了史无前例的野蛮记录。

南京卫戍战

谭道平※

上海失利　南京告危

抗日战争开始时，我正在军事委员会警卫执行部工作，主要是整理战事会报的意见要领。一九三七年十一月五日，日军在杭州湾金山卫登陆成功，南京政府立刻感到事态的严重，所以多派中级干部到各处去详察国防工事构筑。六日，我奉命赶到苏州，向顾祝同（第三战区副司令长官）报告此来的使命，并请示前方的军队配置情形。随后，我随着副长官部的高级幕僚，去视察国防工事。我觉得这一带的工事不够坚固，除掉简单的轻重机枪掩体以外，战壕尚未完成，副防御工事则尚未构筑，我仔细地把工事的优点、缺点，以及必须改进的各点详为记录，并且一边视察，一边即草拟苏州国防构筑工事的视察报告；八日那天，日机来苏州整天地轰炸，当晚，秩序非常混乱。我遵照原定计划完成

※　作者当时系南京卫戍司令长官部参谋处第一科科长。

17

了任务，于八日晚遄返南京。

九日晚上，我去晋见执行部主任唐生智将军，呈上视察报告。当时执行部的高级幕僚都在座，大家听取我关于苏州和上海的作战经过报告。唐生智说："战争形势已起了变化，我们业经决定，放弃上海。往后，战争将降临到我们的门口。南京是我们的首都，我们不能够轻易地把它奉送给敌人，保卫的责任，现在是毫无迟疑的，要我们来担负。""我们平时常说抗战抗战，难道只是叫人家牺牲的吗？难道肯让敌人从我们手里随随便便地把我们的首都拿去吗？""我向大家说明，我不能辞卸这一个责任——保卫首都！……"

汇报结束以后，我才知道唐生智已向蒋介石报告过，愿意接受守卫南京的重任。唐生智并非不知道南京是不可守的，他是在得到蒋介石允可后，才说这番话的。过了三四天，蒋介石携同顾祝同（这时适来南京）、唐生智、钱大钧、胡宗南、桂永清各位将领，到天堡城视察工事，面授守城机宜。第三战区副长官部参谋处的副处长邵存诚和我随同顾祝同、唐生智一同登天堡城。当时，蒋介石在视察之后，指着起伏的山峦，感喟地说："首都锦带江山，可以说是天然的要塞，要是守卫有力，一定可以支撑一两个月。"

十一月十一日起，执行部开始计划做守城的准备。二十日，唐生智奉蒋介石命令兼任南京卫戍司令长官，随即将警卫执行部改组为卫戍长官部。因为警卫执行部当时仅担任国防工事的监督，并未做守城的准备，所以人力物力均感巨缺。

当时，南京防御军仅有第八十八师、第三十六师和教导总队，而这些部队，又都是在上海激战后新撤到南京补充整理未完的，因之，我们决定以固守南京复廓据点及城垣为目的。策定防御的部署如下：

一、以第八十八师任右地区雨花台及城南之守备；

二、以教导总队任中央地区紫金山及城垣东部之守备；

三、以第三十六师任左地区大红山、幕府山及城北之守备；

四、以宪兵部队任清凉山附近之守备；

五、以一旅长指挥教导总队之一团及乌龙山要塞部警戒长江封锁线，并且命令各部队征集民夫于各地区内赶筑工事。

讲到保卫南京的战争，不是在南京的城门口，而是在乍（浦）、平（望）、嘉（兴）、吴（苏州）、福（山）与锡（无锡）、澄（江阴）各线阵地，最少也应在溧水、句容与镇江之线。

淞沪撤退　日军逼近

南京保卫战的开始，即是我军退出上海战区的日子。

日军在杭州湾登陆成功，即与淞沪方面之攻击军策动西进，攻我乍、平、嘉、吴、福之线阵地。从江苏长江口的福山，一直到杭州湾的海口乍浦，于是江、浙间太湖东边的沼泽地带，便成为作战的主要地区。十一日我军放弃嘉善。日军主力就沿松江、青浦，窜越淀山湖，猛扑苏嘉路南段吴江之平望、殿江及嘉兴之王江泾，更以一队化装难民，乘舟越杏墩湖而先袭取我吴江之震泽镇。十四日平望失守。十五日王江泾陷落。至是，嘉兴呈现动摇状态；同时，十一月十一日晚，我左翼军开始撤退的时候，安亭附近已发现敌军，后来我第九师赶到，猛烈击退日军，然后得以转进嘉定。另一方面，日军又沿苏嘉路北上，袭取吴江，胁迫苏州。十一月十九日，嘉兴失守，日军即继续西进，迂回企图攻击吴福线侧背，同时，在长江口浒浦登陆之日军，猛攻福山。至是，吴福线也难坚守，我军就撤守锡澄线。可是，我军右翼已放弃苏嘉线，而沿京沪线（今沪宁线）日军，又相继猛攻，至十一月二十六日我军又将锡澄线放弃。十一月二十七日，日舰协同地面军配合进攻江阴要塞，激战五日，终因援绝，于十二月一日被攻陷。这样，太湖东侧的攻守战就告终结。

继震泽、平望失守，日军于攻陷嘉兴的同日，攻占了吴兴之南浔镇，复向西猛进，于十一月二十四日攻陷吴兴城，二十五日攻入长兴，一面沿京杭国道（今宁杭公路）北上，一面又迂回曲折地进犯泗安，攻入安徽广德，争夺芜湖。当时在沪杭路方面为刘建绪部，在安吉、孝丰方面为廖磊部，在江南铁路（今宁芜铁路）方面为川军各部。有的因伤亡过巨，战斗力已经减少。川军饶同华师曾于十一月二十七日，于广德、泗安间击毁日军装甲车十二辆。及至芜湖失守，日军即东进直指南京。至是，太湖南侧岸与浙苏皖山地的战斗也宣告终止。

这时，日军一面沿京沪线向西北追击，一面沿京杭国道北犯，右侧更沿长江向西进攻，左侧攻入芜湖后，割断了我与后方的联系，形成了东、南、西三方面大钳形的围攻，南京外围防守战也就此揭幕了。

参加南京保卫战的部队开始时为第七十二军之八十八师、第七十八军之三十六师、教导总队、宪兵部队。自淞沪担任掩护撤退的第七十四军、第六十六军、第八十三军也先后奉令退回南京参加战斗。这三军都是久经战役，补充整理尚未完的残缺部队，老兵很少，新兵大都尚未受过训练。然而战争局势已到了无兵可调的时候，也不得不迁就事实。当时决定东南阵地为第一道防御阵地，把兵力配备重新划分如下：

一、第七十二军派出右侧支队，至江宁镇附近任右翼掩护；

二、第七十四军任牛首山至淳化镇附近之守备，并向秣陵关、湖熟镇派出前进部队；

三、第六十六军任淳化镇附近至伏牛山之守备，并向句容附近派出有力之前进部队；

四、第八十三军任伏牛山附近经拜经台至龙潭之守备，向下蜀派出前进部队。

后来第二军团徐源泉部开到，因此改令他们去接守龙潭一带阵地，而以第八十三军调至丹阳、镇江作战。这时，日军以第九师团全部为主力，配合三个师团，并以强大之炮兵及机械化部队，一部由武进向丹阳西进，一部由京杭国道向南京北进，第六十六军之前线部队在句容首先与来武进、丹阳之敌接战。

十二月四日，句容以东四十华里附近发现日军便衣，与我前哨部队接触。五日拂晓，第六十六军派在句容占领前进阵地的两个团与日军接触，日军即向后撤退。下午又在土桥镇、牧马场发现日军，看来似有向我两翼包围的企图，第六十六军严密监视。土桥镇日军又复转向新塘市迂回，企图截断我军归路，当经第六十六军派兵一团进攻，并由东昌街之第一五四师向句容前进助战。但是新塘市日军后续部队源源开来，我前进部队为敌包抄，苦战后方始突围，因此损失很大。同时，另一股向牧马场前进的日军，突有一部由九华山北麓侵入孟塘，我方派部堵剿，但是他们却一面抵抗，一面利用洼地继续西进。午后二时，先头部队在高家庄大胡山附近发现，南京至汤山的大道及我第六十六军后方联络线有被切断的可能，当由第三十六师抽兵一团配属战车防御炮等前往协同作战，同时决定第四十一师从北面出动，第六十六军从南面出击，向孟塘、大胡山间洼地围攻，准备在晚上布置完毕，等待拂晓举行反攻。另一方面，固守镇江的第七十一军及第一五六师也调动主力，向南京转进，冲击孟塘敌之侧背，以减轻南京之威胁。然而在七日那天，终于因为通信困难，各部未能同时进展，使原计划落空。而日军却在大胡山增援，八日拂晓向我展开猛烈反攻，更以主力北进，向栖霞山方面包围，我第四十一师及第三十六师之一团，与敌反复冲击，终因日机轰炸以及他们拥有优势的火力，使我军到处呈现苦战的状况，部队伤亡甚多。这是句容西北至南京间的战斗状况。

东线的战斗状况：左翼第八十三军之第一五四师奉令调赴东

昌街，策应尚在丹阳、镇江间之第一五六师作战；第四十一师部队开赴龙潭接防。十二月五日第四十一师一个团到达龙潭，两个团开到栖霞山、龙王山之线，迅向保国山、拜经台之线推进，其余一团开驻乌龙山担任要塞守备。七日清晨，第四十八师到达南京，当即开往杨坊山、乌龙山之线占领阵地，赶筑工事。这天东昌街之第一五四师攻击前进，抵达白兔镇，行至乡镇附近，突接汤山紧急消息，就半途中止。同时，龙潭、拜经台、保国山之线也发现日军，第四十一师与之混战至八日，句容西北线大胡山高家庄之日军后援开到，即以主力窜向栖霞山方面，包围我第四十一师及第三十六师之一团，该地守军反复冲击，敌机及炮兵密集轰炸，我军苦战拼斗，终未能将日军驱走。

沿京杭国道北犯的日军步炮联合纵队与机械化部队于十二月四日市入溧阳、南渡间，一部分经天王寺与武进、丹阳间西侵的日军会合于句容以东四十华里处（见前），一部分经天王寺西北之上葛村，于五日在湖熟镇与我第五十一师前进部队接触。同时，索墅镇、禄口镇也有日军骑探出没。六日由天王寺、上葛村前进之敌约一联队向湖熟镇我前进阵地猛攻，第五十一师守军一度积极抵抗后，始将湖熟镇放弃。同时，由土桥镇窜入索墅镇之日军，复向我淳化镇阵地施行威力搜索，大批日机整日在淳化镇阵地更番轰炸，我守军冒死抗战，并派队驱走索墅镇日骑，斩获甚多。七日淳化镇与东昌街间的汤水镇（汤山镇）前面第一线阵地，也为日骑突入，我军被迫于入暮后撤退至第二线，固守汤山及汤水镇。侵入淳化镇之日军以步、炮、飞机，协同向我阵地猛攻，轰毁我阵地数十丈，机枪掩体都被击毁，我军伤亡很多。后来第五十一师预备队前往增援，才得维持原状。至八日，日军进攻淳化镇愈烈，并分向东樵村西庄附近包围，企图截断我军归路，第五十一师奋勇抵抗，死亡累累，其中五营官兵全部壮烈牺牲：由于后援不及赶上，淳化镇于下午四时失守。同日，日军以主力及炮兵、机械化部队进攻汤山我第二道防线，与我守军混战至八时许，汤水镇一度为日军攻入，汤水镇以及两侧高地，尚在我军手中，后来我第一五六师开到，阵地始渐稳固。

十二月六日京杭国道有敌步炮纵队由溧水向南京前进，先头部队向我秣陵关守备部队进攻，另有骑兵迂回向江宁镇方向前进。七日秣陵关前面日军，分两路向土桥、汤山之线进攻，并有向我军右侧大山迂回模样。

到十二月八日为止，日军已进攻到南京近郊，东北面到达栖霞山，东面到达大胡山，南面到达汤水镇、淳化镇，西南面到达秣陵关和江宁镇。

重新部署　孤守围城

从十一月下旬起，大部分比较有钱的人都纷纷迁离南京，一部分趋向安徽再向内地移动，一部分过江到浦口，沿津浦线北逃。到十二月初，城里已异常寂静。

十二月四日，南京郊外的炮声更加稠密。七日晚上，我们奉命到唐生智公馆去开会①。蒋介石正在此召集少将以上的守城将领训话。我担任会议记录。随蒋介石一起来的还有宋美龄和侍从室主任钱大钧。

蒋介石首先讲话，大意是：南京是总理的陵墓所在地，全国的至诚瞻仰在这里！全世界翘首切盼付予最大的注意力，也是在这里！我们不能轻易地放弃！今日，首都已是一个围城，我愿意和大家共同负起守卫的责任。但是，现在各方面的战争形势都在继续发展，我不能偏于一隅。所以，责任逼着我离开。今天，我

———————

① 据台湾《蒋总统秘录》记载：十二月七日晨五时四十五分，蒋介石离宁飞赣。这次会议应在七日前一天。

把保卫首都的责任交给唐生智将军。唐将军是身经百战，智勇兼备的将领，他必定能秉承我的意旨负起责任，大家服从唐将军，正像服从我一样。我在外面，自当调动部队前来策应首都，万一有什么不幸，那也是成了保卫国家的民族英雄！人谁不死？我们要看死的价值和意义，在这伟大的时代中，能做这件不平凡的工作，是何等光荣！

唐生智接着发言，他以悲壮的语气表示愿与诸将领共负守城的责任，誓与南京共存亡。当唐生智送蒋介石夫妇上汽车时，蒋对唐说了一些话，对唐的见危受命深表赞许，说这是"患难见交情"，并嘱他注意保重身体。唐对蒋说："我还是要重复以前对你说的话，我可以做到'临危不乱，临难不苟'，没有你的命令，我决不撤退。"这天晚上，蒋介石就离开了南京，从此南京与大后方，仅凭脉脉电波来联系了。

天亮后，日机即刻飞来猛烈轰炸。我们的办公地点在百子亭的唐公馆办公厅内，其间筑有许多防空洞，工作紧张时，大家都不高兴进入。防空洞四周，有高射炮四五门。白天，整日由着炸弹和高射炮叫嚣。有一次，炸毁了办公室里五六尺地方，大家并没有离开。唐生智深怕我们部队和职员要逃命过江，所以下令把南京通浦口的船只，一起交第三十六师看管，长官部也没有留下一条船只。唐生智同时下令，擅自过江者以军法从事。

十二月八月晚上十一时左右，唐生智公馆遭到日机轰炸，玻璃震得粉碎，桌上物品在空中乱飞。接着，日机又接连地飞来我们附近侦察。我当即报告唐生智，我们办公地点给日机发觉了。唐生智说："我不能为日本的几颗炸弹搬走这屋子。如嫌办公狭窄，你们可以迁移到铁道部地下室去办公。我不能离开这里，罗（卓英）、刘（兴）两位副长官和我留在此地好了。"这时，日军的炮火和枪声已经停止，天也快亮了。第二天，我们就遵照他的命令迁入铁道部地下室办公。

这时，顾祝同收容好上海撤下来的一部分军队开到扬州。他的参谋处副处长邵存诚还和我保持着联系，不时有电话来问我们南京的情形，同时也时常把扬州和江北的消息告诉我。

战争一天一天地激剧起来。八日那天，我们已完成了一个新的守城部署：

右侧支队，固守板桥镇大山之线；

第七十四军之第五十一师、第五十八师固守牛首山一带据点河定桥之线；

第八十八师固守雨花台；

第七十一军之第八十七师固守河定桥至孩子里（江南铁路北）之线，右与第八十八师及第五十一师，左与教导总队联系；

教导总队固守紫金山；

第二军团固守杨坊山及乌龙山之线及乌龙山要塞；

第三十六师固守红山、幕府山一带；

第六十六军至大水关附近集结整理待命；

第八十三军之第一五六师及第三十六师之一团在青龙山、龙王山线掩护撤退，在镇江之第一〇三师、第一一二师向南京急进。

十二月九日，南京复廓战事开始了。从早晨七时起，敌为掩护地面部队攻城，以飞机六七十架在南京城内外反复轰炸，投弹数百枚。敌军总司令松井石根在当天由敌机掷下致唐生智的所谓最后通牒，劝唐投降。其全文如下：

投降劝告书

百万日军已席卷江南，南京城处于包围之中，由战局大势观之，今后交战有百害而无一利。唯江宁之地乃中部古城、民国首都，明孝陵、中山陵等古迹名胜蝟集，颇具东亚文化精髓之感。日军对抵抗者虽极为峻烈而弗宽恕，然于无辜民众及无敌意之中国军队，则以宽大处之，不加侵害；至于东亚文化，犹存保护之热心。贵军苟欲继续交战，南京则必难免于战祸，是使千载文化尽为灰烬，十年经营终成泡沫。故本司令官代表日军奉劝贵军，当和平开放南京城，然后按以下办法处置。

大日本陆军总司令官松井石根

对本劝告的答复，当于十二月十日正午交至中山路句容道上的步哨线。若贵军派遣代表司令官的责任者时，本司令官亦准备派代表在该处与贵方签订有关南京城接收问题的必要协定。如果在上述指定时间内得不到任何答复，日军不得已将开始对南京城的进攻①。

对此，唐生智置之不理，他下令各部队应与阵地共存亡，擅自撤退者即按连坐法严惩。并派宋希濂部负责沿江警戒，禁止任何部队渡江。又令各部队将自己控制的渡江船只统交宋希濂接受，不得扣留。命令下达后，实际上有不少部队的船只并未交出，其中以徐源泉部扣留的为多。

这天淳化镇的日军乘我第五十一师撤退，接防的第八十七师两团阵地尚未稳定之际，即跟踪冲至高桥门，而七桥瓮及中和桥的两座桥梁我们都不及破坏，所以日军步兵两千，坦克车十余辆，得于拂晓进至光华门外，占领了大校场通光营房。这时，光华门附近仅有教导总队少数官兵，他们看到情势紧急，就将城门紧闭，并将沙袋垒起堆积至半城那么高，以堵截敌人的猛冲，而日军就将野山炮推进高桥门附近，向城门轰射，城门被掀了下来，泥沙顿时向外倾泻，当时即有日军百余人在砂泥间爬入，但

---

① 原刊载于南京日本商工会议所编的日文版《南京》，昭和十六年八月发行。

立即为我全数歼灭。城门是随堵随破，随破随堵，我第五十一师下令反攻，仍然不能击退敌人。那天，城中是极度的紧张，参谋处廖肯处长向我说："我亲携电话机到光华门去看看，每十分钟和你通电话一次，要是摇不通了，那大势也就完了，你们即可做其他的准备。"说毕，头也不回地离开了我们。不久，他的电话来了。他说，进城的日军，已被全部歼灭，原来日军的坦克车列队在大校场上，时常来冲击我们，我们当即在城内调去四门小钢炮，轰击敌坦克车。上午，敌坦克被我们击毁了一辆，余下十数辆坦克车退回过桥去了。这样，才设法堵住了那扇城门。后来第八十七师的后续部队赶到，直属特务队也来增援，彼此配合后举行一个猛烈的反攻，才将大校场的日军击退。到晚上，我们重新把城门堵好，可是在城门洞的高处，总有一个不能堵满的缺孔。这是光华门一线上的激战情形。

同日，牛首山方面的第五十八师，与敌军激战了一个整天，后因第八十八师派出的右侧一个支队过早撤退，因此日军就乘机向西北追进，一部分竟攻占了大胜关，并且有沿江北犯模样。这时，我第五十八师阵地形成孤立。晚上，我军不得已奉命撤退，与第五十一师联合担任双洞镇（双闸镇）至宋家凹的守备。那是在第八十八师右翼延伸线上的作战情形。

十二月十日，日军大批集结，向雨花台、通济门、光华门、紫金山第二峰一线同时猛攻。在光华门附近，日军一支小的敢死队，为教导总队的工兵排所阻挡，展开了白刃的肉搏。

战争愈演愈烈。光华门又复被日军突破两次，冲入城内的百余人，悉数被守军歼灭。长官部更以第一五六师增援通济门，并抢堵光华门。光华门的日军是被击退了，可是还有少数敌军已潜入城门的洞圈里，我们的火力不能扫射到他们，而天又黑将下来，于是第一五六师挑选出敢死队员数十名，由城墙上缒悬下去，将潜伏在城门洞圈里的少数敌军，用手榴弹、汽油把他们全部焚毙，并猛袭通光营房，将那里的日军全部驱逐，而他们在追击中间，也没有一个生还。这数十位英雄的高贵牺牲，使光华门和通济门方面，转危为安。在光华门，我军是由副长官刘兴将军亲自指挥，这一次的激战，使敌人也为之叹服。不过，就在这一天，雨花台的第八十八师右翼，由于日军冲击的猛烈，致失去阵地前要点数处，稍形动摇；第二军团的第四十一师在南京东面以攻击孟塘方面的日军，遭受挫折，开始撤退收容，至是，南京的防卫战达到了更艰苦、更险恶的阶段。

日军鉴于进攻光华门、通济门的失败，十一日就以精锐部队猛攻中华门。中华门外驻有守军第八十八师，日机三五成群地来更番轰炸，使第八十八师无法站稳，他们被迫退入城内。日军紧接着追踪冲来，以致我军部队陷入混乱状态，云梯和城门撤闭不及，竟为敌军抢入三百余人。副长官罗卓英将军亲至第一线指挥，在中华门一带我军和敌人展开了壮烈的巷战，把攻入的敌军全部击毙，始得喘息机会。那天，东线敌人猛攻紫金山，另以一支部队迂回偷袭大胜关至江心洲之地区，向第七十四军右侧背射击，企图围攻我后方，使我通浦口之江面受到威胁。下午二时，第八十八师雨花台左翼阵地为敌全部炸毁，敌军乘隙突破我阵地；同时，第二军团因银孔山失守，与城内联络隔断，战至午后，情况即告不明。那天晚上，第八十八师为缩短阵线计，只得在城外固守主要阵地，城垣防务由第一五六师、第七十四军分别担任。本来还打算策动一次反攻，但经考虑后，认为各部队疲劳已极，丧失了攻击力量，而第一一二师、第一〇三师新自镇江撤回，更感到疲劳不堪，只得作罢。

自四日以来的八天中，日军飞机整天在轰炸，整个南京城内充满了硫黄、碳酸、火药气味。大家希望着部队来救援，但看不到一机一炮。我天天在经手办理调动部队移上前线去作战的工作，在字面上明明是一个师或者是一个军开上去，可实际上兵员

28

只不过一个营的模样。同时，没有大炮，步枪也不整齐。我们只能在将领们的命令下计划并调动他们走上前线。

这时，蒋介石在庐山，虽然有线电早就断了，而无线电到十一日为止，还保持着联络，每天都有电报来指示我们。

十二月十二日，从拂晓起，敌人的飞机、大炮，即密集地向各城门轰炸，坚固的城墙被炸得石块乱飞，四周的房屋倒塌着，城墙洞开，城里的士兵可以看到城外的敌人。三十余架敌机盘旋天空，炸弹和宣传品同时下来，他们劝告守城将领们投降。至正午十二时，第八十八师雨花台的主要阵地全被敌军占领；紫金山的第二峰也失陷；第二军团被压迫到乌龙山至吉祥庵的背水阵地。长官部就调动第一五四师去增援阻击中华门进入之敌，同时，雨花门及中山门城垣有好些地方给敌人炮毁，敌军乘隙钻进，万千无秩序的士兵，自发地迎了上去，用自己的身躯阻遏敌人的长驱直入。我想，如果没有他们的英勇献身，南京的这次军事撤退是万万来不及的。

危城已成破城了。第三十六师奉调进城，准备巷战。到午后三时，第八十八师和八十七师的一部分部队，经由中山路北走，要想出挹江门，可是走到铁道部附近，却为第三十六师及长官部特务队所阻，不听指挥，秩序因此更为紊乱了。

十二日凌晨二时，廖肯参谋处长急急地来喊我：

"我们赶快到唐公馆里去吧！"

"什么事？"我问。

"不要问，到那里你自会知道的！"

我随廖参谋处长到唐公馆时，天尚未明。副长官罗卓英、刘兴，参谋长周斓都在那里，唐生智看到我们进来，严肃地说：

"现在城已被击破，无法守卫了，委员长已有命令，叫我们撤退，你们赶快去准备撤退命令吧！"

我即随廖处长起草撤退令。一同参加的还有随罗卓英来的林维周副处长。撤退命令如下：

首都卫戍司令长官作战命令特字第一号

十二月十二日下午三时

命令

于首都铁道部卫戍司令部

一、敌情如贵官所知。

二、首都卫戍部队决于本日晚，冲破当面之敌，向浙皖边区转进，我第七战区各部队，刻据守安吉、柏垫（宁国东北）孙家埠（宣城东南）杨柳铺（宣城西南）之线，牵制当面之敌，并准备接应我首都各部队之转进。又芜湖有我第七十六师，其南石碗镇有我第六师占领阵地，正与敌抗战中。

三、本日晚各部队行动开始时间，经过区域，及集结地区如另纸附表规定。

四、要塞炮及运动困难之各种火炮并弹药应即彻底自行炸毁不使为敌利用。

五、通信兵团除配属各部队者应随所配部队行动外，其余固定而笨重之通信器材及城内外既设一切通信网应协同地方通信机关彻底破坏之。

六、各部队突围后运动，务避开公路，并须酌派部队破坏重要公路桥梁，阻止敌人之运动为要。

七、各部队官兵应携带四日份炒米及食盐。

八、予刻在卫戍司令部，尔后到浦镇。

右令

（计附表第一第二两纸）

司令长官　唐生智

附表一

南京卫戍军突围计划

队号	第七十四军	第七十一军	第七十二军	第六十六军 教导总队	第一〇三师 第一一二师	第八十三军	附 记
突围地境区分 时		铁心桥─里村─陆郎桥		飞机场东侧─高桥门─化镇桥	序次按淳化镇、溧水、十六军、一一二师、一〇三师教导之	紫金山北麓─麒麟门─金线等各相连线上之属右天	①六合集结待命。第二军团应极力固守乌龙山要塞，封锁镇江，万不得已时，开始渡江向乌 ②衣附近待命。第三十六师掩护各机关及直属部队渡江后，开始渡江向乌
开始时期	十二日午后十一时	十二日午后十一时	十二日午后十一时		十二日午后十一时	十三日六时	
行军地境	第七十四军	第七十一军	第六十二军	教导总队	第一〇三师 第一一二师 第八十三军		
		淳化镇─溧水县	溧水镇─郎溪县	郎溪县─十字铺─宁国县	宁国县─歙县─清宁字主要道路线相连之上属右		
集结地	①七十四军祁门附近		②七十一军七十二军黟县附近		③六十六军休宁附近		
联络法							

附表二

各部队转进时联络信号规定表

信号 区分	信号弹	号 音	哨 音	口 令	附 记
问	红	起床 号音	一长 一短		
答	绿	吃饭 号音	一长 二短		
备 考				照原规定	

当日下午四时，在极度危急中，唐生智召集罗卓英、刘兴、周斓、佘念慈及师长以上各将领在唐公馆开会，这是南京卫戍战中的最后一次会议。唐生智首先宣布说："……南京现已十分危急，少数敌人业已冲入城内，在各位看来，尚有把握再行守卫否？"

大家都彼此面面相觑，空气冷寂到使人寒战，至是，他向大家公布了蒋介石的两份电文："如情势不能久守时，可相机撤退，以策后图。"同时，把撤退命令、突围计划以及集结地点，分别作了指示。到会将领都默不作声。不能言说的静寂刺激着每个人的感情，大家沉浸在悲愤的深渊里。

在这样的气氛下，唐生智又说："战争不是在今日结束，而是在明日继续；战争不是在南京卫戍战中结止，而是在南京以外的地区无限地延展，请大家记住今日的耻辱，为今日的仇恨报复！各部队应指出统率的长官，如其因为部队脱离掌握，无法指挥时，可以同我一起过江。"

除突围计划所规定之各部队以外，其他各渡江部队，当时决定有如下页表所列：

次序 区分	第一次	第二次	第三次	第四、五次	第六次	附　记
部队	一、司令长官司令部 二、特务队	一、各种炮兵 二、战车部队 三、武器弹械部 四、防空司令部 五、炮兵指挥部	一、宪兵司令部 二、宪兵各团部 三、警备司令部 四、通信部队 五、工兵部队 六、本部机枪连	补充第十一团 第三十六师	一、义勇军 二、金陵师管区 三、补充兵训练处 四、铁道司令部 五、运输司令部 六、运之人员以上五次不能载	一、各次序单位应听渡江指挥官之指挥，按时登船，不得自行拥挤。 二、各部笨重行李一律不许渡江。 三、第三十六师掩护各部渡江后再行渡江，该部撤退时，南京所有建设尽量毁灭之。 四、各部队渡江时，务宜静肃。
集结码头	津浦码头及三北码头	同　左	同　左	同　左	同　左	
渡江开始时刻	十二日下午六时	十二日下午八时	十三日下午十时	十二日中午十二时至十三日上午四时	十三日上午六时	
渡江指挥官	佘念慈	邵百昌	萧山令	宋希濂	何志浩	
备考		不能撤运之炮兵及装备一律毁灭等之。				

天黑后，紫金山满山都在焚烧，雨花台、中华门、通济门一带，全是火光，南京城里异常混乱。

奉命撤离　南京沦陷

十二月十二日夜，城东南隅，已发生激烈巷战。我和李仲辛还在唐公馆迅速搜集文件，等我们赶出来时，卫士们正将汽油向这所屋子浇洒。原来唐生智在上车时，以五百元和二十瓶汽油交给卫士，要他们把这所屋子焚毁。我们离开唐公馆，立刻赶到铁道部办公室，那里除了几个散兵在无聊地来去走动以外，什么人也没有。我们走进地下室，看见一元一张的钞票，零乱地散在地上，一具死尸倒卧在那里。我和李仲辛把遗留的文件烧掉后，急急地离开铁道部。

我们想从挹江门出城，可是走到挹江门，看见两边却布满着铁丝网，中间仅留有一条小径。第三十六师的士兵们举着步枪，做着瞄准的姿态，禁阻任何人的进出。第八十七师、第八十八师和其他部队退下来的官兵正向他们吵闹着，中间还夹杂一片老百姓哭叫的声音，四处断断续续的零乱的枪声。紫金山上火光照天，后面难民们扶老携幼还在络绎地过来，我们也只得在工事前面停住。我忽然想到第三十六师的这一团是奉命开来城中准备巷战的，因此，我就走向前去，对那守卫的士兵说：

"团长在什么地方？我有重要命令要交给他！"

"你是谁？"他问。

"卫戍长官部科长，我有符号在这里。"

他检查了我们之后，准许我和李仲辛通过铁丝网。我们到了挹江门口，见到了第三十六师的一位连长，我便把他们应担当的任务告诉了他。

我们已安然地出了挹江门，看见沿江码头上，秩序异常纷乱，枪声这边停了，那边又响了起来，人是成千成万，渡船却只有两三只。长江此时已成了生和死的分界线。一只船刚靠岸，便有一群人跳跃上去，冒失地坠入江里，也没有人来理会，几百只手紧拖住渡船的船沿。船上的人们怒骂着站在岸上不让他们开驶的人群，有的向天空鸣枪。水手经过一番好言劝说，竭力把船撑动。可怜！有好多人，还紧攀着船沿，随着渡船驶到江里，也有跌在水里随着江水流向东方。在这个俄顷里，人与人之间什么也没有了，战争的过失，黩武者的罪恶，让万代子孙永远诅咒吧！当渡船驶到江心时，对岸浦口，又在开枪了，他们禁止南船靠近江岸，渡船只好在江心里团团旋转。因为过去唐生智曾指示第一军军长胡宗南，不准南京的人员擅自过江。这次撤退，虽则也已有无线电通知第一军，可是当时胡宗南部驻在滁州，命令还不及传到北岸的守兵，所以有此误会。

当时，日军也有一部分在江浦县境内渡江，所以隔江枪声很密，我和李仲辛也不知道这些消息，在枪声中向煤炭港匍匐前进，终于到达了海军码头，那里有江宁要塞司令部特务连驻守，停留着一只船。我们登船后，见船里已有三四百人，都是长官部的官兵，可是却不见唐生智、罗卓英和佘念慈。许多人主张立即开船，我尽力阻止他们，一定要等唐生智他们来后再开。等待了一小时以后，果然唐生智由南京警备司令部一个副官陪同着来了，一会儿罗卓英和刘兴也来了，佘念慈和廖肯却还没有来。唐生智命令又等待一个小时，后恐误了渡船的计划，所以只得下令开船。

现在再来谈谈这艘船的来历。原先在卫戍战发动时，唐生智为防止守城官兵私自渡江起见，把所有的船只交第三十六师看管，不准留有一船，违令即以军法论处。十二月七日，江阴江防司令部装运一部分人员和军用品开到江宁要塞外面的乌龙山，停留在封锁线外，后来周斓参谋长坚持把这艘船暂时取来，所以由我通知江宁要塞司令邵百昌，由小筏引港进入，停泊煤炭港，此次卫戍长官部人员得以逃生，全仗这艘船。

十点钟到达浦口，沿铁道北行，想到滁州，可是行不多远，在花旗营遭到伏击，据报江浦日军正向我们进行包围。因此，就改奔扬州向顾祝同部靠拢。唐生智因身体没有复原，行路困难，他的随从副官想了许多办法，只觅得一辆板车，车上还有牛粪。唐生智见了说："这辆车如何可以坐呢？"因此，仍旧由卫士们扶着前进。走不了几里路，唐生智委实走不动了，又问副官有没有车。副官报告说，还是那辆板车。唐生智叹道："我带兵二十年，大小百余战，从未有今日之狼狈。"无奈，只好上车向前行进，不时停车问左右："长官部人员都过江没有？""佘参谋长和廖处长来了没有？"态度异常沉痛。

由浦口向扬州，走不多远，途中有一座大木桥正着大火，我们一行共四五百人，在燃烧中的桥上艰难地通过。回望南京，火光烛天，尤以紫金山一带照耀如同白昼，数架日机在南京、浦口、乌龙山上空盘旋，枪声、炮声、炸弹声仍然在吼叫着。

十三日晨七时抵达扬州，顾祝同部已移驻临淮关，他留下卡车六辆，供我们输送。因此，我们便顺利地到达滁州，晚上坐车至临淮关。

十二月十四日奉蒋介石命令，首都卫戍长官部人员调赴武汉待命。

南京保卫战片段

王晏清※

　　淞沪抗战以前，我是第十八军司令部中校参谋，正在陆军大学第十五期学习。战役开始后，罗卓英打了个电报给我，暂时调我到前线参战。接到电报后，我即赴上海前线，参加了罗店战役。以后，日军从金山卫登陆，企图断我后路，国民党军队即全面撤退。在撤退过程中得知，罗卓英奉蒋介石的命令，任南京卫戍副司令长官，协助司令长官唐生智防守南京。

　　一九三七年十二月八日①，我随罗卓英到了南京，我住在南京铁道部的长官部。罗未住在这里，有时来这里办公。

　　十二月十一日，罗要我陪同他到前沿阵地去视察，沿途经过山西路、鼓楼、大行宫、新街口一带，看见十字路口都在构筑工事，工事都用沙袋堆起，是准备巷战的，我们又继续向中华门方

　　※　作者当时系第十八军司令部中校参谋。

　　①　根据谭道平的回忆，罗卓英到南京时间应为十一月下旬。

向走去。那时，日军的飞机正在向中华门投弹，爆炸的声音震耳欲聋。沿途商店都关了门，停止了营业。当我们到了中华门附近，看到被炸后的惨景，很多房子被炸塌了，远处传来老百姓的号哭，撕心裂肺。我们从中华门的东侧登上城楼，发现附近一些战士的尸体，这些战士是第八十八师孙元良部的。这些尸体倒卧在路旁，个个咬牙切齿，怒目而视。他们还没有打败日本侵略者，就为国捐躯了。我们看后心里非常悲痛。当时我就叫第八十八师的军官把这些抗战烈士好好安葬，以慰忠魂。

我们刚登上城楼就遭到日军狙击手的射击，子弹"嗖嗖"地从耳边飞过。我们沿城墙边走到城门村近，用望远镜观察，发现有一股日军在城外运动，同时听到密集的机关枪声音，也看到了我军的士兵在运动，知道城外还有我军在同日军激战。我就问身后第八十八师的军官："这是哪个部队？"他告诉我说是他们的一个团。正说话时，枪声异常激烈，这个部队与日军形成拉锯状态。那个军官又告诉我，前天有一部分日军突入中华门的城楼底下，并有少数日军冲到了城门下，占据了沙包掩体工事，用机关枪向我方扫射，情况十分危急。但是，我们没有畏惧，马上组织反攻，同时城楼上的人把集束手榴弹往下扔，结果把日军打了出去，我们马上恢复了中华门城楼下的阵地，解除了日军对城内的威胁。此时日军的飞机还是不断地向城里投弹，没有投到城墙上，只是落在城墙里面附近的街道上。我们又向东走了一段，城外的日军离我们很近，他们不停地用机枪向我们射击。中华门外有一些房子，日军就利用这些民房构筑了工事，开了枪眼向城上射击，所以在城墙上运动很难。我们看了一些情况后就回长官部了。

回去后，罗卓英对我们说，南京是先总理葬身之所，如果不战就放弃是我们的耻辱，我们有何脸面见先总理于地下呢？所以必须同敌人决一死战。他又说，要守住城，必须以城为依托，牵制敌人，以城外部队进行机动，里应外合才能守住城。今天南京是个孤城，城外除紫金山有我们的部队外，没有大部队集结，所以，只能利用城墙为依托来消耗敌人。因此，我们守城是个持久防御。他还说，我军将士是勇于杀敌的，但我们的守城部队粮弹都缺乏，因此，守南京是仓促的、草率的。要守到哪一天，还要看委座的决策。罗卓英后来又说，人生总有一死，我们死在南京，葬身钟山之下，必为后代所敬仰，还可以教育后人。这些是大概的意思，他是暗示我们要与南京共存亡。

十二日上午，罗卓英突然要我到江北去联系，了解一下江北友军的情况，究竟还有哪些部队。我一到下关就发现了大问题。我找到海军舰队司令欧阳格①，对他说明我要到江北去的意图。他说好是好，就是现在没有船。我说："下关没有船，将来部队要撤到江北怎么办？"他支支吾吾也没有说清，只是派了一只小火轮给我，送我过江。当时江南有很多伤兵没过江。事后听说蒋介石下了命令，要南京的部队突围，只许卫戌司令长官部的人员从下关渡江，其他部队都要执行突围命令。但是，在撤退过程中，绝大多数部队没有执行突围命令，一齐拥向下关。第三十六师宋希濂部执行长官部命令，除长官部人员外，一律开枪加以制止。退到挹江门部队与第三十六师发生冲突，被打死、踩死的人不少，但还是制止不住。

在下关的江边上，人们纷纷抢先过江，有的用木盆、门板渡江，江面上人头点点，像野鸭子一样。有的蹲在木盆里，有的趴在门板上，悲惨之状目不忍睹。我到了江北未找到友军，又不能回南京，只好先去滁县。

------

① 欧阳格系电雷学校教育长，抗战爆发后任江阴区江防司令。江阴失守后，欧阳格率一个中队的快艇驻南京草鞋峡，参加南京之战。

十四日我到了滁县，罗卓英也到了，我随他到醉翁亭开会，不久唐生智也来了，大家刚一坐下来，唐生智就叹了一口气说："我打了一辈子仗，从来没有打过这样糟的仗。"又说："我对不起国人，也对不起自己。"他叫把运输司令周鳌山找来，唐一见周就把桌子一拍，桌上的茶杯都跳起来了，大声喝道："你干什么的！你把我的几千伤兵都丢在江那边被日本人杀了！"周鳌山吓得不敢讲话，支支吾吾地说："我有什么办法呢？情况变得太快了，我有什么办法？"唐生智又喝道："枪毙你！"周鳌山呆若木鸡，后来低着头走了。

这时罗卓英向唐生智告别，回第十五集团军去了。我也离开了罗回陆军大学继续学习。

南京复廓阵地的构筑及守城战斗

程奎朗※

一九三七年八月，上海抗战爆发后，我在南京警备司令部（以后改编为首都警卫军）参谋处工作，直到南京陷落为止。这期间，我参与了南京附近防卫阵地的选定和构筑，以及战场联络工作，在撤退时，又是最后从乱军危城中冲出之一员。此役也是我个人生命史上最关键性的一段，惊涛骇浪，记忆犹新。

东南阵地的计划和构筑

南京附近的防御工事，战前由参谋本部城塞组（主持人吴和宣）在其外围沿大胜关—牛首山—方山—淳化镇—汤山—龙潭之线择要构筑有钢筋混凝土永久工事，种类有轻重机枪掩体和观测所、指挥所、掩蔽部。上海战幕揭开后，日军全面侵略中国的野心毕露，它不以占领华北和上海为满足。蒋介石面临这种情况，

※ 作者当时系南京警备司令部参谋。

对当时首都南京的防御问题，不得不开始考虑，于是责成南京警备司令部拟订南京防御计划，并由当时军事委员会执行部领导其事。执行部是当时主管国防工事的一个机构，由训练总监唐生智兼管这一工作，办公地点附设在百子亭唐公馆内。

南京警备司令由宪兵司令谷正伦兼任。警备区辖南京、江宁、镇江、丹阳、金坛、句容、溧水、高淳、芜湖、当涂、全椒、滁县、仪征、江浦、六合等十五个县市。司令部编制很简单，司令之下，设参谋长一人，下属机构只有一个参谋处，其他各处业务由宪兵司令部的各处兼办，不另设置。参谋处亦仅设第一科（作战）和第三科（后勤、通信），第二科业务由宪兵司令部情报机构兼办。司令部附设在道署街宪兵司令部里面右边一所旧式平房内。当时警备司令部参谋处拟订南京防守计划，是以决战防御的目的，选定大胜关、牛首山、方山、淳化镇、大连山、汤山、龙潭等处原城塞组既设永久工事之线为主阵地，简称东南阵地；以雨花台、紫金山、银孔山、杨坊山、红土山、幕府山、乌龙山之线为预备阵地（亦称复廓阵地），在长江北岸，以浦口镇为核心，由划子口沿点将台（浦口北面高地）到江浦县西端为主阵地，与东南阵地夹江形成一环形要塞。计划使用兵力：东南阵地为四个完整军（十二个师），第一线三个军，预备队一个军，江北岸浦口地区使用一个军，总兵力为五个军（十五个师）。

这个计划经过执行部请示大本营核定后，即由南京警备司令部制订阵地编成、火力配置及工事构筑计划。在制订计划时，发现原由城塞组构筑的既设永久工事，大部分不是按纵深配备和侧射、斜射的火网要求构筑的。工事位置未注意隐蔽，大都选在高山顶部或棱线部分，也没有一个阵地编成计划和要图，仅有一个工事位置图供参考。因此在制订阵地编成计划时，除部分工事可以作为观测、指挥所使用外，许多工事都利用不上，需要重新选定位置，另行构筑。但警备司令部从事阵地编成及火力配置时，由于参谋处编制人员太少（第一科只有科长王章、上校参谋袁滋荣和我，还有一个管事务的参谋；第三科只有上校参谋潘绪滋和少校参谋寇某），没有派出必要参谋人员到现场普遍侦察，只由主管作战的参谋袁滋荣凭五万分之一地图在图上标定。参谋长朱昌整天忙于文书处理，参谋处长苏恂和，对于防御计划，既未提出方案，也未督促进行，仅由袁滋荣在图上忙忙碌碌。到了九月下旬，上海战事日益扩大，南京日夜遭日机轰炸，警备司令部附近亦数落炮弹。

谷正伦在上海战事开始时处决了行政院简任秘书黄晟父子和另外几名汉奸敌谍之后，深感战局紧张。在一次纪念周上，对宪兵司令部和警备司令部人员讲话，痛责在战争紧张期间，两部工作疲沓，"应该枪毙"！（谷发脾气时常用的口语）。特别点了军法处关着几百名犯人，为何不作处理。当天下午，由看守所押出一百二十名犯人解往雨花台枪毙。

第二天，谷正伦找参谋长朱昌了解南京防御计划进行情况，朱昌战战兢兢，不知所措。推说第一科正在拟订。谷正伦当即传王章和袁滋荣将所拟计划送去审阅。王平时不满苏恂和的作风，便乘机在谷面前说："我们计划早已拟好，并建议派人侦察，但苏处长不作处理。"谷正伦看到防御计划进行迟缓，盛怒之下将苏恂和免职以王章接任。

由于警备司令部附近常遭敌之轰炸，谷正伦便和警备司令部参谋处人员迁移到雨花台地下室办公，南京防御计划才开始重视起来，派我去汤山、大连山侦察，派少将高参陈守常到淳化镇、胡熟镇等地，派宪兵学校战术教官管长治到龙潭侦察，对大胜关到牛首山地区则未派人。在这方圆数十里地区，仅派两三个参谋人员是不能做到详细侦察的，只能用地图对照现地，划定阵地概定位置要图回报。

进入十月，上海战场逐渐向西推移，大本营感到上海战场势难支持，开始重视南京防守问题。于是将南京警备司令部改编为首都警卫军（编制相当于集团军），以谷正伦为军长，负责南京防守任务，直辖于大本营。对南京东南阵地防御计划，蒋介石还要德国顾问团派骑兵中校奈维格到警卫军司令部参加阵地侦察工作，结果，谷正伦派我陪同奈维格到汤山和大连山一带看了看，当天下午就回南京。以后并未到其他地方去过。

首都警卫军番号虽然颁布，司令部组织依然如故，没有大的扩充，仅由军校分发来第十期毕业生数人，担任绘图、兵力登记等工作。

同时，南京虽已制订防御计划，大本营并未指派防守使用部队。至于警卫军指挥的部队，虽规定辖区十五个县市驻的部队都归该军指挥，但调来的部队一到南京，就开往上海增援，没有一支野战部队固定下来作为构筑南京防御阵地基干之用。当时一度指定驻芜湖之贵州部队第一二一师吴剑一半部及驻蚌埠滁县一带的第一六七师（北方部队）归谷正伦指挥，但第一六七师不久又他调；第一二一师虽曾受命开往句容、天王寺一带构筑工事，不几天又调赴上海。谷正伦实际指挥的部队，只有守城门、仓库之宪兵第二团（该团系前第四十四军贺耀组遗留下来的老兵）罗友胜部和担任京沪铁路（即沪宁路）沿线护路之第十团陈烈林部，此外，还有在中华门外正在训练的新兵教导团周竞仁部。这三个团的装备都是平日值勤务的轻装备，缺少应战的火力。因此，警卫军名义上是成立了，实际上还是一个空架子。

十月下旬，执行部派上校参谋任培生和我到方山、淳化镇、湖熟镇、汤山等地区再次侦察，确定东南阵地主阵地带之后，还到镇江、金坛、句容、溧水、宜兴等县侦察外围地形，并视察江苏保安处指导民工在镇江、句容一带构筑工事的情况（可能是执行部下令构筑的），以及各县备战情况。我们从镇江经长荡湖西岸到金坛、薛埠镇、大茅山、白兔镇、天王寺到溧水以南之石臼湖东岸地区进行侦察后，再折回天王寺到宜兴、张渚镇、善卷洞、桑庚洞一带侦察，并选定镇江十里长山、大茅山、野鸡山等处为南京外围前进阵地。沿途只在天王寺附近看到江苏保安处派的一个上校正在指导民工数百人挖散兵壕。看不见各县积极备战的情况。

十一月初的一个夜晚，谷正伦派人到我住处通知我，第二天随唐生智到汤山、镇江侦察地形。我携带东南阵地防御计划要图陪同前往，同行的还有执行部上校参谋李某。唐生智在汤山附近略事观察，即驱车赴镇江向江苏保安处长项致庄了解江苏省备战情况。项致庄向唐汇报省保安团兵力配置情况和准备向苏北撤退的计划。唐听完汇报后，即乘车沿长江南岸到丹阳湖边视察江苏保安团的防御配备。项致庄没有陪唐生智去视察。唐沿江大致看了一下，即返南京。在沿途视察中唐生智没有发表什么意见。

放弃东南阵地改守复廓阵地

上海战场撤退后，南京开始紧张，除宪兵、警察外，别无守备部队，东南阵地的构筑计划也未全面实施。大本营除令教导总队的一个工兵连由德国顾问指导，在汤水镇前端构筑野战工事外，还把宪兵学校的官兵学员分派到龙潭、大连山、淳化镇各地发动民工构筑野战工事。首先完成防战车外壕，然后构筑射击阵地。我被派到大连山协同宪兵学校高队长带一队学生指导民工构筑。官兵和民工积极性很高，当地群众还为我们烧饭送水。工作三日，即将完成外壕工程时，忽奉令停止，撤回南京。我回到警卫军司令部，问袁滋荣为何中途停工，袁说，东南阵地计划使用防御兵力，大本营认为后方没有部队可以调来，只能由上海撤退下来的部队来守，这些部队都是残破的，兵力不够，因此，决定放弃东南阵地改守复廓阵地。我看见袁滋荣正在一万分之一的航测图上标定复廓阵地工事位置。

大约在十一月中旬的一个上午，袁滋荣携带着南京防御计划和阵地工事要图随同谷正伦去参加关于南京防守问题的会议（地点记不清了）。中午袁滋荣回来很气愤地对我说，会议讨论守不守南京的问题，由蒋介石主持，参加会议的有何应钦、白崇禧、唐生智、谷正伦等人。白崇禧和一个高参（可能是刘为章）认为南京背临大江，敌海军如从江面突破封锁线，陆路进取芜湖、当涂，截断我后方联络线，我军陷于包围之中，决难固守，徒遭牺牲，为保存实力，应该放弃。唐生智则认为南京是首都所在，对国际国内都有影响，不能轻易放弃，并自告奋勇承担死守南京的任务。何应钦对守与不守未发表意见，谷正伦也未发言。蒋介石没有做出决定。袁极力赞同唐生智的主张，对白崇禧的看法表示不满。过了几天，听说谷正伦因旧毛病（谷素患胃溃疡）复发，向蒋介石辞去首都警卫军军长职，随宪兵司令部撤退到湖南去医病。同时宣布宪兵司令部增设两个副司令，以宪兵司令部参谋长萧山令和前宪兵第一团团长张镇充任。张镇率宪兵司令部去湖南，萧山令则留守南京，指挥宪兵第二团、第十团守城防。

谷正伦辞去首都警卫军军长后，唐生智被任命为首都卫戍司令长官。原警卫军司令部参谋处人员，编入卫戍司令长官部，我们便从雨花台地下室迁入唐生智公馆对面的教育部长王世杰的家中。当晚唐生智到王世杰家召集我们讲话，他说："谷司令有病到后方休养，防守南京的任务，只好由我承担起来了。我是统帅，守土有责，决心与南京共存亡。南京失守，我亦不生。你们是幕僚，和我所处地位不同，我不要求你们和我一道牺牲，万一城破，你们到时还可以突围出去。我只要求你们在我还活着的时候，坚持工作到底。"他讲话的声音虽然很低，但语气非常沉重感人。我当时深为感动，心想，你当司令长官既有死守南京的决心，我们当幕僚的和你一道为国牺牲，也是无上光荣的。

唐生智以原执行部人员为基干成立卫戍司令长官部，同时发表罗卓英、刘兴（原江防军总司令）为副司令长官，周斓为参谋长，佘念慈为副参谋长。司令部开始设在百子亭唐生智公馆和附近的房子内，十二月九日移到中山北路铁道部。

战斗经过概述和撤退时的混乱

我在南京保卫战开始至南京失守战斗中，先奉命到下关火车站负责运输第二军团至龙潭地区，继而又奉命到下关车站，执行组织列车开岔路口（南京有两个岔路口，这个岔路口在沪宁铁路线银孔山、杨坊山之间的隘路上）阻塞隘路的任务。未参与长官部参谋处作战命令制作工作。

十二月四日敌先头部队至句容附近。我奉唐生智手令到下关火车站负责调配车辆运送第二军团徐源泉部到龙潭，进入防守地区。我到下关后，京沪铁路运输司令陆福廷亦由无锡撤至下关车站。此时，下关市面呈现战时紧张气氛，商店已经关门疏散，仅有邮电部门及小饭店勉强支持营业。次日，由前方撤退下来的散兵逐渐增多，秩序混乱。小饭店关门闭户，邮电部门亦撤退。

十二月八日，徐部运输完毕。京锡段铁路员工和陆福廷司令部人员即向津浦路撤退。临走前，他们劝我与其同行，我没同意，仍回到长官部向副参谋长佘念慈复命。进挹江门时，城门有两门已用沙包堵塞，仅左面城门堵了一半。经过城门时，第三十六师守城士兵打电话请示师长宋希濂后，始放我进城。这时南京城内隐约可闻炮声。

九日上午，唐生智交下蒋介石用红铅笔亲书手令一纸（是蒋介石临走时留下的），大意是：唐司令长官，岔路口至银孔山、杨坊山间隘路，应即用火车阻塞，拒止敌战车通过。唐生智在条上批"由三十六师宋希濂师长派兵协助程参谋办理"。我持蒋介石手令到挹江门内中山北路西边一所平房里找到宋希濂军长，他即批令驻下关某团（记不清番号）派兵一班协助。我出挹江门时，左面城门昨天的一半也用沙包堵塞，只留城门口大约两米空隙通行，城门外边也用沙包堆成胸墙。到了下关车站，空无一人，附近也找不到一个铁路工人。我便决定过江到浦口火车站找火车司机。到了江边，江面已经封锁，禁止船舶来往，南岸看不到一只船，据说两岸大小船只有的已调长江下游封锁江面，其余都调往上游去了。经过派兵寻找，傍晚才找到一只小划子过江，到浦口上岸，已经天黑。浦口是第一军胡宗南部防地，经该军驻车站附近部队协助，找来火车司机两人，他们激于抗敌热情，毫不迟疑地随我过江回到下关车站。到下关已经是晚上九点多了。司机检查后认为锅炉已经熄火多时，无法开动。我将情况立即用电话向佘念慈报告，他要我回长官部。第二天清晨，我由下关进城，回长官部复命。

傍晚，增援光华门的邓龙光部某营（记不清番号了）用农民卖菜竹篮挑来敌人首级十余个，以及缴获的日军战利品，有轻机枪两挺、左轮手枪一支、三八式步枪十余支、战刀一把，还有钢盔、呢大衣、千人缝等多件，到长官部来报捷。据来人说，他们在当日上午驰援光华门时，敌人在护城河南岸以炮火向城墙猛烈轰炸，同时派出敢死队十余人在坦克掩护下冲过中和桥，企图突入城内。守城官兵非常勇敢，一面用沙包堵好城墙缺口，一面集中火力压制南岸敌人火力，同时用集束手榴弹打退敌坦克，但已经钻进城门洞里的敌人，仍顽强继续抵抗，不肯退出。于是该营组织敢死队用绳索从城墙上吊下去，用机枪和手榴弹把占据沙包洞里的敌人全部消灭。据我所知，据守光华门的战斗是南京保卫战中最壮烈的战斗①。

十二月十一日敌继续向我复廓阵地猛攻，以雨花台、紫金山两个地区最为激烈。

唐生智在围城战斗中，每日傍晚在庭前散步，照常由侍从身背大温水瓶、手捧小茶壶和三炮台随侍左右，每几分钟用热毛巾拂脸，品香茗，香烟一支接一支地抽，看样子颇为镇定安详。

十二月十二日上午，由镇江撤退到南京之第一〇三师残部，由副师长戴之奇率领从太平门入城，参加南京防守②。长官部令该部驻于中山门附近，负责中山门至太平门间城垣守备。拂晓，敌重点向雨花台、紫金山两地区发动攻击，上午雨花台失守。敌续以炮火向中华门、水西门轰炸，我军在金陵兵工厂和中华门外利用民屋建筑抵抗。同时新街口附近的新都电影院、卧尝饭店一带马路、建筑落弹不少。孙元良在中华门城楼上看见由雨花台退下来的本师官兵，在敌战车追击下无法入城（时中华门早已堵塞），又无长梯、绳索等上城工具，只好沿护城河两岸退，在敌火力尾击下，牺牲伤亡不少。

十二日下午五时许，宪兵第二团团长罗友胜满头大汗，由水西门来到铁道部，神色紧张地对我们原警卫军的几个参谋说：该团在中华门、水西门间城防被敌强火力轰开，已有敌军突入，伤

---

① 据中国第二历史档案馆藏《唐生智、罗卓英等关于蒋军溃退南京三文电》中记载：光华门自佳至真被敌突破三次，先赖教导总队支持，继赖一五六师苦战，歼敌获城，幸告无恙。

② 据第一〇三师第六一八团团长万式炯回忆，该师系十二月十日进城的。

亡甚大，部队在巷战中继续抵抗。他是奉命来长官部接受命令的。说完就到周斓、佘念慈的办公室去了。罗走后，我就到食堂吃饭，饭还没有吃完，传令兵跑来对我说："程参谋，司令长官和参谋长们都走了，你还不走！"因为我们由警卫军合并过来，参谋长周斓、佘念慈没有要我们参加参谋处办公，把我们当作联络参谋、传令军官派充临时任务。因此，唐生智当时下令各部队突围和向江北撤退，我们都不知道，也没有人告诉我们。我放下饭碗，回到参谋处办公室已空无一人。壁上地图、桌上文件也没有收拣烧毁，就撤走了。我慌忙拣了些东西出了铁道部后门，跳上三轮卡要驾驶兵开往金川门，在萨家湾遇到长官部一些官兵告知金川门已走不通，于是折回中山路，打算由挹江门出城。到了中山北路海军部门口，遇到第三十六师部队在马路上架起机枪封锁交通，不准由南来的部队通过。这时天已黄昏，只见城南火光冲天，炮声震耳，尤以紫金山方向枪炮声最烈。中山北路上，车辆、部队、黑压压的如潮水般地向挹江门涌来，出城的人们争先恐后，前推后拥，挤作一团，有的被踩倒在地上喊爷叫娘，第三十六师的哨兵在城门口胸墙上架起机枪，大声喊着"不要挤，再挤，就开枪打！"人们依然挤着。我艰难地出了挹江门。在中山桥遇到罗卓英和他的随从参谋王大钧。第三十六师一个姓熊的团长看到罗卓英来了，于是命令通信排拆电话，特务排随罗卓英到中山码头。当我们和熊团长走近码头时，码头上铁栏门已经关闭，由江防司令部派兵把守，不许进入，经和守兵交涉，才允许我们通过。到了趸船，江边停有小火轮一只，已经挤满了人，因听说是罗卓英，未加阻拦。上船后，船即开动。靠拢浦口时，受到胡宗南部队的阻挠，警备司令部参谋长朱昌和他的卫士带的枪也被缴了。

后来我随长官部人员到了临淮关，听唐生智宣布南京卫戍司令长官部撤销，司令部人员愿到训练总监部工作的，就随到长沙，不愿去长沙的就到第三战区工作；两处都不愿去的，就听候资遣。我则和警卫军的几个参谋，在当天夜里搭火车经徐州到汉口另谋工作。

南京保卫战中的军话专线台

王正元※

八一三淞沪抗战一开始，蒋介石不分昼夜，频繁地径直叫接长途电话，指挥前线部队作战。当时的首都电话局长途台并未因军事而减少手续，女话务员们依然照章办事，无论谁要长途电话，都要问"你要普通的还是要加急的?"有一天晚上九点多钟，蒋介石对长途台说："要顾总司令电话。"接通时，却是朱绍良。蒋介石为此大为恼火。据侍从室一位姓施的侍从官说，蒋介石有一道重要军令未能及时下达给顾祝同，气得把话筒都砸坏了，并要侍从室主任钱大钧把交通部部长俞飞鹏找来，"问问樵峰，他是怎么布置的!"第二天俞飞鹏即采取措施，命令首都电话局局长朱一成为蒋介石加装"军话专线台"，指定电务人员白埙、徐士元和我三人专职、专司其事。

由于安装了军话专线台，蒋介石使用电话更加频繁，白天不太多，主要在深夜两三点钟，有时不停地叫接，刚挂起听筒，随

※ 作者当时系首都电话局"军话专线台"话务领班。

即又叫接刚接话的指挥官，有时连续不断地打五六次。我们三人一直待在"专线台"。蒋介石与前线高级指挥官通话最多的，要数驻苏州的第三战区副司令长官顾祝同了。十一月五日前后的一个夜晚，为日军在杭州湾登陆之事，他和顾祝同通了二十余起电话。他在电话中听到这一军情后，焦急异常，语气显得惊诧，好像非预料所及。他问："没有战斗吗？""……敌人炮火猛烈，配有飞机、兵舰……"顾答。从蒋、顾两人多次通话中可以肯定一点，就是为没有预料到日军会采取远距离迂回的战术突破金山卫而感到紧张。在十一月八日一次电话中。顾说："前线紊乱，有几个军的位置不明，联络不上……"蒋说："想一切办法联络，要联络上。你看，派哪些得力部队掩护阻击？……其余按计划撤。"蒋说话时，声音急促。有一天上午，顾祝同连打四次电话找蒋介石，都回说："委员长开会。"

自日军在金山卫登陆后，中央政府各机关立即进入紧急战备状态，纷纷向西搬迁。十一月中旬，紧锣密鼓的"南京保卫战"开始了。一天，蒋介石电话当时任军事委员会铨叙厅厅长并任军令部次长的林蔚："你看过唐孟潇（生智）没有？最好请他来一趟。"当天下午林蔚电话侍从室主任钱大钧："唐孟潇晚七时去官邸……"

唐生智过去曾反对过蒋介石，还和蒋交过锋，后来到中央干了一个"训练总监"闲职。这位湘军宿将，一直郁郁不得志，经常称病不参加会议。上海战场我军撤退后不久，蒋介石召开了几次军事会议，唐生智参加了。据两位参与会议负责搞作战计划的军官说：唐生智那次重要会议上精神状态不太正常，他不是坐在椅子上，而是蹲在椅子上，一会儿跳下来，一会儿又蹲上去。就在这次会上，唐生智承担了保卫南京的重任，并表示："坚决死守，誓与南京共存亡。"

十一月二十日，国民政府发布迁都重庆宣言，同时任命唐生智为南京卫戍司令长官。接着，唐生智张贴布告，宣布戒严。从此南京进入战时状态。

十一月底以前，南京的轮船票就很难买了。自南京宣布进入战时状态后，逃难者蜂拥逃离南京，一张船票比原值高出四五倍。辗转过手的黑市票，甚至高出十数倍。由于轮船都是停泊在江心，不敢靠岸，即使买到票的，也必须雇小木船登轮，而小木船也是漫天要价。小船挤满了人和行李，江面上，落水呼救时见，舍命夺船迭闻。

十月末，蒋介石曾亲自电话汉口、广州，急催部队星夜赴调。十一月中旬起日军分兵包围南京的态势已十分明显。一天侍从室主任钱大钧两次电话教导总队总队长桂永清赴官邸（军话专线台，除蒋介石有一对专线外，还特为侍从室主任设置一对专线）。蒋曾电话交通部长俞飞鹏，询问船只运输情况、各部门撤退情况以及南京守备各部队给养情况。俞答，给养问题，已和何部长（何应钦）商量过了。

这时，首都电话局的撤退也大体结束。从十月份起，用户话机，只拆不装，到十月底电话用户已减少五分之四。各种通信机械十月份装箱西运，所有女职员全部撤离，同时奉令成立"留守工程团"，负责维持首都最后军事通信，并划归南京卫戍司令长官部节制指挥；"军话专线台"隶属"留守工程团"。该团团长由首都电话局总工程师黄如祖担任。该团成立后，除备足应用补充器材外，还采购了足够用六个月的食粮和生活必需品。

十一月中旬以后，民用电信全部停止，专供军用。电话局的"留守工程团"全体工作人员，都由南京卫戍司令长官部各发军衣一套和盖有"卫戍长官部"大印的臂章一个，为戒严时通行之用。

十二月一日前后，钱大钧电话唐生智："孟潇兄，委员长请你下午四时来官邸……"同月四五日，唐生智电话钱大钧："慕尹兄，委员长何时离京？""他还没有走的意思……"钱大钧当时在电话中告诉唐生智："委员长不愿离京，我又不敢向他进言……""我马上到官邸来。"唐说。后来听蒋孝镇副官说："委员长于六日晨率唐生智、罗卓英、桂永清、钱大钧等及侍从室部分人员，晋谒孙中山先生陵墓后，第二天离京赴赣。"蒋介石的随从副官蒋恒德曾向我描述了当时蒋介石离开南京前的情景：六日一大早，委员长率钱主任及侍从室部分人员，连同送行者分乘十数辆小轿车，从黄埔路官邸出发，路上只有荷枪实弹的武装部队，没有行人。这时正值秋冬之交，梧桐落叶铺满街道。车队出中山门，没有直趋中山陵，而是绕经陵园新村、灵芥寺，车行甚缓。在中山门外绵延的山坡上，有几十幢国民党高级军政要员的郊外别墅，此时都已人去楼空。绿树掩映下的"美龄宫"，亦显凄清。我们瞥见委员长神情怅惘，满面郁悒。我们早就听第二组（侍从室第二组是军事组）的参谋们说：紫金山一带地区，是扼守南京的要冲，又是孙中山的陵寝所在。在最高军事会议上，将守备这一地区的任务交给了教导总队。这支部队不但装备精良，实力雄厚，而且兵员足额，素质更为全军之冠，可算是当时最精锐的一支得力部队了（难怪蒋介石在十一月下旬一连两次电话召见桂永清）。我们在这里看到的是满山的铁丝网、鹿寨和各种防御工事。

自蒋介石离京后，战况更是一天紧似一天。党公巷电话局楼顶上架起了机枪和高射机关枪，各街道十字路口都堆放着沙包，做成掩体工事，高层建筑物顶上驻有部队，一场大战不可避免地来临了。

十二月八日、九日，市面上家家户户门窗紧闭，街道上只有一队队的武装巡逻部队。十日下午"留守工程团"接长官部急令：把全团人员迅速压缩最低数，只留少数维持通信，余饬令立即撤离。黄如祖团长立即召开会议，决定"留守工程团"除留下十人外，其余全部撤离，我们"军话专线台"三人也随同撤离。记得半月前，"留守工程团"曾传达长官部意图说，南京城决心要打六个月，坚持下去，国际形势就会起变化，我们就会胜利。言犹在耳，情况突变，深夜我们一行悄悄撤离南京。

出挹江门时，我们遭到了盘问，经出示证件，说明缘由，又查点人数，旋即开城放行。到了老江口的汊河湾，把一条早准备好的大木船推入水中，候至午夜，两名约好的船工来后，一齐上船悄悄向江北划去。这一夜，从中华门、光华门方向传来隆隆枪炮声。上午十点，船抵北岸，又沿着芦苇丛向浦口方向摇，见到芦苇丛里，三步一岗，五步一哨，立在水中，木船驶经他们面前，看清番号是第一军（胡宗南部）。下午三时许，我们到了浦镇东门。我因回原籍六合东乡探亲，第二天赶回东门镇，"留守工程团"的人已走。浦口守备部队的人告诉我，雨花台、大校场已失守。入夜我折回六合县城，赶到电报局。他们告诉我："深夜最后一次通报中断了，估计南京已经陷敌。"十三日凌晨三时许，我和六合电报局人员携带机件，迅即出城向安徽天长撤退。

警卫蒋介石飞离南京

俞洁民※

一九三七年十二月四日，日军推进到南京以东句容、镇江、秣陵关一线，实现了对南京的包围，同时对南京城施行日夜轰炸，蒋介石不得不由陵园官邸搬移到清凉山林蔚文的别墅暂住。在离开陵园官邸前，他到富贵山、尧化门、仙鹤门、孝陵卫和下关等处转了一圈，视察了有关军、师的防御工事和阵地设施。这天晚上九时许，蒋介石在防空洞里召见了我，他情绪低沉。他先问了一下卫士们的情况，关照我写好卫士名册，并一式两份交代从室。当时蒋介石身边的侍卫官和警务员一共只有十几个人。他命令我率领两班军装卫士，暂留南京，归南京卫戍司令长官部节制，主要任务是看守两只停泊在下关码头的小兵舰，意在稳住军心，向守城部队官兵说明有蒋介石的卫士看守着兵舰，蒋介石就没有离开南京。

侍卫室的其余人员是十二月五日和七日两天先后撤离南京

※ 作者当时系蒋介石卫士队区队长。

的。蒋介石是七日凌晨五点多钟，乘敌机尚未出动的间隙，乘坐美龄号机走的。那天我在明故宫机场警戒，送他上机，美龄号在一小分队飞机的保护下，飞往江西庐山，经湖南衡山到达武汉。

蒋介石走后，我与卫戍司令长官部通了一次电话，请示行动位置。接话者说："你们来指挥部或留原处。"我决定留在原处，并向长官部报领了粮油盐。十日，日军已攻抵南京郊区的孝陵卫、雨花台、栖霞山一线，守军固守城垣。是夜，情况紧急，光华门一带炮声尤烈，我和长官部通话，未接通。十一日晨，我率卫士班驱车至下关，幸两艘兵舰尚在，我们弃车登船，开往九江，经南岳到武汉，归返侍卫室。

第 二 章

江阴阻击战

江阴封江战役纪实

欧阳景修[※]

　　七七卢沟桥事变，全国上下纷纷投入抗战救亡运动。自八一三沪战爆发，全民抗战开始，南京国民党政府军事当局，为了阻遏日舰自长江西上，下令在江阴封江防御。我当时任海军第一舰队海容军舰舰长，奉命参加战役，奋战数天，曾击落敌机数架，俘获敌军飞行员一名，嗣以敌机大量增援，致以失败告终。兹将当时封江战役主要经过情况，略述如后。

一

　　江阴位于长江下游，地处上海、南京之间，与北岸靖江隔江相望。长江下游江面一般宽四五公里，到此逐渐狭窄，宽仅两公里左右，南岸山陵起伏，形势险要。由于具备这样的自然条件，自逊清起历年统治集团均在此设有炮台驻军防守。抗战开火前

　　※　作者当时系海军第一舰队海容军舰舰长。

夕，长江上游当驻有日军舰五艘，其中计炮艇两艘，浅水舰三艘。

八一三沪战爆发，南京军事当局密议在抗战序幕未揭开前，派前海军部长陈绍宽负责在江阴长江江心，凿毁旧军舰若干艘，载石沉没江底，筑成封锁线，以阻遏敌巨型舰西上威胁首都（南京）及沿江各城市的安全，并断绝上游五艘敌舰的归路，另由南京当局派舰分别溯江西上对五艘敌舰予以截击、俘擒。可恨前汪精卫行政院机要秘书、汉奸黄浚在封江令尚未下达前夕，竟利令智昏向敌通风报信，致使敌舰闻风星夜兼程遁逸，经江阴出吴淞口扬长而去。

在敌舰兔脱后次日，海军始奉令正式执行封江防守任务，指定通济、大同、自强、德胜、威胜、武胜、理胜七艘旧舰，在江阴沉没江底，形成封锁线。其中德胜、威胜两艘吃水浅，马力大，可以专供上游流急水浅的航道中逆流快速航驶，直达重庆。同时又指派海军次长陈季良率领宁海、平海、海容、海筹、应瑞、逸仙六舰日夜把守封锁线；陈季良次长本人则驻守在平海舰上。

沉舰封江任务完成后，海军部长陈绍宽即亲向蒋介石面报经过情况，据悉蒋氏闻及德胜、威胜两舰被一并毁沉，意殊不悦，顿足表示惋惜。

二

海军在这次战役中所担任的作战任务，除主要的江防外，还要协助陆军用舰上高射炮击退敌飞机的侵袭。按当时敌我军事实力，无论人员，装备，均相差悬殊，特别是我国的海军，几乎毫无作战能力，不堪与日本侵略者的新式巨型舰只相较。但我全体海军官佐士兵，深明大义，斗志旺盛，誓与敌作殊死战。

全民抗战序幕揭开后，敌机每天必经江阴上空飞往南京等地轰炸，我驻防江阴的舰艇，即用高射炮猛烈射击，数日内击落敌机数架。某次一敌机飞行员因飞机被我击毁，由降落伞下降，亦由我海容军舰派水兵登陆联系民众，导往生擒，在其身上搜出手枪、证件及护身符袋等物。部长陈绍宽闻悉，立即乘小山舰前来慰问，并将俘虏押解南京。同日下午又飞来敌机群一队，计六十架，在江阴上空盘旋投弹，我守防封锁线六舰，互相配合，齐以高射炮回击，曾命中其中一架，坠毁于江阴鱼雷营内。是役交战约两三小时，敌机滥施轰炸，投弹不知其数，但均落在江中，仅平海、宁海两舰受附近水中炸弹爆炸影响，船壳略受微损。

次日下午，敌派大群飞机计一百余架蜂拥前来报复，在我江阴上空分批轮流轰炸，目的在于毁灭我六艘守防军舰。我六舰全体官佐士兵同心协力，用密集的高射炮火猛烈回击，交战达三四小时之久。我逸仙舰高射炮弹药告罄，官兵们尚复鼓其余勇，毫不退缩，继之以大炮回击，并击落敌机一架。是役战斗至为激烈，平海、宁海两舰创伤过重，船壳裂开，舱内进水，不得不自行搁浅，完成任务。平海舰长高宪申、宁海舰长陈宏太均先后受重伤送芜湖医院治疗。两舰士兵伤亡尤多，水兵死亡十余人，平海舰上学员亦伤亡孟、林两名。陈季良次长于战役结束后即往南京。不久，应瑞、逸仙舰奉令西调南京。至此，封锁线下，仅剩海容、海筹二舰，后亦奉令听候驻在上游的海圻、海琛二舰到来后一并沉没江心，巩固封锁线。至此江阴江底沉没之我国军舰除第一次封江筑防的通济、大同、自强、德胜、威胜、武胜、理胜七艘外，连同战役中受创自行搁浅的平海、宁海两艘，事后奉令巩固防线沉没的海容、海筹、海圻、海琛四艘，前后共计十三艘。我国海军在抗战前所有的作战舰艇，其主力全在于较巨之十数艘军舰，至此我亲见其全部毁沉，不禁深为叹惜。

事后我赴南京海军部报告经过情况，奉部长陈绍宽命令前往大通寻找寺庙等公共场所，安置所有沉舰员兵两三千人。

三

我在大通候命约月余，当时芜湖失守，海军部已西迁岳州，大通市面紊乱已达极点，人心惶惶，不可终日，商店罢市，无处籴米。经电向陈绍宽部长请示，奉命率同候遣人员离开大通，步行迁往江西湖口，转往海军部报到。由于时局紧张，民众相率迁移避难，无从雇觅交通工具，乃将人众编成队伍，步行登程。十余天后，始行到达湖口，才分批分队雇民船载运岳州。当人员队伍尚未全部到达时，中途奉电令将人员移交当时海军部总务科科长陈景芗接收后往汉口陈绍宽处候遣。我当即遵令赶往陈科长处办妥人员移交手续，随到汉口面谒部长陈绍宽，奉面谕返湖口协助江防副司令曾以鼎工作。到达湖口，被任命为江防副司令兼参谋长职，具体职司，则是在各处山岭水边安装炮台，布置水雷、鱼雷等。

我在舰上服务多年，谙于航行及水上作战生活，平生主要志向，愿展我一技之长为国效劳，但目睹海军所有舰艇几乎全部毁沉江底，失却了作战武器，使我原有理想趋于幻灭，且当时我年事已高，因此，申请辞职退休。数十年海军生涯，至此告一段落。

江阴封锁线上的战斗

陈　惠※

一九三七年，日本帝国主义蓄意发动全面的侵华战争，爆发了震撼全国、举世瞩目的七七卢沟桥事变。我爱国军民义愤填膺，同仇敌忾地奋起抵抗，揭开了中国近代历史上反对帝国主义侵略的空前伟大、广泛的民族解放战争的序幕——抗战开始了。

随着战争形势的不断发展，我海军舰艇亦处于紧急的备战状态之中。火力配备较强的平海、宁海、海容、海筹等十余艘舰艇均已奉命集结于南京草鞋峡，升火待发。

八月十二日晚，海军总部下达了向江阴进发的命令。海军第一舰队司令陈季良登上平海旗舰，立即升起"各舰立即起锚"的旗号。在暮色茫茫中，各舰艇阵容整齐地向江阴前进。午夜抵达防地，按指定锚位抛锚。

十三日清晨，江面的雾气刚散，江阴上游就出现黑烟缕缕，旋见以"八重山号"旗舰为首的十数艘日舰全速鱼贯而来，舰上

※　作者当时系宁海舰前段指挥。

均卸下炮衣,炮口指向我方舰艇。我方各舰艇亦采取同样的临战状态,双方紧张地对峙着,如箭在弦,一触即发。但因我舰始终未得截击的命令,故只好眼睁睁地望着敌舰仓皇地冲过江阴向下游逃窜。

当日,"江阴封锁线"的计划开始执行。二十余艘舰艇,其中包括古老的海军摇篮——通济练习舰以及德胜、威胜等海军旧船艇陆续驶抵江阴,按既定锚位排成一行。各船统一时间打开船底阀门,撤离船员,让船只缓缓下沉,天黑之前,除仅留一条狭窄的通道外,一条水上封锁线初步形成。

接着,又夜以继日地从上游拖来满载石头的木船沉没在封锁线上,借以加强这道水上封锁线。经过数日努力,江阴封锁线终于大体完成。这对防止日舰溯长江而上与其陆军协同作战,起了一定的作用。

日本侵略者如想突破这道封锁线,首先必须摧毁防守在封锁线上的我军舰艇。虽敌人拥有海军的绝对优势,但限于江面狭窄,不能充分发挥这种优势。故只有用其强大的空军袭击我方没有空防配合的舰艇,方可奏效。所以,在防守江阴封锁线的最初日子里,从不见敌舰进犯,只有三五成群的敌机经常前来侦察、骚扰。这样,一场激烈的海空战是不可避免的了。我舰队官兵保持高度警惕,严阵以待。

九月二十二日,这场意料中的海空激战打响了。

当日中午,在刺耳的空袭紧急警报声中,江阴炮台上空出现了敌机群,有三四十架,它们绕过炮台,向我舰艇轮番俯冲投弹,目标集中于平海旗舰。我舰艇即以高射炮、机枪进行还击。为首的一架敌机被我炮火击中,曳着一股浓烟栽入江中。但其余的敌机仍然继续疯狂地轮番对我舰艇轰炸,战斗持续了两个多小时,敌机才弹尽返航。这一役,平海舰被炸伤进水,由于及时驶近岸边搁浅，才免沉没。舰长高宪申身负重伤，舰上两名见习生高品衢、罗汉霖阵亡①，士兵受伤者有十余人。

一场激烈的空袭，我方只平海一舰受伤，敌人是绝对不会善罢甘休的，我舰队抓紧补充弹药，准备对付可能发生的更为激烈的空袭。

九月二十三日清晨，江阴电雷学校出动十余艘鱼雷快艇，围绕我舰队游弋，时间持续近一小时之久，隆隆之声震耳欲聋。这情况，是在舰队驻守江阴封锁线后所未有的，这就使人预感到又一场恶战必将来临。全体官兵提前造饭，各就各位，准备战斗。果然，鱼雷快艇的机声尚未完全消失，敌机已临我舰艇上空，机数之多倍于昨日，这大批机群仍循旧路，以我宁海舰为主攻目标，轮番俯冲轰炸。我舰艇的高射炮、机关枪组成密集的火网迎头痛击。霎时间炮声轰鸣，火光闪闪，硝烟弥漫，舰舷两侧的江面上激起一根根冲天水柱，战斗空前激烈。一颗炸弹命中宁海号舰身，飞机亭中弹起火，锚机被炸失灵。航海员林人骥头部中弹身亡，脑浆飞溅驾驶室。舰长陈宏太身负重伤，但仍留驾驶室指挥，命令扑灭火焰，斩断锚链，继续作战。战斗中，我猛烈炮火共击落敌机五架。在开花弹告罄之后，继而以穿甲弹还击。不幸的是宁海舰的舰桥后面又被敌机炸中，舰体受到严重破坏，一名军士长和数名士兵阵亡，二十余人受伤，我当时是宁海舰的前段指挥，亦受重伤。只觉一阵热浪冲来顿时失却知觉，待恢复时日已黄昏，敌机远去无踪，宁海舰搁浅于近岸，士兵纷纷泅水登岸。伤员由威宁号舰送南京海军医院包扎后，连夜转送芜湖美国医院进行手术和治疗。

江阴封锁线上的日日夜夜令人难以忘怀，尤其在当时封锁线

---

① 据欧阳景修回忆说"平海舰上学员亦伤亡孟、林两名"。

上发生的一些反常现象，深深地留在脑际。

一、正要执行江阴封锁线计划之时，日舰竟抢先冲过江阴逃离长江，若非事前获得准确的情报，其行动怎能如此及时和迅速。

二、在防守江阴封锁线的日子里，夜间实行严格的灯火管制，可是时常发现信号弹划过漆黑的夜空。

这些现象显然不是偶然的、孤立的，其中是否存在着某种不可告人的活动，殊属费解，在中国人民进行英勇顽强并付出巨大牺牲的抗日战争中，少数民族败类却在充当可耻的汉奸角色，令人至今痛恨不已。

封锁江阴航道
及海军炮队登陆参战概况

刘崇平　魏应麟※

一

　　一九三七年中日战争爆发后，日舰云集上海黄浦江，企图进
犯长江各城市，国民党军事委员会决定，在江阴构筑封锁线。封
江前夕，陈绍宽下令将江阴封锁线的沉没舰只，如：海圻、海
筹、海容、海琛、通济、大同、自强等舰上所有的大小炮（除海
圻军舰上的英造阿摩士庄八寸口径大炮两尊，因炮弹只存一枚无
何作用故未卸外）全部卸下移作炮队和炮台之用。我方原打算将
江阴航道封锁，堵止日舰上驶，以免南京受到日方炮舰的威胁，
同时，封锁后亦使日方驻在上游一带的舰船，如"八重山号"旗
舰，"浅羽号"浅水舰及驱逐舰和商船等十三艘，都可以被我一

　　※　作者刘崇平当时系海军第二舰队司令部副官，魏应麟当时系海军部
太湖炮队队员。

网俘获。当时海军部在汉口、九江、湖口、南京下关及草鞋峡等港口，都分布有舰艇，尤以湖口港较多，除第二舰队外，还有第一舰队的"建康"驱逐舰一艘。在草鞋峡港口的四艘鱼雷艇也都已装上便战雷头，待命袭击；各港口的舰艇，都做好了出战的准备，只等上级下命令。由于汉奸的泄露，致泊在上游一带的日方"八重山号"旗舰率同"浅羽号"浅水舰及驱逐舰等于八月杪在封江前夕先期逃脱，使计划落空。

封锁江阴航道的任务，由海军部责令海军第一舰队司令陈季良主持，后又由海军第二舰队司令曾以鼎接替负责。除平海、宁海等舰被日机炸毁，先后沉没外，只有大同、自强、海容、海筹、通济、德胜、威胜等舰，连同商船如宁兴、醒狮等艘先后沉锁于江阴港道，其后又加以海圻、海琛两舰。

沉舰工作复杂而又艰巨，事先曾经精密的设计，但由于水流太急，致舰船下沉后，被水流冲袭，都不能达到理想的竖立状态，其后还将多只装载石头的民船，重叠下沉，冀图补救。此外，海容、海筹、通济等舰下沉后，所有桅杆在涨潮时尚露出水面约两三尺，在落潮时则露出更多，尤其是通济舰的桅杆，长为一百三十七尺，露面格外突出，这无疑是封锁线上的目标，因此非锯不可。副官刘崇平奉命带领一班士兵和由上海雇来电锯技工二人前往锯杆，冒着日机的多次俯冲轰炸，经过三天时间的紧张工作，终于完成锯杆任务。江阴航道封锁后，随即又布置了水雷，江阴航道成了日舰西进的阻障。

与此同时，军事委员会对江阴下游的乌山地区极为重视，特令海军部派驻一支炮队作为乌山临时炮台，台长以逸仙军舰舰长杨希颜担任，台员则有王文芝等，配有枪炮士兵数十人，装有江、楚舰上卸下的十二寸口径大炮四尊，射程为八千多码，居高临下，易于命中。海军第二舰队司令兼江阴江防副司令曾以鼎常来视察、督导演习及训话，勖勉官兵保卫江防、杀敌报国为我海军官兵应尽的职责等，鼓舞了官兵的斗志。

封江后，海军第二舰队司令曾以鼎率所辖的一些陆战队继续留在江阴，听从江防军总司令刘兴指挥。十月一日拂晓，日军第二十四分队的驱逐舰三艘鱼贯上驶，乌山炮台上的瞭望兵发现敌情立即报告，副台长陈秉清当即下令各炮兵站炮，四尊大炮同时瞄准射击，其中一尊因炮座没有巩固，故一经震动，竟然塌倒，幸站炮的官兵未有受伤，其他三尊各发射一炮，除一炮未命中敌舰外，另外两炮击中三舰中的一舰，顿时硝烟弥漫，舰身倾斜，首尾两舰见情况不妙，立即靠紧伤舰，挟同逃窜，敌舰受此重创，以后敛迹不敢继续冒险再犯。曾以陈秉清指挥有方、勇敢杀敌明令嘉奖。十一月下旬，江阴战事日趋紧张，日军从三面向江阴进攻，战至月底，海军陆战队随江阴守军西撤，江阴随告失陷。

二

同年九月间，驻防各地未沉的军舰，接海军部电令克日将各舰上的三寸口径大炮卸起，随带炮弹移装驳船，迅驶南京下关取齐，并令各该舰上的正副枪炮官率领枪炮士兵若干人到海军部报到，候令出发。官兵闻讯，情绪高涨，认为参加抗战保卫祖国，是军人的天职，是无上光荣的任务，立即做好准备，有的搭火车，有的乘轮船由各驻地星夜赶到海军部报到。那时海军部已发表成立太湖炮队，总队长罗致远，副队长戴熙经、王夏鼎、郑体慈、齐粹英、郑奕汉，队员林家熹、魏应麟、刘崇端、潘功宏、杜功治、江家骊、谢为森、罗榕荫、陈孔凯、蒋亨森等（是由舰艇上调来的舰艇长和正副枪炮官）率领枪炮军事长及士兵共二百余人,乘专用火车由下关车站出发,官兵们头戴钢盔,全副武装,浩浩荡荡开往苏州。当地群众在车站夹道欢送,充溢着中华民族的爱国热情,鼓舞了官兵们杀敌的勇敢意志。这是海军官兵第一次登陆作战。由于沿途敌机扫射和轰炸的威胁,火车时开时停,到达苏州车站后,士兵们住宿于苏州城内的一个禅寺里,队长、队员则住宿于旅社。当地部队指挥官闻讯,认为海军炮队是增强对敌作战的实力,争先恐后地要炮要人,经双方协商,合理分配在急需的口岸。如常熟福山、金山卫、乍浦及其附近港口各派一小队或两小队,以副队长为大队长,队员为小队长。由于日机连日在苏州城内外扫射、投弹,把大好的花园城市搞得屋塌墙倒,遍地烽烟,街旁路角妇哭儿啼,令人触目惊心。日军毫无人道地对住宅区扫射、轰炸,残暴至极,令人可恨。在罗总队长宣布各支队名单的第二天就陆续开赴所分配的口岸。但是,安装炮座、巩固基地,必须使用钢筋和水泥等材料。当时交通不便,运输困难,大都因为材料不全,致大炮尚未装好炮座而驻地已失,只好带同炮弹仍乘原船随同驻军撤退。当时由魏应麟率带派往常熟福山的支队,在听到当地驻军尽撤,日军已进入常熟城的消息后,立即星夜赶到江阴,向海军第二舰队司令曾以鼎请示把炮弹由原船驶回江阴。由刘崇端等所带的炮队派往金山卫,到达时闻驻地已被日军占领,只好改道温州,参加郑体慈等所率的炮队,旋亦撤出。由林家熺等率带的炮队派往乍浦,但于接近乍浦时,即闻驻地已沦敌手,就只好返回南京向海军部报到。这些炮队的官兵都集中在大通港候令。此时海军第二舰队司令曾以鼎从江阴撤出,乘小汽轮到九江改搭江元军舰上驶,中途接陈绍宽部长电令驻大通港料理善后。

鱼雷快艇在南京保卫战中

谢宴池※

电雷学校的鱼雷快艇，是一支新组建的防御式海军部队。一九三五年初我国从英国、德国进口快艇，于江阴黄山港开河、打山洞、建码头、工厂、营房等基地。截至抗战开始，已拥有快艇十三艘，其中英国制造十艘、德国制造三艘，编组为一个快艇大队，下分四个中队，分别命名为文天祥中队（四艘）、史可法中队（四艘）、岳飞中队（三艘），另有颜杲卿中队（两艘）尚未加入战列。此外，在德国订造的谭伦号母舰（六千吨）尚未回国，在英国订造的母舰戚继光号已驶到香港。江阴防务除快艇外，还有静海、俞大猷、同心、同德等舰艇，以及驻岸高射、探照等部队配合，基地工程初具规模。

一九三七年春，江阴区江防司令欧阳格组织各快艇艇长乘同心、俞大猷两舰，从江阴连成洲一直测量到南通狼山，对每一处水深作了详细测绘，并将日本第三舰队各舰舰形，绘成图像，发

※　作者当时系鱼雷快艇文天祥中队 88 号艇艇长。

交各快艇艇长人手一册，俾资熟记识别。这年夏天，国民党军事委员会参谋本部，组织江防视察团乘同心等舰开往福姜沙、浏海沙一带视察，各快艇艇长也随舰参加。

一九三七年八月十三日，日军在上海发动战事。同日国民党军事委员会下令在江阴长山江面，自沉商船军舰十多艘①，筑起一道长江封锁线，同时正式任命刘兴为江防军总司令，统率长江防务，下辖江阴要塞、江阴区江防司令部（即电雷学校所属舰艇，司令由该校教育长欧阳格兼任），海军第一舰队（司令陈季良），海军第二舰队（司令曾以鼎），还有镇江要塞和陆军、炮兵等部，并指挥固守江阴。因有长江封锁线，敌军未敢贸然进犯。

八月十四日，快艇大队派出史 102 号、文 171 号两快艇，伪装掩护，由江阴黄泥港出发，经太湖、松江，从黄浦江上游，于八月十六日深夜，史 102 号艇出其不意地偷袭了敌第三舰队旗舰出云号，被日本人评价为："这是中国海军唯一的一次积极性攻击。"② 自上海开战以来，敌人每日出动飞机轰炸江阴，八月二十三日电雷学校营房校舍被炸，该校学生队组成高射炮队，击落敌机一架。敌人更加疯狂，九月下旬连日出动飞机百余架次，轮番轰炸我驻守在长江北岸八圩港的海军舰队，致我损失重大，宁海、平海舰先后沉没。驻守在南岸黄山港的电雷学校舰艇，及黄山炮台，也遭荼毒，损失很大，但官兵士气依然旺盛。为减少不必要的牺牲，九月底各鱼雷快艇分散停泊江阴上下各港汊、文 88 号艇奉命移泊江北四墩子小港，单独驻守。同日，同行的史可法

① 据台湾《民国大事日志》记载：八月十三日我封闭长江江阴下游长山港江面，军事机关征用招商局轮船嘉禾、新铭、同华、遇顺、广利、泰顺、公平等七艘，民营轮船十六艘，海运舰艇及埠趸船二十八艘，一并沉下，成第一道长江封锁线，以阻敌舰上驶。

② 原话引于日本濑名尧彦著《扬子江上的战斗》，载《世界的舰船》，一九八三年四月出版。

中队34号艇被日机四架追踪，轮番轰炸，终着火燃烧，毁沉于夏港江面，艇长姜翔翱和全艇官兵无一人生还。这时有一艘敌舰在南通附近骚扰，江阴区江防司令部立即派史181号快艇出击，阻止了敌舰上驶，但史181号艇也遭到破坏。在淞沪战事期间，由于江阴海军方面的配合，敌人在长江水路，一直未曾出动军舰作战。十一月初，我军在上海战场失利，鱼雷快艇文天祥中队奉命返回黄山港，继而深夜开赴南京，参加南京保卫战。

鱼雷快艇文天祥中队，中队长刘功棣，拥有英制快艇四艘，番号分别为文171号（艇长刘功棣兼）、文42号（艇长先黄云白，后由陈溥星代）、文93号（艇长吴士荣）、文88号（艇长即笔者），每艇配有直径四十五公分鱼雷两枚（尾槽发射式），深水炸弹两枚，高射机枪四挺，鱼雷已压气调试，完全处于发射状态。文天祥中队到达南京后停泊于草鞋峡三台洞附近江边，用树枝芦苇隐蔽伪装，防止敌奸引示轰炸破坏。我们到达南京后，即向住在下关旅社的蔡浩章老师（他是刚从香港接收了戚继光母舰，绕道从粤汉路回来，奉命留守南京的）报到。由于十一月初南京城还没有完全进入战时紧张状态，我们在征得蔡老师同意后，离艇上岸。当时国民政府已开始西迁，挹江门城墙及大街小巷都写有"保卫大南京"的标语，街上行人不多，遇到不少说四川土话的小个子兵，我是四川人，听到乡音，格外亲切。

十一月底，江阴区江防司令欧阳格、参谋长徐师丹、参谋杨维智及司令部警卫等十余人，从江阴突围过江，徒步到达南京，司令部设在下关中国银行内。他们到后，立即架设电台，与快艇队及后方学校联系，参谋杨维智亲自送来欧阳格亲笔写的第一号手令，原文是：江阴失守，闻敌舰已突破封锁线，溯江上驶，逼近首都，兹派文××文××两艇今晚出发（具体快艇已记不清），游弋至镇江江面，如遇敌舰，立即攻击。司令欧阳格×月×日。

杨维智是电雷学校第一期同学，他向我们谈起过江阴战役的经过，以及突围过江后步行到京（南京）的艰辛。这以后他经常到中队基地来，但绝大部分的作战命令是通过电台发出来的，内容一般都是每晚指定两条快艇出发游弋。有一次电文以非常恳切的语调命令我们"必须击沉敌舰一两艘，否则必遭舆论斥责。"十二月初，形势日渐紧张，每天下午四五点钟，即可收到命令快艇出发的电报，我们晚出晨归，整晚游弋在镇江江面，但始终没有发现敌舰。

不久，我们已听到从龙潭方面传来了隆隆炮声。有一天杨维智来说，欧阳格去百子亭总部开会后出城，被守城警卫拦住。据说南京卫戍司令唐生智已下令戒严，各城门只许进，不许出，大有背水一战之势。江防司令部设在城外，经过交涉，自然准许江防司令部的人进出。以后枪炮声逐渐紧密，附近老百姓说，中华门、光华门都已发生激战。十二月十二日下午四五点钟，我们久候电报命令不至，直到晚上十点多钟，才看到一条帆船向我们驶来，欧阳格、杨维智来到艇上，告诉我们南京已失守，城里很乱，参谋长徐师丹失踪。杨维智告诉我们，欧阳格在撤离南京前，曾向岳阳后方学校发出电报，谈到江阴、南京两处陷落，有"一寸河山一寸伤心泪"之句。当年岳阳电雷学校的师生，而今还健在大陆、台湾和国外的，尚能记忆。当晚欧阳格命令我们，四艇排成横列一字形，以最快速度冲过敌人火力网，驶到大通铁板洲待命。他说如果四艇纵列鱼贯而上，必被敌人发现，各个击破。要求我们沉着、机智、勇敢，坚决执行横列队形，胜利完成突围任务。布置完毕后，他和杨维智仍乘木船过江去了。

我们按照欧阳格的命令于十三日凌晨一时许驶过南京下关，当时敌人的炮火封锁了江面，江面一片火海，汽油在水面燃烧，强行渡江的众多军民，漂满江面，敌人的炮口发出红光绿火，在我们艇队前后爆炸，在渡江人群中爆炸，其状惨不忍睹。我们坚持原队形，快速上驶，胜利完成突围任务。

一次难忘的对空战斗

郭秉衡[※]

　　我是一九三六年暑假考入中国海军电雷学校的。抗战爆发不久，我们提前结束了在南京黄埔军校的陆军训练，八月上旬乘学校的同心和同德号两舰赶回江阴本校，那时淞沪战事已迫在眉睫。

　　八月十三日晚，我们第三期学生队被分派在黄山东南麓的九个高射机枪阵地上，担负对空作战任务。每个阵地有两挺马克沁高射机枪，每个学生均发有新式步枪和一百多发子弹。两挺高射机枪分别架设在匆匆筑起的由交通壕连接而成的两个掩体内。进入阵地后，几乎每天都看到有数批敌机沿长江北岸向西飞往南京等地轰炸。

　　八月十四日，电雷学校改编为江防区江防司令部，教育长欧阳格任司令，徐师丹任参谋长。随即派出鱼雷快艇史可法 102 号和文天祥 171 号由内河驶往上海，袭击了当时停泊在黄浦江面上

※　作者当时系电雷学校第三期学生。

的日本第三舰队旗舰、万吨级重巡洋舰出云号，致出云号尾部受创。八月二十二日，敌方派出十二架飞机飞抵江阴对电雷学校进行报复性的轰炸。

这天下午空袭警报拉响后，我们迅速进入阵地。谁知混进建造校舍工地的汉奸，在日机飞来后，突然点燃了木料堆，熊熊大火冲天而起。敌机旋即向我电雷学校狂轰滥炸，其中六架驱逐机在高空盘旋，掩护其余六架轻轰炸机依次向我校舍目标俯冲投弹。当第一架领队敌机刚俯冲投弹的一瞬间，江阴要塞防区的所有阵地上的高射机枪，停泊在港内的鱼雷快艇和江面上的舰艇，以及附近炮八团，所有的高射火力，一齐向敌机开了火。我所在阵地上的一名射手毛郤非同学，在边射击边排除故障时右手被砸破，鲜血直流，但依然坚持战斗。当第五架敌机刚向下俯冲时，即被我们学生队击中，只见一团火球拖着长长的烟尾，由空中直向地面下坠，而飞机上的机枪不停地向地面射击，最后撞坏了校舍的一角，坠毁在校园内。其他敌机仓皇中将炸弹盲目地投在田野里，掉转机头逃去。

警报解除后，我们纷纷由阵地跑回校园看敌机坠毁现场，只见飞机的残骸上留下了很多子弹孔。这架被我海军在抗战中击落的第一架敌机是日本九四式轰炸机，机号为154号。为此，江阴区江防司令欧阳格授予我们第三期学生队一面绣有"铅刀小试"四个字的三角奖旗，以示嘉勉。当时我只有十八岁，回忆起这段往事，仍然令人兴奋。

构筑江阴封锁线的经过

葛克信※

一九三七年八月，日本侵略军发动八一三上海战争时，我任江苏省仪征县县长。仪征南滨长江，与当时的江苏省会镇江隔江相望。县境的十二圩，是淮盐的一大集散地，安徽、江西、湖北、湖南等省人民食用的淮盐多从这里运去，因此在十二圩江面经常停泊着几百只大大小小运盐的民船。这些船民为着代表他们的利益，处理有关共同的事务，设有总机构，名称为"十八帮公所"。这些船的运载量，最大的可载运几千吨，最小的也能载运五百吨；其长度，大者七舱，小者三舱，其造价，大者需两三万元，小者至少也要几千元。

八一三上海战争爆发后第三天，突接省政府密电，派专员杨兆熊、汪茂庆至仪征办理要务，要我到十二圩去等候，他们将直接到十二圩面洽。那时我因办理"兵差"，已经忙得不可开交，前一天就已接到一电，要仪征供应两万吨杨柳枝，还要运送过

※ 作者当时系江苏省仪征县县长。

江,由运河送往前方。但是杨柳枝体大而轻,渡江时若遇到小小风浪就很危险。我正愁着这项任务之难以完成,免不了要以贻误军务论处,又接此电,确实有点慌张。我到十二圩不久,那两位专员也由小轮船专送到来,他们的行色匆忙紧张,到后随即屏退左右,和我单独密谈。原来是:省政府奉海军部电,要求征集大船二百只,限三天内征齐,听候派用。省政府别无长策,所以把主意就打在十二圩江面的运盐船上来了。当时我认为这些船并不属于本县人民,仅仅是停泊在县境江面上的,只有以共赴国难的精神,激起船民的大义,但是交谈时必须说明用途期限,以及将来驶行的地段。不知道是他们不肯说呢,还是连他们也不明白,他们对这些应该说明之点只推说不能擅自解答,须待后命。

为了要选择大船,两位专员决定用第二天的全天工夫,要我跟他们一起到江里逐船查验,挑选妥当。这时停泊在江面的盐船虽有四百多只,可是已经装好了盐,等着开行的约有一百多只,还剩三百来只,其中大船不过百只,要一下子挑齐将不可能。他们说:"先去挑着再说。"于是我立即通过当地的魏区长星夜召集"十八帮公所"的董事及代表们开会,向他们剀切地说明这件事的重要意义和紧急需要,请他们在抗日救国的大义下,一致协助。当然有人提出用途、期限等问题,我们只能语意含糊地说是目前将装运军用品。有些船上住着船主的全家,妇女小孩一大伙,船也就是他们的全部财产。他们的顾虑很大,实际问题也的确不少。那些董事和代表们开了一整夜会,议论纷纷,但都激于爱国热情,最后仍一致同意应征。其次一项决定是:如有损失,须请政府酌情赔偿(这个决定非常重要),因而在天亮之后,他们继续开会,将各船的价值作了公评。

我们听了"十八帮公所"这些决定之后,认为第一个难关已经过了。一清早就乘小轮船到江面去查勘,直到夜晚,挑出了一

百二三十只船。八月十七日近午，省政府专员们通知我说，续接
指示，着将已经选定的船只尽八月十八日内开往龙潭装运水泥和
石子。到这时候，我已猜到一大半：用这些船装载的水泥和石
子，很有可能和船的本身一起成为构筑工事的材料。因而再一次
召集开会，宣布这项任务，并要求各船妇孺暂时移居镇上，并将
较值钱的财物尽可能搬运上陆，同时我令区长征用全镇一切公共
房屋和空闲的房屋做好准备。在十八日这一天内已办到八九成，
这时候船户们也都有了一种预感，特别是妇女家属们有些已在哭
哭啼啼，这种情况一出现，不多时候就由一家哭变成了一路哭。
很多大船上的红木床及全套家具，有一人高的穿衣镜等，堆满在
整个江岸。最大的桅杆价值要两三千元，我叫他们索性也拆下
来，以免损失。十九日那天，应征的船只都陆陆续续地开出去
了，两位专员回省复命，却留下了一切的善后事宜，交给了"地
方官"！

　　几天之后，这些船被凿沉构筑江阴封锁线的消息传开了。船
主们悲痛地要求赔补，要求安家，要求贴发川资还乡。我只能一
个电报接一个电报地代为呼吁。二十天后，才又由那两位专员携
来一笔现款，按照各船原估价值先发三成，其余部分给予书面证
明。最后如何，我就不清楚了。

抗战中的江阴要塞

杜隆基[※]

一

自一·二八之后签订淞沪停战协定以来，江阴要塞已成为长
江的大门，扼苏州至常熟、福山之线要冲，地位非常重要。当时
我正在江阴要塞司令部工作。要塞司令许康，经常教育官兵，有
几句口号："江阴要塞是我们的家！""江阴要塞是我们的坟墓！"
"我们一定要与江阴要塞共存亡！"每次总理纪念周，他一定要带
头高呼这几句口号，凡有点血性的男儿，都为这些口号所激励，
决心守卫在长江大门前。

要塞的战备，从外表上是不易看出的，就是江阴要塞的工作
人员，也难知其全貌。如在江阴构筑要塞工程的工程处，是由参
谋本部城塞组派出的。就在八一三以前，军政部兵工署突然运来
八门从德国买来的八点八公分高平两用半自动火炮，弹药和观

※　作者当时系江阴要塞司令部探照灯台台长。

测、通信器材齐全，四门装在东山，四门装在肖山。这种火炮兵工署共买了二十门，江阴要塞装八门、江宁要塞装八门，还有四门装在武汉外围的白浒山。这种火炮命名为"甲炮"，其番号是：江宁要塞为甲一台、甲二台；江阴要塞为甲三台、甲四台；白浒山为甲五台。甲炮高射时，射面高为六千公尺，射程远为九千公尺；平射时最大射程为一万四千五百公尺。当时高平两用火炮"甲炮"算是最先进的。同时还运来四门十五公分加农炮，命名为"丙炮"，装在西山为丙一台，弹药和观测、通信器材齐全，弹重为五十公斤，弹型尖锐，弹种有穿甲、爆炸两种，最大射程为两万两千公尺，"丙炮"亦为当时最先进的火炮。甲三台、甲四台、丙一台的官兵，均由陆军炮兵学校要塞科负责的要塞炮兵干部训练班组织训练，当时由德国负责技术的人员陈门苏（译音）指导训练，训练完毕，即编属江阴要塞司令部。这样，江阴要塞就增强了抗战的力量。

二

一九三七年八月十一日、十二日两天，日本的兵舰陆续不断地下驶，它们通过江阴要塞时，日舰的炮衣穿得好好的，炮手都离开炮位，在舰尾甲板上站着，没有丝毫的战斗气氛。按要塞的惯例：敌舰或友舰，无论是上驶、下驶，立即电报参谋本部，下驶一舰即电报一次。日舰为什么连续下驶，我们当时是不知道的。八月十二日傍晚，接到南京的电话，问这天晚上值班人员的姓名，这就引起司令部的重视，值班人员每晚都有，上级从来没有查询过。这晚的值班人员，也就查询了各处的情况。这晚十一时左右，江防司令部派员将江阴要塞各内港所停泊的海船，调离内港，开赴长山脚下面滩头，按等间隔，一字排列江面，抛锚看齐，由一位海军军官带来一分队海军军士，每只船上去一名军士，下到舱底水门处待命。到了夜间十二点整，即八月十三日零点，一声号令，指挥舰上口哨齐鸣，叫原来船上的人员速到甲板上集合，下船登岸。在水门处待命的军士，已将水门旋开，船已进水，船身渐渐下沉，成为江阴要塞的长江封锁线。这时的值班人员，从夜间十一时起，不断地以电话查询各台和港口，听到号令，才知道是封江。被沉了船的船员，集结在黄山港待遣，访问了他们，才知道沉船时的详情。长江已封锁了，八月十三日参谋本部来电说：日舰有一艘已关在封锁线内，速派队搜捕。江阴要塞司令部即派部队，沿长江两岸向镇江要塞方向搜捕，至团山边境，两队相会，并未见日舰的踪迹。再询问狼山、白茆口监视哨，才知日舰已全部逃走了。封锁长江，是抗战的一个措施，也企图把长江内河的日舰封锁在长江之内，消灭日军一部分海军力量。这样的机密情报，敌人是怎么知道的？后来才知道是行政院的机要秘书黄浚将行政院高级会议决定的抗战决策和措施出卖给日本驻京使馆，以致日舰都在封江以前全部逃走。封锁长江的计划落空，也使我军处于被动的状态，未能在短期内把上海的日军推下海去。

江阴要塞正在从精神和物质方面，准备对日作战，日本侵略军的空军经常袭击江阴要塞。大约在九月下旬，日机的两次空袭，都从上午起延续到下午四时左右，每批来袭的敌机三架至九架，这批未走，那批又来，轮番轰炸长达七小时之久，把当时停泊在江阴江面的宁海、平海、应瑞（还有一艘记不清）等四艘兵舰全部炸坏。江阴要塞新装的甲三台、甲四台高平两用火炮，第一次向敌机射击，尽管当时是初次参加战斗的炮手，动作不够熟练，仍然给敌机以重创，有的敌机负伤逃走，有一架敌机被击落坠入江里，新装的甲炮第一次就显示出威力，这就鼓舞了要塞官兵的士气。

三

十一月上旬某日上午十时许，日舰五艘，驶到封锁线外抛锚，准备向我要塞射击。我肖山的甲四台，早已发现敌舰，以测远机严密注视，测得敌舰距我炮为一万二千八百公尺，随着一声"放"的口令，四发炮弹齐出，正落在敌舰甲板上，而敌舰的炮弹也落在我肖山前面的江中。甲四台即又连续快放四发，只见敌舰中弹起火，迅速起锚逃走。

十一月中旬，接军政部来电："暂守江阴候令撤退，中正。"紧接着又接军政部来电："将新炮准备拆到后方安装，铁驳一到即行起运，应钦"。司令部接到这两封电报，先是想保密，后来因要准备拆运新炮，先松地脚螺丝，就不能向士兵保密了，本来要塞司令许康的几句口号，在官兵中激起了与要塞共存亡的决心，这样一来，我军军心就有所动摇。当时的许康煞费苦心地向他们说明情况的变化，才把军心重新稳定下来。可是，等候军政部的铁驳，等了几天也未见到。这时，接军政部电："固守江阴，中正。"铁驳起运新炮之事，也未提及。同时又接到京沪卫戍总司令部的代电：英、美、法、苏都同情我与日军作战，并予协助，平汉线我军已收复保定，正向北挺进，津浦路的我军已收复沧州，谅京沪之敌不敢深入。我们当时也知道这是个安定人心的代电，也希望能鼓舞士气。紧接着军政部又来电报："死守江阴，中正"。这个星期的变化之大，已让人感到事态的严重。电报由"暂守江阴，候令撤退"到"固守江阴"而"死守江阴"，新炮的地脚螺丝，由紧而松，又由松而紧，官兵的思想，由稳定而浮动，又由浮动而稍稳定。尽管如此，绝大多数的官兵，仍抱有与要塞共存亡的决心。

十一月二十二日晚，接到紧急情报：大场我军阵地已被日军突破，我军战线已转移到苏州河一带。这样，江阴要塞的作战准备，更加紧迫了。江防军总司令刘兴坐镇江阴，指挥战斗。江防，总司令部的战斗序列是：江阴要塞司令部，江防司令部——即电雷学校，及缪澂流的第五十七军，下辖第一一一师和第一一二师，早在江阴外围杨舍、后塍之线，第一一一师为总预备队在江北靖江地区，还有何知重的第一〇三师，部署在长山以北亘江边之线。十一月二十三日，敌有沿京沪线（沪宁线）进犯之势，乃将第一一二师调到锡（无锡）澄（江阴）公路的祝塘、青阳之线。第一〇三师仍在原地区，与第一一二师作为要塞的守备部队，江阴要塞司令部下辖东山、西山、黄山、肖山、鹅山等八个炮台，共有大小口径火炮三十三门，另有一个配备一五〇公分榴弹炮四门的重炮连、工兵一连、通信兵一连、守备营两个，第二营只有两个连，这两个营全是步兵，只能担任要塞区通路哨所的警卫。

四

十一月二十五日，无锡失守。日军开始由锡澄公路向江阴要塞区的背后进攻要塞。是日，敌炮兵向江阴城关附近的君山进行试射，我要塞炮台这时正在搜寻敌之炮兵阵地未及还击。下午，我长泾方面的步兵报告，敌已将火炮进入阵地。我利用步兵作为前进观测所，一面观察敌军动态，一面指挥我要塞炮兵射击。二十六日上午，敌炮兵向我黄山要塞炮台射击，我黄山炮台还击，我东山、西山炮台同时还击，双方炮战，甚为激烈。在十时左右，敌升起两个气球，进行方位交会法向我要塞射击，我要塞炮台亦予还击，敌我展开激烈的炮战；在敌炮弹中，含有部分瓦斯弹，我要塞炮台，都在高地上，江风吹送，瓦斯不能久留，因而受害不大。可是敌两个气球却对我要塞的危害颇大，经测远机测得敌气球距离为一万七千公尺，我炮台其他火炮的射程都达不到，只有丙炮射程能达到，但又不知敌气球基地位置，只好瞄准敌气球射击，仅射击了两回，敌气球即行下降而消失，敌炮兵也停止射击了。这时，我前线步兵报告：敌炮兵正向无锡方向移动。二十八日上午九时许，在薄雾中，见远方无锡方向，又升起两个气球，听到远方炮声，但未见敌炮弹落在要塞炮台上，询问我前线步兵，才知道敌炮兵是向无锡方向变换阵地，避免我要塞炮火的压制，转向我步兵阵地射击。几天来的战事，都是我要塞炮火与敌炮兵火力展开炮战，敌空军很少活动，那两个气球又是危害我前线步兵的东西，测它的距离，距我有两万七千公尺，我丙炮最大射程只有两万两千公尺，要破坏敌气球，曾请求南京派飞机来协助，去电后未见飞机到来，只有让它肆虐。敌炮兵阵地后移，把火力转向我前沿阵地，我步兵受敌炮火的压制，伤亡较大，呼叫我要塞炮兵压制敌炮兵火力。因距离远无法支援，步兵只得于二十九日晚向后转移。次日上午，敌炮火又追袭我前线步兵新阵地。我方又退守南闸附近。这时敌人的重火器亦有所增加，轻型坦克已在前沿阵地出现。要塞炮台的火力，压制敌之重武器火力，战斗甚为激烈。从战况判断，江阴东北方面，似非敌之进犯方向，乃将第一〇三师调江阴城防，并有花山、齿山的永久机枪掩体侧射火力，以协助第一一二师。该师已逐渐退到江阴城壕为依托。

十二月一日下午六时，战况十分紧张，江防军总司令刘兴召集各军、师长及要塞司令开会，讨论对付战局之策，第一一二师师长霍守义提出：我们步兵与敌人激烈战斗了一个星期，伤亡很重，既无部队来接替，又无部队补充，要求撤走，第一〇三师师长何知重也有同样要求，电雷学校教育长欧阳格表示走也可，守也可；江阴要塞司令许康则表示坚决不走。会上"走"与"守"坚持不下。适南京要刘兴接电话，刘兴接了电话回来说：不必争论，上级命令撤出江阴要塞，撤退的办法如下：一、从现在起（晚八时），要塞炮兵火力，向江阴西门外射击，掩护步兵突围，到十二时为止；二、十二时后，要塞进行破坏，破坏完毕，从靖江方面向镇江撤退；三、江防司令部准备快艇和船只，载总司令部向南京撤退。各部队受命后，按撤退命令行事。

是夜，支援步兵突围的任务完毕，开始破坏要塞。多年建造起来的要塞一旦破坏，心实不忍，又不能资敌，只得狠心破坏。先将两架六公尺基线的实体视测远机和两架两公尺直径的探照灯，由山顶推下，然后破坏火炮，由于支援步兵突围时，射击速度较快，改装后的火炮，有的炮身前端已被炸掉一截，破坏比较容易，唯甲炮和丙炮不易破坏，将炮口堵塞上泥土发射，炮身仍然是完好的，只好又派人到军机械库去拿硫酸，把硫酸倒入弹药膛，使甲三台、甲四台和丙一台浸蚀，成为废炮。我们陪同许康到各个山头检查一番。在山上，看到日军的轻型坦克已到黄山脚下公路上，向肖山行驶。早晨五时左右，我们随许康乘最后一趟轮船驶向靖江，傍晚到达泰兴宿营。

五

许康认为江阴要塞虽已弃守，还应该协助镇江要塞，指示向镇江要塞前进。行到仙女庙，得知镇江要塞已吃紧，决定组织一队炮兵干部到都天庙炮台协助作战（我也是其中的一个）。都天庙炮台在长江北岸，江面方向尚无敌情，江南岸之敌，正在向镇江要塞进攻。隔江支援，通信时而中断，炮兵火力又恐伤及友军。在都天庙协助了一天半的时间，都天庙亦接命令准备撤退，叫我们离开，归还建制，回到扬州司令部。

十二月八日，许康在扬州见到了顾祝同和镇江要塞司令林显扬。顾祝同对许康说：仪征方面没有部队，你率江阴要塞的部队，到仪征守江防，尤其要注意沙漫洲这个地方。许康奉命率部开赴仪征，同时向军政部报告行踪。到了仪征县，县长出来迎接，询问了近来情况，才知该县没有驻军，县里连一个自卫队都没有。许康只好将残余部队组成一个连，配备在仪征县城附近的江边。

十二日上午，许康偕我和钟勋去沙漫洲侦察地形。沙漫洲在仪征上游二十余里，有一沙咀突出，是一个登陆的滩头，再向上面不远，有一岔江支流，地势确很重要，准备派点兵力来防守。可是这里并无人烟，部队又无帐篷，决定回县再商量。我们在回县的途中，听到仪征县以东江边有机枪声和小炮声。回到县里才知道刚才的枪炮声，是我江边的机枪阵地，发现敌人汽艇由下向上驶，我机枪向敌汽艇开火，敌汽艇上的机关炮向我机枪阵地还击，一面射击，一面掉头逃逸。

这天中午，接到第八军军长黄杰由天长来电，要许康把江阴要塞司令部的残余部队，开赴天长。许康决定派我和钟勋率官兵十人，十二月十二日下午起程，到武汉向军政部汇报，他自己率残部去天长。

十二月十二日晚，我们十余人就在离六合县十余里的地方借宿，十三日一清早就赶赴六合县吃早饭，这时遇到原江阴要塞司令部的传达班长，他佩戴着"京沪卫戍总司令部"的黄色红字袖章，他把我拉到一边，对我说："南京昨夜失守了。"我当时将信将疑，敌人不会来得这样快吧？我们即离六合县，向滁县前进。走了约两小时，碰到我的同学程奎朗。他在公路旁看守着一堆

"十五榴"的炮弹，他对我说："南京昨夜失守了，这炮弹等车子来运到滁县。"南京失守已经证实。当晚我们一行十人赶到滁县，乘坐炮兵第十团的运炮列车到达武汉。

到达武汉后，即找到军政部要塞科，要塞科埋怨江阴要塞为什么不通信息。我把在泰兴、扬州、仪征等地向军政部发电，均未得到回电的情况向要塞科说明。这时军政部军务司司长王文宣到要塞科，询问要塞情况，叫我快把江阴要塞作战经过作个书面报告。我就把如上面所述江阴要塞作战经过，写了一份报告报军政部。不久，许康奉军政部命令回武汉办理江阴要塞的结束事宜。

江阴突围和南京撤退

李荩萱※

　　一九三七年十月间，第一〇三师奉命撤出上海战场，调往江阴县，归江防军总司令刘兴指挥。师部和直属部队驻扎在江阴县城内，其余三个团驻扎在江阴县福兴街至南通县城对江的南岸隐蔽待命。我们到达江阴县城的第二天，唐生智在夜间亲至江阴县城，指示我部严密监视江中日舰行动，以防日军登陆。

　　十一月下旬，日军从太仓、常熟侵犯大义桥、杨舍等地，与广西抗战女生营队激战，该队伤亡很大。日军围攻江阴的目的已十分明显。第一〇三师奉命迅速退守江阴要塞以东一线，左从长江边起，右至南边与第一一二师衔接。第一一二师以一个旅和师直属部队守备江阴县城，其余各部沿江阴要塞以西到南与第一〇三师部队衔接。第一〇三师师部和直属营队都驻在老百姓家中，四周山上没有修筑一点工事。

　　刘兴向我师下达了坚守江阴要塞的命令，同时，还要我们组

────────────

　　※　作者当时系第一〇三师政训处处长。

织好老百姓，帮助部队抬运伤员和阵亡士兵遗体，组织茶水供应队等。我们立即向官兵和老百姓进行宣传，组织了担架队和茶水供应队。大义桥、杨舍地区阻击部队经过八天之久的艰苦战斗，阵地终被日军攻破，通往无锡、武进的公路也被切断。就此，日军实现了对江阴要塞的包围。一天凌晨，日军一队突破我阵地一角冲向山顶，守备该阵地的营长迅速率领预备队冲上山顶，将敌人击退，保住了阵地。

这时日军主力和炮兵集中攻击江阴县城，飞机也大肆轰炸。第一〇三师派出一营策应第一一二师，该师师长霍守义在守城战斗中被炮弹炸伤。日军猛烈攻击，江阴守军不支。刘兴接蒋介石命令，放弃江阴要塞。同时，刘兴下达了撤退命令：第一一二师主力撤到江北，留一个营占领江阴县城，掩护第一〇三师从江阴县城西向武进方向突围，务须在夜间行动，拂晓前离开完毕。

当我师向武进方向突围时，在距江阴县城西约十华里的一个公路桥边，遭到日军约一个中队的阻击。我师第六一三团团长罗熠斌率部猛烈冲击，不幸牺牲，引起全师大乱。师长何知重和参谋长王光汉（雨膏）退回江阴要塞，后听说，他们乘船渡江北走了。副师长戴之奇率残部绕道长江岸边，一边掩护，一边向武进方向撤退。

十二月五日左右，我师进驻镇江市，在其江岸的一个小山顶上构筑了工事。两天后，奉命转移南京，归南京卫戍司令长官唐生智指挥，参加卫戍军战斗序列。九日拂晓前赶到南京待命。师于十日接到守备中山门附近城垣的任务，具体调归教导总队总队长桂永清指挥。

十日拂晓开始，日军向南京各城门发起猛烈攻势，上有飞机助威轰炸，下有坦克开路，南京城炮火弥漫。这一天日军受到守城部队的抵抗，没有攻进城来，但各军、师兵力均有很大伤亡。

十二日下午二时许，日军首先攻破中华门，卫戍司令长官部下达了撤退的命令。大约在晚上七时戴之奇接到桂永清的电话，要我们到富贵山总队指挥所开会，讨论突围方向。

我们到富贵山时，才知道会议不开了，桂永清也不知去向。戴之奇大发脾气。打电话给各团长，命令本师向下关突围，过长江到浦口。我和戴之奇此时已无法乘车回部队了，由中山路通往下关的路上已被各师的官兵堵塞，人群在慢慢蠕动，即使步行也很困难。

我们好不容易到达下关码头，那里已找不到一只船，只好沿长江而上。在距下关几华里的地方，意外地发现一个停泊着的木排，一半在岸上，一半在水中。我们和十多个士兵跳上木排向下关码头漂去。当到达下关码头附近时，遭到岸上官兵的射击，一个士兵被打伤，木排只好靠岸。我们一靠岸，岸上一些官兵就纷纷跳上木排，由于人太多，木排沉下水去，不少人随江流漂走。

我和戴之奇上岸后被冲散了。后来我在老百姓的帮助下，从八卦洲渡江去六合再转徐州。

第一〇三师江阴抗战及撤退概述

万式炯※

一

一九三七年八月底，第一〇三师奉蒋介石命令由湖北麻城出发，在武穴乘轮船开赴南通县之长江南岸浏河镇，拒敌舰登陆，掩护上海主力之左侧背。自日军金山卫登陆成功，上海战场敌我双方态势发生重大变化。日军兵分三路向西侵犯，先后突破乍（浦）嘉（善）线和吴（苏州）福（山）线。日军一部于十一月二十七日进入锡（无锡）澄（江阴）公路，一部继续西进，另一部开始了对江阴的攻击。

江防军总司令刘兴命令第一〇三师和第一一二师并肩作战，保卫江阴。第一〇三师担任防守黄山、君山、巫山、稷山、定山之线，阻止由常熟、无锡方面来犯之敌。缪澂流军之第一一一师则位于江北天生港地区，与江阴形成掎角之势。

※ 作者当时系第一〇三师第六一八团团长。

本师兵力部署是：第六一三团（团长罗熠斌）担任守备巫山、秀山之线，第六一八团（团长万式炯）担任守备定山、云亭镇之线，第六一五团（团长周相魁）做机动使用。师部位于黄山附近，我团团部位于金童桥。本师官兵斗志昂扬，准备迎头痛击敌人。

二十九日，日舰向我要塞炮击。经我要塞部队发炮还击，打沉打伤敌舰多艘。由陆路来犯之敌，首先向罗熠斌团阵地进犯，遭罗团强火力抵抗。接着敌人又向我团猛扑，敌战车疯狂地朝我阵地开来。我团自进入江阴后，即在阵地前沿挖掘了又宽又深的壕沟，至此敌战车受阻，进得去，出不来，战车后之敌人失去保护，只好后退。入夜，敌我双方呈相持状。为削弱敌人力量，我团挑选一班敢死队员，乘夜冒死爬上敌战车顶，向"瞭望孔"投弹。同时又用集束手榴弹放置敌战车履带下引爆，消灭了敌战车。

三十日，本团第三营九连连长夏民安由定山退下，来到团部报告定山高地失守，副师长戴之奇要将他就地枪决。经我讨保，夏愿"戴罪立功"。我遂将作为预备队的第十连令夏民安率领，向定山反攻。经过四五个小时的激烈争夺，终于将敌驱逐，夺回高地。战斗中，双方死伤甚多，夏民安连长亦阵亡。

十二月一日，敌海陆空三军一起向江阴猛扑，一时炮火连天，大有把江阴炸平之势。我师各团在要塞国防工事之线，只恨找不到钥匙，不得入门，有的钥匙则打不开锁。本师师长何知重将三个团兵力全部使用上，曾打退敌军多次进攻。在这天的战斗中，第六一三团第三营营长刘崧森阵亡，本团营长李仲春和第六一五团两个营长负伤，其他官兵伤亡严重。敌我相持入夜，本师奉江防军总司令刘兴无线电命令：该师向镇江转进，参加保卫首都南京作战。敌军自进攻以来，一直拿江阴不下，遂不断增加兵力，步步向我逼近。我要塞重炮只能打远，不能打近，无法发挥优势。敌军进入死角，更水陆并进，攻击愈猛。然而，本师官兵愈战愈豪，愈挫愈奋，大家都有强烈的保卫祖国的责任感。

当夜本师转移，走至江阴城边，始知第一一二师打了三天后，已经奉命撤走，而本师接撤退命令较迟，以致处于腹背受敌的苦战境地。夜间十时，我师退至江阴城西方之钱家村，遭敌伏击。黑夜中，火光四射，密如蛛网。我师官兵中弹伤亡无数，第六一三团团长罗熠斌也中弹阵亡。我立即组织一班战士，绕小道到夏港，爬上房顶，用手榴弹将敌火力点消灭，我部乃得顺利通行，到达申港。

天明之后，方知师长何知重、参谋长王雨膏、第六一五团团长周相魁在黑夜混战中已由黄田港码头过江北，向汉口方向撤退，这场战斗，我师伤亡官兵三百六十余人。

二

第一〇三师撤出江阴后，由副师长戴之奇率领，沿江向西进抵镇江，奉命留在镇江阻击敌军。打了没两天，镇江失守。我师残部继续沿铁路撤往南京。

十二月十日，我师经栖霞山、尧化门进入南京，在黄埔路（今解放路）中央军校操场附近稍事休息后，便接受命令，就近守备中山门一带地区。师部设在成贤街。我团指挥所设在明故宫午朝门内，守备地段中山门。

进入阵地后，首先看见敌气球高悬天空，为敌炮兵做空中观测站，因此射击目标比较准确。我官兵无不咬牙切齿，又奈何不得。我与团各营、连、排长登上中山门城楼，视察阵地，构置火网，见孝陵卫方向之敌密如蚂蚁，正向中山门行进。南京城墙建于明朝，又高又厚；敌军虽多，要想进城，也不容易。入夜，敌军开始用云梯爬城，被我守军官兵用刺刀戳下，无一幸免，敌抛尸甚多，不得不退兵。

第二天，敌炮兵向我中山门阵地狂轰滥炸，我们准备了大量的沙包用来堵塞缺口。官兵们依旧很英勇，互相激励，视死如归。团、营、连、排长一起登上城楼，眼睁睁地看着敌人的炮弹把沙袋和我们的战士炸上了天，第三营第十连连长戴伟当即阵亡。

十二日自中午起，情况更趋严重。敌军用凿锯式的炮击，一炮十炮百炮专打一点，城墙被打开缺口，越打越宽，可开进战车，再想堵塞已是不可能。我立即与长官部联系，电话不通，只好派人前往。回报说，长官部已人去楼空。又有探报，中华门、汉西门、水西门已被日军占领。我环顾四周，火光烛天，即召集各营营长碰头，决定先撤到浦口再战。部队集中后，在卫士班长吴凯和军需张楚垣的带领下，出金川门到了下关。

到了下关，那个混乱状况非我所预料。到处是为寻找渡江器材而在奔跑的人群，官不识兵，兵不识官，谁也不听谁的指挥。我团早被冲散，身边只剩下吴凯。我们看到下关的情景，实在无法过江，就回头向南，随人流越过秦淮河，走到唐社附近，遭到敌军阻挡，情势十分危急。我急中生智，大声喊道："弟兄们，我叫万式炯，是一〇三师的团长，我愿带大家冲出去！但要组织好队伍。"大家齐声说："好！好！"我把人分成两队，一队我带，一队由吴凯带，逐屋巷战，始获小胜。转眼间，敌人来了个反击，枪弹如雨，这伙人如惊弓之鸟，四处散去，我反而被甩在最后。这时有七个敌人端着刺刀，嬉皮笑脸朝我逼来。幸我从小习武术，还有两招，一番搏斗，我打死四个敌人，另外三个叽里呱啦地跑回去了。我乘机逃出，仍与吴凯沿江而上寻找木船。在上

98

新河附近搭上别人的木筏，上了江心洲。

江心洲上已有不少散兵。在芦苇丛中幸遇曾在一起参加过江阴战斗的东北军第一一二师的一位万团长（已忘其名），他们搞到一条船，万团长指挥着部下准备渡江。感谢万团长的好意，允我二人搭船。无奈要上船的人太多，船已离岸数十丈，仍有很多人双手紧攀船缘不放。船在下沉，真有同归于尽的危险。该船负责军官手执马刀，乱砍攀船人的手，断指落在舱中，人皆随江水漂去。我们是在八卦洲对面上的岸。上岸后，敌舰已开抵八卦洲江面，对我渡江官兵开枪四射，来回冲撞，眼看着人落水，船撞碎。我心痛之余，掉头直奔江浦。

夜十二时，我和吴凯沿公路到达汤泉，远远有哨兵喊"什么人！"我一听是我团连长戴夕的声音，忙回答说："本团长的声音都听不出来！"相见之下转悲为喜，忙问他："你带了多少人？"他简略地告诉了我撤出南京城的经过，并说带出一百八十多人。我立即要他们写数十张字条，派出得力人员，向有关各处通告：凡第一〇三师人员到考城①集合。

过江后的次日，我带本师残余官兵到全椒宿营，后转滁县附近。本师师部副官主任王景润派人送信来说："敬章兄，请你等我一等，我随身有师部军需背有本师经费。"我非常高兴，带部队到了蚌埠，为部队添置了必要的衣帽，同时向汉口第一〇三师办事处发电，报告情况。后接复电"开黄陂（湖北）整补"。遂取道霍丘、潢川、信阳转平江整训，准备参加武汉会战。

---

① 旧县名，在河南省东部，一九五四年与兰封县合并为兰考县。

守备江阴要塞战斗纪实

赵　旭※

　　原国民党陆军第一〇三师（师长何知重，副师长戴之奇，参谋长王雨膏），于一九三五年夏季由贵州省安顺县移到湖北省黄陂、麻城地区，接替东北军一〇五师（师长刘多荃）防务后，即在黄陂、礼山（即现在的大悟县）、黄安（即现在的红安县）、麻城等地布防。

　　一九三七年七月下旬，抗日军情紧急，一〇三师奉命进驻湖北省罗田县地区集结待命。师部命令：凡休假的军官一律提前归队，随军家属全部送回原籍安置。到八月中旬八一三淞沪抗战开始，第一〇三师奉命抽调官兵千余名，开赴上海参战，以补充正在对日作战的第八十八师。此时师整编队伍，将原来的两旅四团整编成三个步兵团，计有第六一三团（团长罗熠斌）、六一五团（团长周相魁）、六一八团（团长万式炯）及师直属特务连、工兵连、通信连、卫生队等。

　　※　作者当时系第一〇三师第六一八团第三营营长。

100

八月下旬，第一〇三师奉命开赴上海作战，由武穴乘轮东运，在南京下关登陆改乘沪宁线火车赴上海，当我师到达无锡时，又奉命改赴江阴，归江防总司令刘兴指挥（江防总司令受南京卫戍司令长官唐生智指挥）。

在江阴地区守备江防战斗

当第一〇三师九月五日到达江阴时，上海我军正在施相公庙、大场、蕴藻浜地区与敌激战。江防总司令刘兴命令第一〇三师开赴南通县长江南岸浏海镇以东沿江布防，阻止敌军登陆，掩护上海我军主力左侧背之安全。

一、构筑沿长江南岸野战工事：一〇三师的任务是在浏海镇以东地区阻止敌军登陆，掩护上海我军主力左侧背之安全。为此师部命令各团抽调一部分兵力，在常阴沙地区构筑野战工事。当时第六一八团三营（营长赵旭）担任常阴沙西段地区构筑沿江野战工事的任务，对轻重机枪射击掩体位置、观测所、掩蔽部等均需要掩盖。任务重，时间紧，但我营官兵都奋力工作，团长万式炯也经常到现场检查工事进展情况及坚固程度，并对每个轻重机枪掩体的射向、射角、射界及掩体等均详加指导，加上当地人民的积极支援，我营很快就完成了构筑沿江野战工事的任务。

二、破坏日海军沿江设置的航标战斗：在第一〇三师构筑沿江野战工事时，除敌机每日侦察扫射外，敌海军驱逐舰、快速炮艇每天都有一至三艘逆江上驶，对我沿江南北两岸地形、兵力、火力配备等情况进行侦察，经常是每日上午十至十一时上驶，下午四至五时下驶。为此敌海军沿江每隔一至二公里设置了浮筒航标。据此情况，师部命令各团将敌海军设置的航标予以破坏。我营正面及左右侧各有航标一个，其间隔约两千公尺。根据敌舰的活动规律，我们避开了敌舰的上驶和下驶时间，于夜间十时至凌晨三时，派出两个破坏组，每组六人外加水手两人，乘小木船，携来破坏工具，乘黑夜进行破坏。第一次由于无经验，仅带十二磅大锤、鹤嘴大十字镐等工具，对金属外壳的敌航标，虽经三四个小时的破坏，仍无损伤，只好在天明前回队。我们总结了第一次没有破坏成功的经验，上报师部，向工兵连领到黄色炸药和缓燃导火索、电气点火器等器材，第二次又按时出发破坏，这一次仅用一个多小时即破坏成功。次日敌舰例行巡航时，发现航标被破坏，就向我南北两岸发炮轰击，进行报复性射击。当时因我师无炮兵，仅有八二迫击炮，无法还击。师部将此情况上报江防总部，随即调来炮八团一个营（计有十五公分榴弹炮十二门）。敌舰当天继续设置航标，我军夜间又给予破坏。次日，敌舰发现后照样向我阵地轰击，我炮兵当即发炮还击，击伤敌舰一艘，其余敌舰仓皇逃遁。过了三天，敌舰三艘又溯江上驶，边行驶边向我阵地炮击，掩护其设置航标。我军又于夜间予以破坏，如此反复战斗多次。后我海军学校派来教员和学员负责破坏航标工作，我团负掩护之责。

守备江阴要塞战斗经过

上海战场自十月七日起，日军主力第三、第九两个师团，凭借飞机、战车及优势炮火之掩护，一举突破我蕴藻浜南岸阵地，进占大场，直指南翔，企图截断我京沪交通。至十月二十二日，敌陆海空军倾巢出动，向我军大举进攻。我军从十月二十三日起逐步后撤，二十六日我军主力部队撤到苏州河南岸。十一月七日，敌对我军攻势更加猛烈，我军再次被迫后撤。

日军突破我无锡、福山阵地后，继续向西进击，二十七日进入江阴，十一月二十九日占领常州。

自大场陷敌后，我第一〇三师在南通长江南岸浏海镇掩护上海我军主力侧背的任务已完成，即奉命向江阴转移。

江阴要塞为南京水路之门户，江面较窄，水深流急，黄山、君山锁住其江口，东有狼山、福山为屏障。长江江中又沉船封锁，要塞区布设炮一百余门，要塞工事构筑由我军政部城市组设计和指导施工，构筑成永久性工事。

江防总司令刘兴命一〇三师和一一二师（缪澂流）担任要塞区守备，一〇三师担任黄山、君山、巫山、稷山、定山之线。抗击由无锡、福山方向来犯之敌，第一一二师担任江阴城及其附近地区之防守。第一一一师驻守江北的靖江、天生港之线，作为预备队。

我一〇三师的六一三团守备巫山、香山之线，六一八团守备完山、云亭镇之线，六一五团作为预备队，机动使用，师部设在黄山附近。第六一八团团部设在金童桥。

十一月二十八日敌陆军向要塞区进犯，与我守备在阳舍北涠地区的前哨部队激战。十一月二十九日敌海军向我要塞炮击，我要塞部队立即予以反击，敌我炮战达三小时之久，结果击沉敌舰三艘，击伤一艘，我要塞区长山炮垒亦被敌击中毁坏。二十九日敌陆军向我六一三团阵地进犯，我六一三团除以猛烈火力还击外，还与敌近战拼搏，将敌击退。次日（三十日）敌军又向我六一八团阵地进犯，以战车为前导。由于我六一八团早已挖掘了又宽又深的防战车壕沟，致使敌战车进到我阵地前外壕时受阻，无法逾越。敌我激战至深夜，形成对峙状态。团长万式炯当即命令我营挑选勇敢善战官兵十余人，组成敢死队，爬上敌战车，用手榴弹向其观察孔及车顶的炮塔盖口投进，炸伤炸死敌驾驶兵，炸坏敌战车，另用集束手榴弹（每束九枚）放置敌战车履带下引炸，计炸毁敌战车七辆，挫败了敌军攻势。

十一月三十一日上午，敌军在其海空军掩护及炮兵猛烈轰击下，攻占了我定山阵地，我六一八团第三营第九连连长夏民安由定山撤退下来①。当时副师长戴之奇认为夏民安丢失阵地，下令将夏民安枪决，团长万式炯力保其戴罪立功，夺回定山阵地，团部增派第七连（连长祝仲华）统由夏民安率领反攻，经过五小时的激烈战斗，终于将敌军驱逐，夺回定山阵地，是役敌我伤亡均大，连长夏民安阵亡。

十二月一日，敌海陆空军全力向我一〇三师阵地猛扑，八十余架飞机向我阵地轮番轰炸，我师各团凭借坚固的要塞工事，坚守要塞，抗击进犯之敌，击退敌多次的进攻，激战两日两夜，守住了要塞，但我师官兵伤亡颇重。第六一三团团长罗熠斌、团附魏自远、营长刘崧森阵亡，六一八团中校团附李益昌，第二营营长李仲春负伤，第一营营长陈绍培阵亡，六一五团团长周相魁及第一、第二两营长负伤，剩下第三营营长程鹏坚持战斗，至十二月二日一〇三师遵照江防军总司令刘兴命令："一〇三师即向镇江转移，参加保卫南京作战。"

十二月二日夜开始向西转移，当我师到达江阴城时，得知敌军由无锡方向来攻，与一一二师激战三天后，该师已奉命转移，因此，一〇三师处于腹背受敌的情况，只好连夜撤退。当我师撤到江阴城西之钱家村时遇到敌军的埋伏。敌以密集火力封锁我西撤道路。黑夜中我师官兵中弹伤亡者极多。第六一八团团长万式炯当即下令我第三营挑选勇敢官兵二十余人，组成突击队，绕小道到夏港，攀上民房压顶，突然向日军投掷手榴弹，将敌机枪火力点消灭，使敌军措手不及。这样，我一〇三师方得以顺利

---

① 据团长万式炯回忆，此事发生于三十日。

突围。

突围后到达申港露营。天明时得知师长何知重、参谋长王雨膏及已负伤的第六一五团团长周相魁、中校团附李益昌，在黑夜混乱中由黄田港渡江，向江北汉口方向转移了。

这场战斗，我第一〇三师共死伤官兵三百余人。于十二月三日凌晨由副师长戴之奇率领经奔牛、镇江，到达南京，参加了南京保卫战。

江阴人民对抗日部队的支援

江阴人民在历史上具有反抗外族侵略的光荣传统。此次一〇三师、一一一师及一一二师在江阴的抗日战斗中，得到江阴人民的积极支援。我一〇三师自一九三七年九月五日到达江阴地区至十二月三日离开，始终得到江阴父老兄弟姐妹们在精神上和物质上的全力支援。仅举二三事记述如下：

一、一九三七年九月五日下午五时许，我一〇三师到达江阴时，当即受到江阴县政府官员、乡绅和人民群众的热烈欢迎，各校教师也带领学生到部队慰问，军民共唱救亡歌曲，高呼"打倒日本帝国主义""誓死保卫祖国""决不做亡国奴"等口号，我师官兵受到极大鼓舞。

二、在构筑沿江野战工事中，江阴政府和人民供应各种工具和材料，如斧、锯、锄头、簸箕、扁担、芦席、麻袋、木材等，并由民工运到工地，大大促进了工事构筑的进程和坚固程度。

三、在我师抗日作战期间，江阴政府和人民组织运输队、担架队，冒着敌海陆空军的猛烈炮火，为各部队运送弹药、粮食，抢救输送伤员。江阴各乡镇人民自动在夜间到阵地亲切慰问，送酒，送菜，送肉，送开水，送糕点，送鞋袜、棉毯、毛毯等物品。殷殷盛情，感人肺腑。充分体现了我军民高昂的抗日情绪，激发我师官兵奋勇战斗，坚强拼搏，为民族存亡而献身。

第一一二师守备江阴战况点滴

郭心秋[※]

一九三七年五月，经刘广瑛介绍，到国民党军委会政训处工作。不久，被派往第五十七军缪澂流部第一一二师政训处任处员。参加庐山受训后，抗日战争已全面展开，随即与政训处代理处长王若侮回河南周家口师部。当我们到达平汉线郾城车站时，该师奉命正向陇海路东部移动。部队在窑湾休整一周后，经宿迁到了淮阴，师部驻在王营一带。十月初，师部又向靖江移动，顺着运河东岸公路，经过高邮、邵伯等县进至靖江，与江阴要塞隔江相望。时上海已陷落，日本侵略军日夜兼程西进，侵占南京的意图十分明显。为了掩护主力部队转移，保卫南京，我师奉命在江阴阻击日军前进。

我师在防守上使用的兵力有两个团，一个辎重营，一个特务连，有五千多人。到江南岸以后，即分别进入阵地。当时接师部命令，一定要同要塞共存亡。据参谋处传出来的消息，至少要防

※　作者当时系第一一二师政训处处员。

守一星期以待援兵。我奉命和编余连长马永连带师部纠察队驻江边码头，看守留在江边的三只木船，并在江岸一带巡查，我们每人左臂佩戴粉红色的臂章，上盖有师部的关防，写着"纠察队"字样。

十一月二十七日下午，在南边和西南角天空，敌人升起两个气球。四时以后，炮就响了，开始每隔半分钟一发，后来越发加紧。炮弹不断落在码头附近，炸得树折屋塌。我们驻在江边码头的一家屋里，一直没有离开岗位。傍晚，电话线也被炸断，和师部联系中断，即派电话兵查线。这时炮弹仍在天空嘶鸣，爆炸声不断加紧。纠察队员们从这家厨房里找到大米，掘出咸鱼缸，做粥烧鱼，边吃边说，毫不在乎。我是初次上战场，听到炮声有些畏惧，后来时间一长也就习以为常了。不久，查线的电话兵回来说线已接好，马永连立即和师部参谋处通话，参谋处再次强调，要我们守住这几只船。我们又加派了岗哨。

夜间，炮声停止，耳鼓被震得隆隆作响，一天的紧张至此松弛下来，但睡不着。天将黎明，枪炮声再起。天明后，从前线抬回来的伤兵增多。据下来的人说，仗打得很激烈，只见敌人的排炮不见敌人，如果能看见敌人，一定把他消灭。中午，枪炮声逐渐稀疏，敌人昨天放的那两个气球，依然挂在天空。

二十九日下午，夕阳西下的时候，特务连刘连长背着受了伤的师长下来了，到江边码头上船，一直向北划去。这天晚上，江风很大。我们向指挥部请示，得到的命令是撤离岗位回队。

我和马永连带着十几个纠察队员随即离开码头向师部靠拢。路上看到西南方南闸镇大火冲天，照亮了半边天，浓烟被西南风送过来，带着一种呛人的气味，大家赶紧用毛巾捂嘴。到了一座山的北面，突然一颗照明弹把山腰照得如同白昼。在山的东坡，遇到参谋处的副官。据他说，师长受伤过江，由马万珍旅长代理指挥，并决定半夜十一点突围。因政训处的人早已过江，我只好随马永连行动。

十点钟左右，部队开始向西突围，绕过江阴城的北面，沿着南闸镇北的一条公路向西行进。当时是人喊马嘶，扔在公路上的炮弹筒被人马绊得叮当直响。当走到南闸镇以西，敌人预设的机枪卡哨响起枪声，部队被打散了，我和马永连也失去了联系，跑了二三里路，才又遇到了他。我们商定往东北方向走，只有过江才会安全。当我们来到江阴码头旁的一条江岔时，在树丛里发现了一条输送弹药的小划子，于是，我和马永连还有其他一些士兵计十多人，乘夜向江北划去。

半夜十二点半，我们终于靠近了江北岸八圩港，但遭到驻守在那里的我师骑兵连的制止。原来这个连留在江北来参加战斗，奉师部的命令一律不准南岸官兵过江。顺着江风我喊话，才顺利地靠岸。我们下船查点人数共十三人，大家都激动地哭了。

江阴守城战及撤退之经过

刘纪祥※

抗战开始后，我在东北军第一一二师第六七二团任二营五连一班班长。不久，我团奉命连夜开赴江阴，担任守卫江阴之任务。我团原驻山东陈港一带守海防，接到命令后即出发，六天后到靖江。部队稍加休息后就过了江。我营奉命守江阴县城。

进城不久，日军飞机就向城里轰炸了，炮火也越来越密，我营全体官兵守卫在城墙上，但不见敌人的影子。炮火稍停，敌人就上来了，大家只有一个信念，消灭来犯之敌。距离还很远，战士们就开火了，敌人没有消灭掉，目标反而暴露了。接着又是一阵猛烈的炮火压顶而来，全连九挺机枪，十八个机枪手，不到两个钟头就伤亡了十四人。不多一会儿，敌人在坦克车的掩护下，向北关开来，离我班很近，我用枪打倒了五个敌人。敌坦克车更肆无忌惮地朝城下开来，还打着机枪。我们用了好多办法，钢心弹打，手榴弹捆在一起炸，都无济于事，眼睁睁地看着敌坦克车

※ 作者当时系第一一二师第六七二团第二营第五连第一班班长。

开到城下。二班长周长庚见到坦克，眼都红了，端起机枪就打，只见火星乱跳。我朝他喊："老周，不行呀！"他回答说："我跟狗日的们拼啦！"这时，我看见坦克上的转动机在动，立刻喊道："老周！快离开！"他没听我的，还是向坦克打着机枪。坦克发炮了，炮弹从城墙垛口上穿过来，正好打在他上身。正在这时，北门城楼被敌炮炸开，守在那里的战士都牺牲了，我立刻派机枪手徐金奎带人先去守北门。不多时，三排的两个班跑来对我说，连长派他们增援北门，叫我暂时指挥二班。以后，营长又传来团长的命令：要二营与江阴城共存亡，只要二营在，不准江阴失守。全营官兵决心死守江阴。各连、排、班用沙袋把各自阵地内的城门堵死，就是想出城也不容易。白天日机在江阴城上空不断地飞来飞去，高悬空中的气球也时时地观察着我们，稍有一点炊烟，就遭到轰炸和炮击，所以我们要等到夜晚才能吃上饭。就这样，我营和敌人在江阴城对峙了两天。

两天后的晚上，连长突然传下命令："快准备好去东门，全营撤出江阴！"部队很快集中到了东门，可是城门已被堵上，要扒开也是不容易的。最后，营长孙显廷决定全营从城墙上跳出去，机枪、马匹一概不要。部队趁着夜色，全部出了城。可是走了好几条路都被敌人阻挡回来。正在无计可施的时候，我突然想起前两天在城楼上看见西边有条小河沟，旁边有一条极小的路，我立刻向营长作了报告，营长听后，不加思考地决定从那里突围。到了河边一试，才知道水不深，也不用下命令，人就都蹚过了河。走到天明，才知出了险境。环顾四周，已不见我班战士，出于责任心，我向营长作了报告，要求离队找他们，临行时，营长要我把人找到后，去镇江集合。

我在往西走的人流中来到一个小镇（地名已记不清），找到我班战士，并巧遇我团万毅团长和三营弟兄，随他们到镇江时，

一、二营早我们到了。没两天敌军就尾随而至,我团奉命阻击敌人,掩护大部队西撤。我连的阵地是块坟地,刚进入阵地,即遭到敌炮火的猛烈轰击,战士们各自找好掩体,等候敌步兵的到来。敌炮炸了一阵子见阵地没有动静,步兵开始前进了。一旦走进射程,我们猛烈回击,敌军伤亡很大。敌军退却后,又是一阵炮火袭来,阵地前呈犬牙交错之状。

在这次战斗中,我们排长阵亡,我营伤亡也很大,但终于完成了阻击任务。团长率一营和三营先走,掩护团撤退任务交给二营,我被升任排长。过午,敌人又发起进攻,被我们打退。营长和连长先后率部队撤离阵地,向南京集结,我带领一个班最后撤离,到南京时,已是两天后的事了。

我团到南京后,奉命增援紫金山教导总队,其他单位情况我不清楚。我排接替紫金山防务,共四个小山头。第二天上午,接到团部命令,准备挑选五十个敢死队员夜袭敌人营地,战士们纷纷报名,还没等组织好,南京就失守了。

江阴抗战的后援活动

张翼鸿※

一九三七年七月二十五日，江阴县抗敌后援会正式成立，推举县长袁右任、党部委员蒋醒亚分任后援会的正副主任。下分总务、宣传、救护、消防、空袭服务、财务、救济各组，分别推定各组负责人。记得都康平任救护组长，成立救护人员训练班，曾通知各校女教师积极参加，于八月九日开学，训练两星期结束。空袭服务组于八月十七日举行防空演习，宣传防空知识。自八月十九日敌机第一次来澄投弹，炸毁了东南乡学社的一角，从而增加了人们对战争的现实感和紧迫感。各机关、团体、学校、工厂、商店纷纷主动挖防空洞。消防组对一区二十九个消防队进行了消防器材的检查和消防演习，宣传组运用《澄清》《正气》《大声》三家报纸进行宣传。童子军理事会组织的战时服务团于八月二十三日进行防空、防火、防汉奸、防盗匪的四防宣传。江阴原是要塞地区，此时已处临战状态。

※ 作者当时系江苏省江阴县教育局局长，抗日情报站秘书。

八一三淞沪战争爆发，中日之战全面开始。县长袁右任遵照战区司令长官之命，成立抗日情报站，由袁自兼站长，派我为秘书，并掌握防空情报。由县政府调用科员两人，办理收发文书等工作。向公安局抽调警察数人，派往狼山、福山、杨舍、顾山及沿江地方，建立防空监视哨，遇有敌机过境，立即将敌机型号、架数、飞行方向等，用电话报告，据以发出"空袭警报""紧急警报""解除警报"等警号，指示群众行动。

从此我将教育局工作交由督学施文蔚、总务主任周颂南和各位教育委员共同处理。因而对人们相见少了，对战争却更接近了。

继八月十九日敌机来澄轰炸后，八月二十二日敌我飞机在澄上空激战。敌机被我击落一架、击伤两架。九月二十四日敌机五十九架，飞澄狂轰滥炸，利用纱厂大火燃烧，洽记米厂也中了一颗燃烧弹，在峭岐投弹三枚，被我高射炮击落一架。九月二十五日以后的三天内，敌机连续出动二百多架次，集中轰炸我江面海军舰队和雷电学校的鱼雷舰艇。这些舰队，自我封锁江面后，均停泊于封锁线内，既乏招架之功，更无防御之力。据当时和事后了解，被炸沉的是宁海号、平海号。

全面抗战后，上级发来关于汉奸、敌探之类的特点及其联络信号等文件，又以县政府的名义转知区乡镇长注意防范。江阴要塞特务室主任肖某，负责防范汉奸敌探工作，按组织原则，我未便过问其事，但有两起汉奸案的处理我是知道的。一是八月十三日在东门外发现汉奸高登银偷探我军驻防情况，被移送公安局讯办了。另一次是捕获一个哑巴嫌疑犯，讯问无结果而释放了。以后有何新的突破，未有所闻。

在我沿江监视哨方面，也不断传来敌舰活动情况，自我封锁长江后，敌舰艇一百余艘在长江下游活动。九月二十五日，敌舰企图在沙洲十一圩登陆未逞。九月二十八日，敌舰七艘似系测量江边水位，开炮十余发，我还击后逸去。自从十一月五日敌从金山卫偷袭得逞，集中兵力分两路向我进攻。十一月十四日敌从白茆口登陆，与其南路登陆之敌相呼应，常熟境内发生激战，自此局势恶化，十一月十五日敌舰犯我二区毛竹港，企图登陆未逞。次晨又来，发炮十余发，城内隐隐可闻炮声。十一月十八日黎明前，接福山监视哨紧急电话，报告敌军于午夜从福山码头登陆，前锋已达常熟西南，向虞澄边境前进。此后，各监视哨联系全部中断。

福山登陆之敌，使长江封锁线、福山至苏州的国防工事，完全失去作用，是对江阴的直接威胁。大室播迁，非战斗机构奉令疏散，防空情报站也无形瓦解，各回原位。我和教育局部分同事迁往夏港。盛传锡常沿线发生激战，遂于十一月二十一日附难民船前往泰兴，然后沿扬泰公路，前往江都之大桥。在大桥小学设置江阴撤退人员接待站，接待一些过境的公教人员。待袁右任县长等到达大桥后，即同往新迁扬州的省府机关办理交代，从而结束了在澄工作。

第 三 章

广(德)泗(安)战役

金村南山阻击战

林华钧[※]

一

一九三七年八月，上海战场正在激战时，蒋介石要四川出兵，刘湘随即派主力部队出川。我时为第一四四师参谋长，随部乘船东下，十一月十三日转车到新乡。下车后不久，新乡兵站司令杜岗转来刘湘电令（此电是蒋介石命令刘湘的参谋长傅常在南京以刘湘名义缮发的）：

　　该师（第一四四师）庚即乘平汉、陇海、津浦车到
浦镇。

十一月十四日在徐州换车，我同师长郭勋祺及师部人员在徐州住了一夜，知道该地部队是西广部队，并无川军开到，可知孙

　　※　作者当时系第二十三集团军第二十三军第一四四师参谋长。

119

震部尚在途中。

十一月十五日第一四四师师部先到浦镇（距离浦口尚有五里），其部队及各师部队，随后亦陆续转到浦镇。不过，田钟毅旅系由老河口、襄阳步行到郑州，并曾到了新乡，故到浦镇较迟。当田住襄阳时，据田说，蒋介石曾派飞机接田到南京，何成浚也曾派高参去说田，劝田服从蒋命到南京。田概婉词拒绝，只听刘湘命令。

十五日晚，郭勋祺到浦镇后，随即过江到南京城内刘湘驻京办事处，见参谋长傅常，知道刘湘还未到南京，战场的转变，是蒋命令傅常调的。郭由中央接待，住南京首都饭店。以后各师师长陆续到来，都被招待住首都饭店，蒋还一一接见了他们。

十一月十八日正午，第一四四师在浦镇接到刘湘长官部（实际是驻宁办事处）发来江苏、浙江、皖南的地图和命令（此令是蒋命令傅常以刘湘名义缮发的），其命令如下：

> 我军有拱卫南京之任务，该师于明（十九）日由浦
> 镇出发，过江出中华门，到溧水集中待命。

我将命令和地图看了以后，随即下达本师次日行军命令。把部队分成两个纵队行进。从浦镇出发，到浦口过江，出中华门，一队经淳化到溧水，一队经秣陵关到溧水，并作了一些过江处理（交涉船只等）。全师在二十日全部到达溧水。在溧水遇见川军郭汝栋部的萧毅肃、龙鸣越等，摆谈中，知道上海部队已经撤退到了苏州的情况。他们对我们拱卫南京的任务有些担心，当然也鼓励我们为保卫首都多多出力。在溧水待了一天，二十一日下午三时，又接到刘湘长官部（仍为蒋令傅以刘湘名义缮发的）命令如下：

该师赓即开赴溧阳前方，在戴埠、新芳桥（今芳桥）一线，占领掩护阵地。

我将命令和地图看了，知道戴埠、新芳桥尚在溧阳前方二三十里。于是将命令转告各旅，并分派唐明昭旅、黄柏光旅在戴埠和新芳桥占领掩护阵地的任务。为了免受敌机威胁，通限于当晚出发。但四川部队官兵多着草鞋，从南京出发时，天下大雨，道路泥泞，且以新筑公路，概是碎石路面，草鞋穿烂，脚也走破，故到溧阳，虽想赶急，也不可能。以致二十二日下午四时才到溧阳，遂未再向戴埠、新芳桥前进。五时左右又接到刘湘命令（此令是刘湘亲笔所拟缮发的）如下：

一、敌军已在浙江金山卫登陆，正在浙江境内激战中。

二、我军有堵击该敌之任务，重点保持于广德、泗安方面。

三、该师应在京杭国道（宁杭公路）长兴、宜兴间占领阵地，右与泗安、广德第一四五师切取联系，左与宜兴第一四七师切取联系。

四、（略）。

我看了这道命令，略知刘湘的部署概况。刘湘部署的部队不是对付京沪线（沪宁线）上来的敌人，而是对付浙江方面来的敌人。但敌人的兵力多少，电文没有说明。电文所示"我师在长兴与宜兴间占领阵地"，从地图上看，大概就在江浙交界的山地。但电示我师应与"泗安、广德第一四五师切取联系"，量过地图，我师与第一四五师相距约五十至一百公里，要"切取联系"是很

121

不容易的。"与第一四七师切取联系"倒还可以，因该师正走在
本师之后，同时也知道我军重点是在泗安、广德方面。

二

我师从南京出发几天来，郭勋祺师长没有同部队一路行进，
全师由我负责率领。十一月二十二日接到刘湘命令已有敌情任务
了，我思想上一面盼望郭来，一面又不能不略做准备。因此找了
唐明昭、黄柏光两旅长商量，当晚下达二十三日的战备行军命令
如下：

　一、敌情（略）

　二、师有堵击浙江金山卫登陆敌人之任务，明（二
十三）日晨六时以战备行军之态势，向宜兴、长兴方向
前进。

　三、由黄旅派张定波团为前卫，于明晨六时出发。

　四、唐旅、黄旅（缺张团）及师直属单位和特务营
（即警卫营，概是手枪）为本队，在张团出发后半小时，
依次出发。

　五、（略）。

十一月二十三日黄柏光旅长从溧阳出发不远，因干涉士兵，
士兵手榴弹落地爆炸，将黄右手炸伤，立即送后方治疗。部队由
副旅长许元白率领，代理黄的职务。

午后二时到达宜兴，没有进城。休息时，闻郭勋祺已乘汽车
过了宜兴，向长兴驶去。他向部队说："请林参谋长来长兴。"我
恐郭找我有任务，在途中找了卡车，乘到长兴，时已五时。进城

见街道被炸，遍地瓦砾，目不忍睹。据说，日军飞机于本日下午三四点钟投了弹。到县政府找县长，不知去向。郭勋祺究竟在何处，打听不着。天黑出城，宿于炮二旅驮马队。次日晨，又在车站附近探询，亦未得悉。正遇敌机突来袭击，在车站投弹数枚，使我几乎殒命。这时我觉得找郭很难，不如仍找部队。遂沿公路向宜兴走去，步行约五里，见背背架、着草鞋的乘马兵至，知是四川军，问他向哪里去，他说："找参谋长。师长派我来接他。"我说："我即是。"于是这兵将马给我骑上，他步行。约走四五里，即见郭正与参谋处长谭伟在路侧人家研究地图。时近中午，长兴又被轰炸。我们将地图研究完毕，正吃午饭，见由长兴前方李家巷向宜兴撤退的中央军部队，分四路纵队经过公路，其装备良好，头戴钢盔，足着军鞋，甚为整齐，总共约有两三个师，似犹未经作战即行退下。问其师、旅、团长姓名和部队番号，均不答复。实际恐是浙江部队。

时长兴前方已有机枪声传来。敌机仍在长兴上空盘旋投弹。我们看到情况紧急，郭和我决定下令：先令张定波团的前卫营，随即展开于夹浦附近和公路两侧施行警戒，掩护师主力在后方开进；令其余各团在金村南山之后停结待命。命令下达后，我同郭、谭等人跑到南山山上观看了地形，即下达师的防御命令：唐旅担任右地区方面的防务，占领朱砂岭之线，迅速构筑阵地；黄旅担任左地区方面的防务，占领南山之线，迅速构筑阵地。师以唐旅唐映华团和师特务营作为师预备队，位置于金村后面森林中。师部设在公路右侧一独立家屋内。命特务营在南山构筑掩蔽部，为师指挥所，卫生队在师后方路侧独立家屋。

当我们部队进入阵地时，友军炮二旅有两连山炮在南山。经郭和我晓以大义，强留阵地，协助作战，在二十六日这天的战斗中，给我们一次很大援助。

十一月二十四日下午，中央部队不断撤走，其后尾部队仅约一团多人，像是打过仗退下来的，非常狼狈。在当天晚上，我夹浦的警戒部队，与敌人少数部队有接触。

三

二十五日晨，敌机三架，在我阵地上空投了十几枚炸弹，就朝宜兴方向飞去。我与郭、谭等同到南山指挥所叫各团加强工事，做好准备；叫炮兵务必沉着，非到最有把握、最有效力时，决不射击，以免暴露企图，徒耗弹药。当天，敌人有小部队向我们警戒部队进行侦察射击。他们十分谨慎，并未冒失进攻。当晚四处都有枪声，我们随时同前方保持电话联系。但敌人并未实行夜间攻击。

二十六日清晨，夹浦方面打得十分激烈。不多时，受伤官兵被陆续送下。记得有一连长被敌人三八式枪击中头部，子弹从耳打进，面部穿出，他竟能走下火线，还能说话。其他伤手伤腿的甚多，只觉担架太少（每团仅十至二十副）。八时左右，长兴方面敌炮兵即开始向我阵地射击，炮弹从头上飞过，我们躲在掩蔽部里。这时候，我们叫山炮仍不用还击。敌方打了九十余发炮弹后，山上已经烟雾沉沉，我阵地前后都落有炮弹。我们占领的阵地是江浙交界的山地，山虽不高，但能倚托，且有森林，可以隐蔽，兼之又有工事，故士气旺盛，毫无顾虑。十时左右，敌步兵七八百人向我猛攻。待敌到阵地前一千米以内，我们机枪才开始猛烈反击。这时，炮二旅也对准敌人的火力点——机关炮、步兵炮、装甲车和密集部队进行破坏和歼灭性炮击。果然打得好，敌人两三个大队完全被我近距离的机炮火力击溃。打到午后二时，双方成停止状态。以后敌人也未敢向我阵地再行攻击。一天战斗中，我们官兵沉着勇敢，战斗力强，也得力于炮兵的火力协助。但炮二旅两连山炮在战斗结束后，非撤走不可，虽经郭再三挽留，毕竟还是走了，我们只好听之。当天夹浦这营步兵，除公路两侧被敌人冲垮外，夹浦仍在其手中。不过，这营官兵伤亡很大，有百人左右。因无弹药，亦无补充，张团要求撤回。我同郭商量后，准其夜间撤回，作为该团预备队。张昌德团也有很大伤亡。据当晚师卫生队统计，负伤官兵已在一百人以上，阵亡官兵尚未统计在内。敌人伤亡若干无确切数字，因各团只报"敌伤亡惨重"。敌军番号、主官姓名，我们也不知道。郭非常生气，当晚电话告知各团，要求"活捉日本官兵，决予重赏"。

二十七日晨七时，敌人太湖水上飞机两架，飞来阵地扫射投弹，并在师部附近打机枪。我们怕有汉奸给敌人摆讯号。乃令特务营以一排人着便衣，在师部附近巡逻。早饭后，郭上山对各团、营长说："你们昨天打仗没有俘虏，不知敌人番号、主官姓名，是打混仗！"并说："打仗不只是打退敌人了事，硬要俘虏敌人，夺获武器，才能算数！"郭、谭和我在阵地上走了一遍，认为我们所占阵地很好，左边是太湖，敌人大部队不会来，中间是公路，只怕敌人用战车来冲，但敌人知我们有山炮。山炮用直接瞄准，在一千米以内的威力很大，战车也未必敢闯。只是敌人不知我们的山炮已撤走了，所以大家都说，我们在唱"空城计"。不过右边地形比较复杂，敌人容易接近，我们不可不防。正谈论间，从太湖方向来的敌机正在向金村和师部附近投弹。我们跑回师部，见全村人已跑光，面前尽是弹痕破片，师部门前落下一颗炸弹，把守卫的士兵也炸死了。敌人昨天正面攻击未成，今天却从右翼来了。三时左右接张昌德团电话："唐旅徐元勋团受敌人大部队攻击，战斗很激烈。徐团似已稳不住，已向后撤退，以致本团侧背受到威胁，不能支持，请想办法。"同时，张定波团也

125

来电话报："敌人已向本团进攻。"接到这两个团的电话，郭同我研究后决定：一面叫张定波团死守阵地，一面告张昌德团，立即派唐映华团增援。同时电话告知唐明昭旅长，要他坚决督促徐团不许后退。

唐映华团以右翼增加上去，打了两三个钟头，即来电话报告："敌人大约两三百人已被本团包围在朱砂岭的夹沟中。"郭听了电话非常高兴，说："打了几天，没有见着日本兵什么样子，我今天非去活捉几个日本兵来看看不可！"

午后六时稍过，师部炊事兵从十几里的后方把饭送来，摆在桌上，我叫郭吃过饭去，他高兴得饭也不吃，就随身带几个卫士上山去了。哪知郭刚过公路正在爬山，就遇太湖边上埋伏的敌人，用三八式枪打了两枪，就击中郭的左腿，即由几个卫士将他背回师部。

此时，中央工兵第一团奉命，要将京杭国道的桥梁全部破坏。经我了解，知道该团长是傅博仁，和我是士官同期同学。我即向他说明师长郭勋祺现已负伤，急需后送，待汽车将郭送走后再破坏桥梁。郭临走时提笔写了一条："师长职务由参谋长林华钧代理。"

四

连日战斗以来，据各团报告，我师伤亡官兵已达二三百人，重伤不能抬下来，轻伤自己走下来，看着极为悲壮。尤以携带弹药不多，前线都喊要补充，各团给养也成了问题。因附近村庄的人都已跑光，军队拿钱也买不到粮食。这两三天来，官兵们都仅吃早晚两餐。每连派出炊事班，以营为单位，率领所派人员到四乡去购买粮食。师部虽然每天都用电报将战况、弹药、给养等情况逐一上报，但竟无一纸回电，也无弹药送来，给养也无指示。
而郭已负伤，前线紧急，又闻徐团不服从唐明昭旅长指挥，要撤
走，因此我也很着急。

郭走不久，我部叫野电话（即无线电报话机），将驻宜兴的
第十一军团上官云相接通。我将郭师长已负伤，本师弹药缺乏，
给养困难等情形向上官讲了。他说即刻派队伍来接防，第一四四
师可以撤退。我请他给我撤退命令，他叫我派人去受领，于是便
派了师部少校参谋曹之盘去取。我同时通知各团，要他们准备交
接，并指示各团交接后向张渚撤退，向我军主力靠拢。

晚十时左右，上官派来的先头部队已经到达。我随即向他们
作了移交。唐旅徐元勋团先就撤走了。唐映华团包围的敌人，因
天黑早已逃走。我同唐明昭及师部人员在十一时以后才离开金
村，向张渚撤退。

十一月二十八日上午九时左右，全师均已到达张渚。拂晓
前，曹之盘把上官给本师的撤退命令拿回。这里是山中，本可休
息整顿，但想到应当迅速靠拢本军主力，于是与唐明昭、许元伯
商量，决定午饭后向广德方向前进。四时左右，于途中遇潘文华
军长派送命令的军官。潘的命令大意是："该师能于本月三十日
以前到达广德即到广德，否则，而后到宁国集中。"我看了命令
后，仍照原来决定的路线向广德前进。当晚夜行军，二十九日正
午，到达距广德三十里的门口塘，见广德城内大火，烟雾冲天，
城内逃出来的老百姓，接连不断向我方山地跑来。我问："广德
有无部队？"答："已是空城一座。"时敌机正在投弹。我细看潘
给我师的命令上未说有作战任务，乃令全师各部向郎溪方向前
进。途中，遇一四七师章安平旅长率部亦开赴郎溪。由门口塘到
郎溪，是苏皖交界山区，地形复杂，且是小路，当晚又是夜行
军。三十日晨六时，唐明昭率唐映华团先到郎溪县城河南岸，我

127

率领师部人员和特务营也相继到达。当时有三个团未到齐，于是留置了一些服务员等待部队，我叫部队立即向水阳镇方向前进，在距离郎溪十里的道上做早饭。我们离开郎溪仅走了五六里，敌轰炸机五架就在郎溪上空投弹炸了，城内顿起大火，我的行李夫也被炸死，部队官兵和老百姓，不知被炸死炸伤多少。

　　师和旅派出的留置人员也起了作用，不到中午，全师各部均走到一条道上了。此后，经水阳镇，约三日到达湾址，遇范子英副师长自川来芜，也到了湾址。我即将代理师长职务移交于范。范在芜湖第七战区长官部知道郭负伤情形，据范说，郭到南京，医生都已跑光，未能上药，到了芜湖才上药，耽误了三四天，伤口已经溃脓，后找船到汉口去了。范在芜湖还知川军已向太平、黄山撤退，于是命令部队经宣城、泾县、茂林去太平。在太平潭家桥会到潘文华军团长后，我将本师作战经过、郭的负伤经过、第十一军团接防经过以及接到潘命令后本师按令行动等情况，一一向潘作了汇报。潘听了很高兴，笑着说："翼之（郭勋祺号）带伤，真是家常便饭。太勇敢！"

　　唐明昭到了宣城，因闻徐团已先经宣城到了宁国，唐要去找徐团（因我说过唐不能掌握军队，他很气愤，所以要去找徐团），我便派师部上尉参谋林文龙同唐一路去追。唐、林二人到了宁国，不见徐团，唐心里着急，拿着手枪拟自杀，幸经林一手抢着，未遂。而徐团却早已到了太平。关于徐不听命令擅自撤退，他到谭家桥后无故枪毙一排长（据说，这个排长在途中谈了徐撤退的怪话）等事，我都向范子英谈过，但范未理。在郭升军长后，我又向郭谈了。郭认为徐作战既不勇敢，又这样跋扈，应当给予处分才成，即将徐的情况向唐总部报告（即唐式遵，这时已当总司令），但唐也未处分徐，仅把徐改调第二十一军仍任团长，以后且升旅长。这只是因为唐与徐的父亲有关系。

附：广泗战役概要

刘湘十一月二十二日到了南京以后，除蒋介石先将刘部第一四四、第一四七师使用于拱卫南京外围，已调到溧水、溧阳外，其余部队都陆续到达南京。因刘把指挥权抓回，改变了部署，准备集中对付浙江金山卫登陆之敌人，故决定将第一四五、一四六、一四八师和田钟毅、周绍轩两独立旅使用于泗安、广德地区。

这时已到南京的部队有第一四五师、田旅和第一四六师，刘先令第一四五师到泗安，田旅和第一四六师跟随其后。部队乘火车到宣城下车，再步行到泗安，第一四五师出发日期为二十二日，到达日期为二十四日，田旅和一四六师二十三日出发，二十五日到达。为防日机轰炸，全部是夜行军。

按照部队建制，第一四五、一四六师属于唐式遵直辖，田旅是临时配属。因田与唐不和，田不愿听其指挥，曾当面请示刘湘改变其配属。刘说："我深知，不用顾虑。"并说："我已叫仲三（潘文华的号）来前方，必要时我亲自在电话上指挥。"潘文华的直属部队原是第一四四、一四七师，因蒋已命令这两师到溧阳方面；又因潘素来指挥部队比较灵活，刘遂命令潘率领其必要人员到广德。唐式遵亦率部到前线。但唐仅到达十字铺，是在潘的后方。当第一四五师到达泗安时，正遇广东吴奇伟部队撤下。

泗安镇的地形十分平坦，只南北有浅山，在芜湖至杭州的公路上，距离长兴约四五十里，属浙江境内。该镇分为上泗安、中泗安、下泗安。

第一四五师与敌人接触的时间，同第一四四师在金村南山、夹浦与敌人接触的时间大致相同，即是在十一月二十四、二十五两日。敌人最初并没有大部队向该师进攻。二十六日，敌人使用装甲车和坦克车，向泗安进攻。因川军官兵没有看过装甲车和坦克车，当即向公路两侧溃逃，于是整个泗安即沦入敌手。该师师长饶国华立即返回十字铺，向唐式遵报告泗安失守经过。唐即命饶去收复，否则提头来见。于是饶又到前方，但部队已经跑散，不易集中。饶以为刘汝斋团还未投入战斗，遂命刘率全团反攻，但刘竟不服从。饶无办法，又跑回十字铺，即用手枪自戕。

当第一四五师与敌人接触时，潘文华用电话告知刘湘，怕该师支持不住，刘湘即来电话命令："田冠伍（钟毅）独立旅从右翼，第一四六师刘兆藜从左翼，包围泗安敌人。"刘湘下令之后，适陈诚已到芜湖。陈一面命令吴奇伟部向徽州撤退，一面命令唐式遵、潘文华向黄山方向（太平）撤退。唐、潘二人即将陈的命令转第一四五师孟、佟两旅。当孟、佟两旅接着命令向后撤退时，正遇田旅上去包围敌人。孟浩然问田冠伍："我已奉命令撤退了，你呢？"田说："还未接到命令。"但田旅也停止进攻了。因为送命令的人由广德到泗安是从公路去的，田旅和刘师是从两侧去的，所以送命令的人还没有找到田旅，同样，第一四六师也未接到陈诚的命令，因而该师刘兆藜师长仍按潘文华转发的刘湘的命令执行，于二十六日晚，出其不意给敌猛烈袭击，在二十七日拂晓前，将上、中、下泗安一度夺回。敌人仓皇退走。该师俘虏日军女看护二人，一日军军官来不及逃，竟剖腹自杀，日军四五辆汽车所载呢军服、呢大衣、毛毯等，均被该师夺获，汽车亦被焚毁，日军有两门野炮未及拖走，但已将零件卸去，川军不懂拆卸火炮常识，故将炮仍留该地。其他军用品亦获得不少。经过这次战斗，知道日军番号是第十八师团，师团长是牛岛真雄。据田冠伍说：第一四六师政治部主任何炳文（军校学生）大为高兴，在路上曾对田说："大有宣传资料。"可是，部队以后因撤退关系，大家都在行动中，好的消息恐并未发出，以致武汉七战区办事处和中央对这次战况全然不知。

130

唐式遵在十字铺转发了各部队撤退命令后，即到绩溪，转徽州，又到太平。田旅的撤退命令送到最迟，田曾在十字铺等了一天，敌人并未来。

唐离开十字铺时，大概周旅和第一四八师还未到，所以后来范子英在皖南会着唐时，唐说："如果第一四四师从郎溪开来十字铺，那我还想与日寇再打一仗。可是我那时手里已无部队了……"范对我说："幸而你没有把部队开到十字铺，不然会打垮了事。"

第一四五师和第一四六师在泗安作战以后，潘文华也就跟着从广德下来，因广德无险可守，且潘手里也无部队了。那时田旅虽尚未与敌人作战，但撤退命令已经下达，遂于三十日将广德放弃，放弃时吴奇伟部队在广德焚毁飞机场仓库，田旅亦前往协助破坏，以后潘便从宁国到太平了。

此稿承邓汉祥、余中英、田冠伍诸先生大力协助。笔者谨此致谢。

记太湖、泗安、广德之战

胡秉璋[※]

一九三七年十一月，上海会战之后，川军第二十三集团军奉命开赴太湖西岸自广德至金村一线设防，以阻击由上海追击之敌和由金山卫登陆之敌。二十三日，总部到达宣城十字铺后，得悉的情况是：约三个师团以上兵力之敌，刻已占据吴兴，正沿京杭道（宁杭公路）向长兴急进中。苏州之敌，亦占据吴江，正搜夺民船向太湖的洞庭山前进，有越湖向长沙抄包之势。

总部综合各方面情况作了如下部署：

第一四四师在长兴以北太湖西岸的夹浦、金村一线设防固守。并抽一部兵力支援长兴、新塘、李家巷之友军第一四六师，共同抵御由吴兴方向北进之敌，并随时注意监视太湖中洞庭山敌之动静，严防越湖抄袭我阵地侧后方。

第一四六师布防于长兴之南新塘、李家巷、吕仙镇一带地

※　作者当时系第二十三集团军第二十三军第一四四师第四三二旅参谋长。

区。左与第一四四师切取联系，右与长兴南侧之第一四八师
联系。

第一四八师布防于长兴西南侧面，沿虹星桥、林城之线。左
与第一四六师切取联系，右与泗安、界牌布防之第一四五师
联系。

独立第十四旅布防于吕仙镇北面至林城之线，协同第一四六
师，第一四八师作战。

第一四七师集结于白岩、煤山、合溪间为总预备队，适时策
应前方友军作战。

独立第十三旅在梅溪北岸至中泗安之线布防，确保与守备泗
安之第一四五师切取联系。

第一四五师在长兴通广德公路之上泗安、中泗安、下泗安布
防，确保机场、仓库之安全。

各师旅得到上述命令后，即开往指定地点，连夜构筑工事，
准备迎击敌人。

第一四四师师长郭勋祺奉命后，亲到太湖西岸布防。时太湖
渔民接连前来报称：约有日军三千人，已占我太湖之洞庭山，正
搜夺民船，有越湖来攻之势。同时又接总部敌情通报谓：一、吴
兴之敌约有两个师团以上兵力，正沿京杭路向我急进中，相距约
五六十公里。二、由吴江越太湖企图向我阵地包抄之敌为一个混
合支队五六千人，刻下集结于太湖中之洞庭山。三、第一四四师
的任务，一方面要阻击由吴兴前进之敌，必须向南抵御；一方面
又要防止由吴江越太湖来袭之敌，必须向东防守。师长郭勋祺立
即转令黄柏光、唐明昭两旅长，对已构筑的工事作一次彻底检
查，尤其对守备要点和通敌要道，务必重层加固，以备不虞。

其时我是第一四四师第四三二旅参谋长。二十五日随师长郭
勋祺侦察地形，检查工事来到长兴，发现我军数以万计的部队正

由吴兴经长兴向南京转移。其中有一个炮二旅的山炮团，正在长兴城外进午餐。该团团长胡克先是四川温江人，我同他不但是同乡、同族，而且还是黄埔六期同学，一向私感较厚。这次见面，彼此都很关心。郭师长见此情景，示意要我设法把这个团留下来。我把郭师长的意思向胡说了以后，胡团长感到为难，他说："我奉命退保南京，责任重大，稍事疏忽，必遭重谴！"此时第一四六师师长刘兆藜同该师第四三六旅旅长廖敬安、第四三八旅副旅长何炳文勘察地形来到这里。何炳文也是黄埔六期，不但与胡团长同学，还同该团二营营长范麟是结拜兄弟。大家再三请求，请暂时留下协同御敌。在此情形之下，胡团长感到情不可却，便说："我将范的一个营留下四天，该营全是新炮车，行动迅速，你们两师，可以各配二连使用。"就这样，算是把炮兵团的一个营留下来了。

至于如何使用这一营炮兵，刘兆藜师长说："我在敌人坦克装甲车必经的狭隘要地，现都布置了陷阱。敌人不来则已，如来，管叫他陷入我天罗地网。最好把全营炮兵集中由我使用，成果必好。"

郭勋祺师长说："我的防地正面宽，既要御吴兴北进之敌，又要防太湖水上之敌，不能没有炮兵，还是各分两连使用较好。"最后照郭的意见，各带两连使用。

十一月二十六日上午，第一四六师阵地前，发现日军的骑兵约两连向我新塘急驰而来，经我守兵射击，即掉骑后退。后又发现约一营敌兵，前面放出十余只警犬，发出汪汪吠声向我方前进，遇我射击，犬即后转。敌兵立刻选择高地掩护其本队展开。不久，约有两个联队的兵力，集中向第一四六师左翼进攻，一部窜至长兴城，再插入夹浦进攻第一四四师黄柏光旅之李唐团。有敌骑兵一连，竟抄过李团侧面丁荣昌营的阵地。丁营长立命全营官兵，跳出战壕，以跪姿射击敌人之马腹，当即击倒二十余骑。敌见形势不妙，立即勒马往回跑。敌骑虽退，其步兵又分三路而上。午后三时左右，整个黄旅均投入战斗，直到入暮，敌始逐渐退却。

与此同时，敌第十八师团在二十多架飞机、数辆坦克和大炮掩护下，向李家巷、吕仙镇一带阵地猛烈进攻，我第一四六师官兵，不遗余力，沉着应战，使阵地始终保持，未被攻破。

敌另一股兵力，进犯长兴斜侧面之第一四八师阵地，该师潘左旅和袁治旅立即奋勇阻击，持续到入暮时，敌始逐渐退去。

布防在泗安一带之第一四五师的第四三五旅，在二十六日午后三时左右，阵地前亦发现敌骑兵二百余骑，有持马枪者，有持手枪者，在阵地前六七百米远的地区东驰西奔。时而向阵地发射几枪，一被还击，便分数路驰去。

二十六日晚，总部参谋处汇集当时各师旅作战情况后判断二十七日必有大战爆发，总司令饬各部特别注意，连夜加强工事。

二十七日黎明，日军即出动飞机十架，轮番向我各师旅阵地乱轰乱炸，未几，日军步兵即分头向各阵地进攻。第一四六师阵地，横挡京杭大道，是阻敌前进的主要障碍，也是敌人必须攻占的主要目标。昨日未能得逞，今又卷土重来，来势凶猛。刘兆藜师长登高瞭望，只见敌前面步兵密集，后面尘土高扬，仔细观察，有坦克、炮车、装甲步兵车数十辆，陆续跟进。刘师长即用电话通知前线，逐次佯退，诱敌深入，予以打击。前线官兵，按指示且战且退。敌之前锋，欺我软弱，不顾一切向前面攻击，后面装甲部队，亦蜂拥而进，渐次逼近我三日来预行埋伏的三里路长之波状形狭隘地区。副旅长何炳文和山炮营长范麟亲用炮对镜进行观测。待敌车数十辆进入我隘区时，范营长大喊一声"放"，四门大炮齐向敌人后面的车辆射击，敌车被击中数辆，将退路堵塞；然后将射击目标转到敌的先头车辆。此时，我八门山炮同师集中的八二五中迫击炮、小迫击炮、轻重机枪、步枪、手榴弹一齐向敌发射，弹如雨点，震耳欲聋，只见烟尘蔽天，血肉横飞。敌前锋两千余人知后面有失，当即停止进攻，回师抢救。第一四六师预伏于两侧之廖敬安旅的第八七五团团长潘寅九，率领全团由左飞驰抄袭。第八七六团团长杨国安亦身士卒，由右横冲而来。敌人正在仓皇后退中，突遭两面夹击，欲进不得，欲退不能，不得不拼命反抗。鏖战数小时后，始在敌机掩护下溃退。

当敌人的机械化部队在狭道被阻击时，自知走入陷阱，有的便依傍岩边死角躲避，后来向一个急倾斜的小凹道急驶而逃。行约两三里，又经一陡坡，坡上堆集了谷草，敌车在草上行驶，我预伏陡坡两旁的迫击炮、机关枪，集中向谷草射击；谷草预喷有煤油，被射后，火星引燃谷草，全坡皆燃，顿时火势熊熊，烟雾弥空，敌之装甲车当即被毁数辆，其余坦克、炮车，不顾一切穿过火海而逃。是役，俘敌官兵六名，击毁坦克三部、炮车四部、装甲车九部，缴获山炮三门、野炮一门，步枪八十九支、机枪两挺、大小军旗十七面，其他物资三百余件。

二十七日午前，第一四四师防地经敌机轰炸后，有骑兵近百名越夹浦抄金村附近侦察，随即敌机掩护其步兵分数路向夹浦、金村一带我方阵地进攻。郭勋祺师长见夹浦、金村全线陷入紧张状态，亲带三个手枪连到夹浦督战。并令唐明昭旅长速率唐映华团到夹浦、金村间相机支援前线，又通知林参谋长和山炮营冯副营长到南山的预定放列地点，在战事紧急时即开炮支援。午后二时左右，敌之一部已至南山附近，预置在南山腹部的八门德国八点五公厘山炮齐向敌人轰去，敌攻击阵容混乱，缓缓向后撤退。山炮兵又加高表尺，行一千五百米以上射击。整个夹浦、金村间之敌大有动摇后撤之势。突然，太湖中有敌人驾数十只木船和许多小汽艇，满载武装兵而来。郭师长立传令沿湖防守官兵，待敌船艇接近我四五百米时，用排子枪一齐向船艇射击，只要洞穿其船艇，则必进水沉没，较打人更有利，并传令唐映华团，速到金村附近的湖岸边，协助沿岸部队扼守，如敌海军陆战队登陆，应不惜一切代价死力抵抗，以保全整个阵地不受威胁。郭师长手提一支二十发子弹的手枪，率十余手枪兵在阵地前端，指挥营连长作战。几经肉搏，双方伤亡惨重，直到入暮时，敌人方悄悄后退。郭师长为准备明日再战，立在金村的一桥上指挥部署，不期敌军的一部分汽艇突然由芦苇深处侧袭而来，机关枪小炮密集地向岸上射击。郭师长腿部负伤，因见情况严重，他坚不下火线，传令军医处长夏道生到桥边为之裹伤。

守备在中、下泗安之第一四五师，仅孟浩然旅的两个团，兵力实在单薄。孟旅长向饶国华师长提出要求：请将佟毅的第四三三旅推进至前线。饶师长允其所请，亲自督促佟旅推进。佟旅刚到中泗安，即遇以飞机掩护之敌六千余人向孟旅进攻。因上、中、下泗安都是一片平原，无险可凭，孟旅两个团寡不敌众，实难以支持，因此，刚一接触，就遭受惨重伤亡。幸第一四八师之潘左旅如旋风般侧击敌之侧翼，始刹住敌锋，停止正面进攻，但中、下泗安已落入敌手。根据当时情况，总部认为敌第十八师团遭我第一四六师痛击后，一时不敢冒进。但我中、下泗安，被敌占据，据此对二十八日作如下战斗部署：着第一四五师坚守上泗安并适时出击。着第一四六师乘当日大胜士气高涨，设法向虹星桥方面抄袭，截断敌之归路。着第一四八师以接近林城之潘左旅，向下泗安林城间对敌腰击，并以左翼之袁治旅，支援第一四四师夹浦、金村间阵地，务使太湖之敌不致登陆。着在梅溪北面周绍轩之独立第十四旅，向中、下泗安南面地区的敌人进击。着独立第十三旅推进至泗安一带为预备队，相机支援各部。

总部要求各师、旅务于二十八日拂晓前，各就攻击准备位置，一到天明，共同围攻中、下泗安之敌。

二十八日晨，各部队除以一部扼守原阵地以防敌第十八师团卷土重来外，其余团、营由旅长率领，分道向下泗安攻击前进。斯时占据下泗安之敌，以为川军不堪一击，等待来日攻取广德要地，便可坦然安枕、放胆休息。不意睡梦中突闻枪声四起，知情况有变，仓皇应战，竟致于人不及枪、衣不及扣，方向不明，秩序紊乱。驻中泗安敌军，闻下泗安有失，不顾正与第一四五师之胶着状态，毅然放弃原占阵地，回师抢救，不一时，整个中泗安之敌，一起集结于下泗安附近。但我军士气高昂，在四面围攻之下，敌虽几度冲击，均未得逞。乃集中一隅，企图作困兽之斗，斯时敌机二十余架，临空轮番扫射、轰炸，力图掩护敌军冲出重围。在反复冲杀中，直麏战至中午，敌第十八师团悉此情况，方抽调一个旅团的兵力，附坦克四辆，小炮四门，装甲车十辆，沿林城急向下泗安增援。此时我第一四八师潘左旅之张益斋团，正由侧面斜进，见此情景，当即进行阻击，敌略为还击后，即夺路冲向下泗安，时有坦克四辆，亦在其步兵掩护下冲去。当时，独立第十四旅旅长周绍轩见此情况，即命刘克用团长组织敢死队。刘团长即向身边的卫兵连长胡荣程说："你一向号称敢死英雄，今日正是你大显身手的时候，你今天能不能接受这个任务？"胡连长当即站出来说："报告团长，能！"当即向全连大喊一声："国家养兵千日，用在一朝。不怕死的，带一束手榴弹，随我来！"排长赵学贵等二十多名精壮士兵，各带一束手榴弹，站到胡连长身边。在连长胡荣程和排长赵学贵的精心策划指挥下，他们跑到敌人战车前进的侧边匍匐在地。当敌人一辆坦克驶到胡连长身边时，他立即跃起，跳上敌之坦克，将一束手榴弹拉开引火线塞入敌车洞孔内，迅速跳下车，顿时车内发出连续爆炸声。赵学贵排长也爬上一部山炮车，将弹栓一抽，投入车厢，炮车立刻炸倒。敌见两车被炸，加强了戒备。我数十名士兵，无法再爬敌车，一个一个用手榴弹向敌车掷去。刘团长一声呼喊："杀！"胡连官兵，毫不迟疑，一齐向前对敌车及敌兵发起攻击。车上敌兵纷纷跳下，互相对射。刘团长指着第一营营长周蒿营说："你速率余下的三个连跑步向前与敌对战，我立率预备队第三营来增援。"周营长即率全营驰入枪林弹雨中与敌后续步兵展开搏斗。正值敌众我寡似有不支之际，第一四六师潘寅九团横冲而至，杨国安团亦从斜面插来。独立第十三旅之周伯强团，附有英造路易式轻机关枪一挺，刹那间弹如飞蝗一般射入敌阵之中。久困在泗安之敌，见有援兵前来，只好奋力冲出一个缺口，乘机逃出，与来援之第十八师团会合，且战且走，于午后四时左右，脱离我包围，分三路绕林城向南逃去。中、下泗安得以收复。此役，连长胡荣程、排长赵学贵及全连士兵，全部为国光荣牺牲。

二十九日拂晓，有数起三架一组的敌机，在各阵地上空侦察。十时左右，敌之大股步兵，在炮车、轻机枪的掩护下分数路向各阵地前进。有一旅团以上的混合兵力，附坦克两辆、炮车四辆、装甲车十余辆循昨日故道，向泗安方向猛攻前进。第一四五师官兵虽竭力扼守，终因众寡悬殊，不得不且战且退，到午后二时许，上、中、下泗安相继失守，师长饶国华指挥所部退至界牌一线部署死守，与敌相持直到入暮，敌乃退回泗安。

饶国华师长见此情形，恐明日敌军再次进攻，现有兵力薄弱不能支持，除令佟、孟两旅长率部彻夜坚守阵地外，他连夜乘车去总部请援。讵料唐总司令不容分说，对饶有所责怪。饶立即转身赶回师部，感到明日敌情严重又无援兵，保卫南京外围责任重大，于是当晚即通令所属旅团营及友军宣誓谓：国家养兵是为了保国卫民。人谁不死，死有重于泰山，轻如鸿毛。今天是我报国之时，阵地在我在，阵地亡我亡。望我官兵不惜一切努力报国，恪尽职守。

三十日黎明，各师阵地均可闻密集枪炮声，尤以第一四五师所守的界牌方面，枪炮声如闪电般轰击，战斗更为激烈。师长饶国华率手枪兵二十余人，在前线督战，虽暂时稳住了阵脚，但敌势凶猛，又有飞机协助，在敌狂轰滥炸下，左翼佟旅一部已退出界牌，纷纷向翼侧溃退。右翼军心亦为之动摇，孟浩然旅长亦随同下来，饶师长立即喊住说："浩然！此刻是本师存亡关头，绝不能再退，应拼命抵抗，我即到祠山冈，饬佟旅扼守，以待救援，万万不可仓皇溃退，导致全军覆没。"孟旅长当即指挥曾、胡两团长拼命扼守。无奈敌势凶猛，如泰山压顶冲来，未几被压迫到大道南面一带地区。敌主力乃直循通广德方向攻击前进，奉命退守祠山冈要隘之戴传薪团，部署尚未就绪，敌步兵、炮兵在飞机掩护下，如潮水般分路铺天盖地涌来。戴团长即率该团向侧面山地转移。饶师长赶到见此情景，连声嗟叹！立即乘卫士的自行车回广德城附近的后方师部，写下了致家属及唐式遵总司令、刘湘司令长官的信（遗嘱）。他带着一个卫兵连向飞机场走去，命士兵向飞机场各仓库内的油桶发射，各库陆续起火焚毁。然后回到广德城东门外，嘱卫士铺好卧毯，饶盘脚坐于卧毯中间，面对日军方向大呼："威廉第二如此强盛都要灭亡，何况你小小日本，将来亦必灭亡！"言罢，饶向敌人方向怒目而视，拔出所佩手枪自戕成仁。左右见之，无不下泪。

太湖、泗安、广德之战，是我川军初出茅庐的第一战。在这一战役中，表现了我军的机智、勇敢和相互支援的精神与美德，爰记于此，以供参考。唯事隔四十余年，错误在所难免，尚希读者不吝指正是幸。

简记广德、泗安战役

骆周能[※]

刘湘请缨出川抗日

一九三七年七月七日，日军在我华北发动了卢沟桥事变，至此，中国的抗日战争全面展开。因"守土抗战，御敌救亡"人人有责，我川军爱国官兵纷纷请缨杀敌，先后组成了六个集团军，共计四十余万人，出川奔赴抗日第一线，分别在晋东、鲁南、豫南、皖南、苏浙赣、湘鄂等地区对日作战。

刘湘于卢沟桥事变后的第五天，通电全国"请缨抗日"。七月十四日，国民党军事委员会在一次会议报告中说：四川刘湘有通电请缨抗日，遵令整军待命，军委办已嘱中央新闻检查处缓一两日再决定发表与否。又七月十六日，顾祝同在给蒋介石的电文中说：顷刻刘甫澄（刘湘号）电称，在此国难当前，正我辈捍卫

※ 作者当时系第二十三集团军第二十一军第一四六师第四三八旅中校参谋。

国家，报效领袖之时，弟昨已径电委座，陈明下愤，并通电各省，主张于委座整个计划之下，同德一心，共同御侮，自当漏夜整军，赶速改编，以期适于抗日之用，川省应负责任，不唯不敢迟误，且思竭尽心力，多做贡献，耿耿此心，尚乞代陈。不久，刘湘被任命为第七战区司令长官，陈诚为副司令长官，长官司令部位置于武汉，直辖第二十三、二十九、三十集团军。

刘湘在出川前夕，曾向蒋介石提出如下要求：一、战区划定一个明确的地区，以便承担这个地区的对日作战的任务。二、战区所直辖的三个集团军，应由战区统一指挥使用，不宜分割建制。三、财粮械弹应在中央统一供应和补充之下，一视同仁。其他如人事任免调动须事先商同战区决定等。以上要求曾得到何应钦、顾祝同、张群等人的保证，最后得到蒋介石的承诺。

唐式遵、潘文华蓉城誓师

第二十三集团军总司令兼二十一军军长唐式遵于一九三七年九月中旬，在四川成都少城公园开誓师大会，庄严宣告"失地不复，誓不返川"。副总司令兼二十三军军长潘文华，在出川的各界欢送会上预立遗嘱，发出"胜利归，败则死"的豪言壮语。随即率师六万余人东下，奔赴抗日前线。先后分两批开拔，第一批开拔的有第一四四、一四五、一四七等师，由渝（重庆）、万（万县）两地，经武汉、郑州和新乡转华东，奉命在南京东南之溧水、溧阳附近集结待命，时为十一月中旬。

淞沪沦陷，苏（苏州）、常（常州）相继失守。我军损失惨重，日军又直逼南京。最高统帅部除临时调集残部十万人守备首都南京外，对于广德、泗安一线防御，实无兵力可调，经蒋介石商同刘湘，调该战区所辖的第二十三集团军所属各部分防广德、泗安一线,以确保京(南京)芜(芜湖)侧背之安全,并掩护淞沪杭我军之撤退。当时部队转运不及,大部分还在行军途中,集团军司令部只能以先头部队的第一四四、一四五师一部分防广德、泗安两地。集团军主力第一四六、一四八师和独立第十三、十四旅随后跟进。各部奉命后,分赴指定地区布防,掩护十余万上海部队和由前线向后方逃难的数十万难民撤退。军民不分昼夜,势如潮涌奔向后方。敌机跟踪轰炸、扫射,少数敌骑乘隙突进扰袭,沿途军民,均有死伤,敌间谍乘机混迹,刺探军情,秩序很乱。我军除布置防务、构筑阵地工事外,还积极掩护军民后撤,驱逐敌骑,救护伤亡,动员民众,做了大量的工作。

我第一四六、一四七、一四八师和两个独立旅开拔较晚,各部由成都附近各县分别徒步到重庆集中,先头部队田钟毅旅到渝后,即乘轮经武汉直运南京。第一四六师轮运到武汉后停留三日,补充部分械弹和装备,所乘的轮船,仍返航回渝载运第一四八师和周绍轩旅。第一四六师另乘挂有英国旗的轮船,续航南京,中途奉命在芜湖停泊登陆。该师于十一月二十四日晚十二时登陆完毕,即奉命兼程赶赴前线,增援广德、泗安我军的作战。同时得知情况:一、我第一四四师及田旅从昨晨以来与步骑炮联合之敌八千余人在泗安至宜兴间之金村、南山附近激战中。二、我第一四五师和友军之一部守备广德县城,并有一部在广德至泗安之线与西进之敌约五千人战斗中。三、连日来敌机二十余架在广德、泗安及其附近地区轮番轰炸,敌兵窜至公路两侧肆意烧杀,其状至惨。

泗安失守,饶国华自戕

十一月二十三日,敌十八师团(牛岛师团)一部由太湖乘汽轮和橡皮艇百余艘,窜抵宜兴、长兴一带,同时沿太湖南岸西进之敌主力分兵进犯泗安、广德。我第一四四师首先在金村与敌激战，师长郭勋祺亲临指挥，士气振奋。我军官兵目睹国土遭敌机轰炸，千家万户走死逃生，房屋被烧毁，人民被蹂躏，激发起对敌人的无比愤恨，广大官兵不怕牺牲，英勇奋战，击退敌人多次进攻。进犯泗安之敌约一个旅团，步骑兵五千多人，很快增加到一万余人，在坦克和装甲车三十余辆、飞机二十余架的掩护下，向我守备泗安的第一四五师猛烈攻击，在敌机和大炮的不断轰击下，工事尽毁，城舍为墟。该师激战一昼夜，伤亡重大，赖我后续部队陆续到达增援，又固守两日，修复阵地工事。唯部队初到前线，情况不明，哪里有枪声就往哪里跑，加之地形不熟，仓促应战，未能集结兵力，予敌以有力的反击，始终未改变被动不利的局面。我守备泗安的第一四五师孤军奋战，伤亡惨重，泗安失守，师长饶国华感到对不起国家，对不起人民，更对不起刘湘，自戕而亡。临死前写下绝命书，略云：团长刘汝斋不听指挥，以致大军失败，不惜一死，以报甫公。第一四四师师长郭勋祺腿部负伤，该部后奉令向宁国撤退。敌人占领泗安后，除留一部扼守泗安要点外，其主力继续向广德推进，加强对广德的攻势。

　　负责指挥此役的指挥官是副司令长官陈诚，他秉承蒋介石的旨意，直接指挥一切。他的命令一日数改，一时手令，一时电令，并且不通过军、师长，直接下达到旅、团长手里。由于部队运转不及，到一旅用一旅，到一团用一团，常常造成军、师长不知自己的部队在哪里。

　　我第一四六师在芜湖登陆后，连夜急行军，奔赴前线增援。时正值初冬，而川军官兵仍身着夏装，脚蹬草鞋，在崎岖的山路上急行军。加之连日阴雨，草鞋磨穿而没有更换，不少官兵脚裂出血，休息时，用麻线将裂开处缝合，继续赶路。我师奉命以第四三六旅直接增援广德，与友军协同固守广德。师长刘兆藜率第四三八旅和师直属部队由左侧选道直趋泗安，截断敌后交通联络线，阻击由长兴、吴兴续进之敌，策应广德方面之作战。第四三八旅旅长梁泽民率该旅第八七五团于十一月二十六日午夜到达泗安西南约五华里的地方，得知情况如下：泗安已陷敌手，我守军已向宁国转移；目前占据泗安之敌，仅两个步兵中队和一个骑兵队五百余人。我部官兵不顾长途行军的疲劳，乘夜向泗安之敌进行夜袭。我官兵以大刀、手榴弹为前锋，奋勇冲杀，激战到天明，收复泗安。歼灭敌骑兵四十余人，夺获三八式步枪四十余支，焚烧汽油一百余箱，缴获军用物资及文件等千余件。随后，立即破坏泗安公路桥梁以及一切军事设施。残敌向东溃逃。师长刘兆藜令第四三八旅以一部扼守泗安要点，其主力向广德靠拢。

第四三八旅旅长梁泽民率部进至界牌附近与敌遭遇，当时发生激战。敌装甲车五辆、卡车十余辆有八百余人遭我军猛烈袭击，形成短兵相接，双方展开肉搏厮杀。我第一四六师自开赴广德、泗安前线后，亲见敌军对我被俘和负伤官兵，绑住手足，浇上煤油，就地烧死，对公路两侧五六华里附近逃离不及的平民百姓，无论男女老幼，全部枪杀，无一幸免；所有房屋，纵火焚毁，凄风遍野，尸体横陈，其惨痛之状，不忍目睹。我官兵无不咬牙切齿，悲愤交集，突遇敌军，怒不可遏，不顾一切，冒死冲杀，人人争先恐后，以手刃敌兵为快，并击毁敌装甲车五辆，汽车十余部，敌军四处逃窜，我军乘胜追歼残敌。这时，忽奉副司令长官陈诚电令："广德失守，已令后撤，该旅即向宁国转移，另有部署，切勿迟误。"同时得知我广德守军已向旌德、太平等处撤退。

第 四 章

南京外围与复廓城垣战

坚守镇江要塞记

王 庚[※]

　　镇江要塞是国民党政府首都的大门,镇江要塞守备战,是南京保卫战中的一部分。九一八事变后,国民党政府对镇江要塞很重视,曾先后派朱培德、唐生智、冯玉祥等高级将领到镇江视察过要塞,并指示要塞要增设各种永久式的国防工事,消灭炮台死角。镇江要塞的设备可称是完善、先进的了。

　　要塞的任务是封锁长江的江面,阻击敌舰西进,并在有效射程内消灭之,确保我长江流域的安全。因此,要塞炮以正对江面为主,陆上为次。要塞守备营的任务,则以掩护要塞炮台的安全,及弥补炮台火力之不及。

　　要塞司令部设在镇江城内河边街的仓库内。司令林显扬,我为参谋长。下设副官室、军需室、军械室。下辖象山、焦山、都天庙、圌山关四个炮台,一个守备营、通信连、工兵连。具体部署如下:

　　※ 作者原名王乐坡,当时系镇江要塞司令部参谋长。

象山炮台（简称象台）：位于镇江东码头附近，共有十二门炮。其中有二十四公分口径四门，有掩蔽部设备，射向正对长江江面，十五公分口径四门，配备在合山，系露天炮台，射向陆上和江面两用。每分台设台员一，每炮设炮兵一班。

焦山炮台（简称焦台）：位于长江中心小岛上，与象台隔江而望，共有八门炮。都是九五毫米口径，射向水陆两用。每门炮设台员一，炮兵一班。

都天庙炮台（简称都台）：位于长江北岸，共有八门炮。其中二四毫米口径有四门，设有永久性掩蔽部，射向正对长江江面，还有九公分五口径四门，可以机动使用。每门炮设台员一，炮兵一班。

圌山关炮台（简称圌台）：位于大港镇附近，距城约五十华里，共有十二门炮。其中有二十四公分口径四门，设在江边，有坚固掩蔽部，射向正对长江江面，另有九公分五口径八门，分设龟山一带，均设有掩蔽部，射向水陆两用。每分台设有台员一，每炮设有炮兵一班。

守备营一，位于象山营房，下辖步兵连三，重机枪连一，通信连直属司令部指挥，工兵连由军政部城塞组临时调用。

江阴要塞失守后，其司令许康撤到镇江要塞，向我们介绍了前方军情，知悉我吴（苏州）福（山）、锡（无锡）澄（江阴）两线均已失去防御战斗作用，敌乘势西下已向我镇江第三道防线推进。我要塞部队，迅即进入战斗准备。

司令部首先在守备营采取自愿报名的方式，挑选了五十多名敢死队员，置司令部内，随时听候调遣。战士们踊跃报名，抗战情绪高涨。随后，司令部向各炮台和守备部队下达了战斗命令：

一、守备营第一连，附重机枪两挺，通信兵一班，立即进入禹山阵地，监视丹徒镇方向敌人动态，如发现有情况，即向指挥所报告。

二、守备营第二连，附重机枪两挺，通信兵一班，进入镇象路小高地，对沪宁铁路、公路严密防范，左与第一连联系，右与北固山军十哨联系。

三、守备营第三连，工兵连为预备队，归守备营副营长指挥，并由第三连派军士哨驻北固山甘露寺附近，瞭望敌我情况。

四、象台、焦台、都台、圌台官兵进入各炮炮位，随时进入战斗，并与指挥所联系。

五、敢死队归指挥所直接指挥，随时听候调遣，队长不得离开岗位，并严密注视镇象公路情况。

六、司令部非作战人员，归秘书汤赞清指挥（此时副官室主任已离职），携带案卷、器材先转江北六圩附近，设立后方，并与都台取得联系。

七、司令、参谋长等立即进入象山指挥所。

十一月中旬，第七十一军军长王敬久率部到达镇江附近，日军攻打镇江前夕，王敬久率军部撤至龙潭，第八十七师由师长沈发藻带领继续留驻镇江，与镇江要塞保持联系。日军紧逼镇江时，该师全部撤回南京①，我要塞区乃与江苏保安处保持联系。

常州、丹阳失陷后，敌即分两路向镇江进攻，一路沿镇（江）丹（阳）公路进犯，另一路沿镇（江）常（州）公路进犯。不日，敌一部已进入我要塞区，与我守备禹山阵地的守备营第一连接触。敌军发起猛烈攻击，我守备战士英勇还击，敌伤亡惨重，即仓皇撤退。

第二天晨，敌军再次进犯，我守备营第二连机枪协助第一连给敌以重创，敌即改道沿公路向镇江城前进。此时友军第八十七

---

① 据查，第八十七师曾留下第二六一旅驻守镇江，十二月六日奉刘兴命令向南京撤退。

师已离开镇江，开往南京，保卫镇江城，只有依靠江苏省保安部队①。同时江苏省政府主席陈果夫、保安处长项玫庄，正在奉命向韩德勤（接替省主席兼警备司令）、李守维（接替保安处长）交接中，镇江城内秩序已十分混乱，新省府边接收、边撤退，保安部队边抵抗、边掩护。

据省保安处联络参谋吴震报告，敌军占领丹阳后，逐步逼近镇江，正与友军激战中，江苏省政府已开始撤离镇江城转移扬州；镇江城仅留两个保安团掩护省政府转移，其余保安团全部撤到江北去了。

根据以上情况，司令部又作如下布置：

一、联络参谋吴震仍随省保安处撤到扬州，使要塞与保安处确保密切联系。

二、司令部后方由六圩转移到施家桥（离扬州二十华里）。

三、守备营严守阵地，防敌继续进犯。

四、各炮台台长严守战斗岗位，严密监视长江江面敌舰活动。

五、敢死队严守镇江城通往象山的公路，并派出军士哨驻北固山附近，监视敌情。

六、预备队派必要兵力，控制沿江民船，做机动使用。

七、司令林显扬暂离指挥所去江北后方司令部，维持后方事宜。参谋长带必要人员，仍留象山指挥所，坚守岗位，负责指挥。

十二月五日晚，据北固山哨所报告，城外枪声四起，城内未见动静，但见西街商业区已起大火，烟雾冲天。我判断敌人尚未进城，可能是友军撤退时放的火。

---

① 据了解，第八十七师一部撤离镇江后，从江阴退回的第一〇三师、第一一二师残部奉命守备镇江，苦战数日，又奉命调回南京。

六日早晨，北固山哨所报告：城内闻有鞭炮声，据查是汉奸迎敌进城。又报，敌人已进城。这样，我象山炮台成为敌人的后方，孤立无援，乃决定放弃象山炮台，并电话请示司令同意后，立即下达撤退命令：

一、命象台迅即拆下炮栓及弹药、器材等，转移到都台，协助都台继续抗敌。

二、守备营第一连撤回荡田村高地，掩护象台渡江，第二连撤到合山西南高地，监视镇象公路情况，象台渡江后，工兵连立即渡江，占领都天庙两侧阵地，掩护都台，并抗拒敌军渡江。

三、敢死队掩护指挥所人员渡江后，转移到焦台，归该台台长指挥，掩护炮台，继续作战。

四、指挥所撤到都天庙附近，继续指挥焦台与都台作战。

十二月七日晨，敌步兵在八辆坦克的掩护下，从北固山沿镇象公路向我象台方向推进。我焦台发现敌情，立即集中火力向敌坦克猛烈炮击，击毁敌坦克两辆，打死打伤敌兵数十名。敌人被迫停止前进，旋向城内撤退。

十二月八日晨，敌采取报复手段，派来十二架轰炸机，在焦台上空轮番轰炸，我焦台设备全部被毁，官兵伤亡三分之一，已无法继续战斗。我当即命焦台台长和敢死队残余官兵，自筹运载工具，向江北转移。此时民船已无法控制，他们将门板、木材捆扎成筏，三五成群，分别向江北岸方向划去，到十二月八日晚十二时左右，才先后到达江北指挥所报到。据敢死队队长焦建和说，因值潮退，无力斗胜潮退水力，有一部分顺水漂到扬中县芦苇中，辗转强渡过来的。

十二月九日晨，扬中江面的敌舰两艘开始活动，谨慎前进。我都台观察所发现敌情后立即报告。中午十二时左右，敌舰进入我有效射程内，我都台即以猛烈炮火向敌舰射击，敌舰只得后退。第二天中午，敌轰炸机数十架飞临我都台上空轮番轰炸，将我都台建筑工事和营房彻底炸平，幸有坚固掩蔽部，我官兵仅伤亡十余人。

从此我镇江要塞失去江防作用，即命各台残余官兵，先到高邮集中待命，命守备营、工兵连仍坚守江边阵地，继续抗拒敌人渡江，并与保安部队保持联系，指挥所移至施家桥，司令部后方转移到高邮，收容要塞官兵待命整编。

十二月十一日晨，我江边守备部队与渡江敌人展开激烈战斗，相持十余小时。敌以海空优势，于下午五时左右，突破江边防线，强行登陆。我守备部队被迫放弃江边阵地，转移到施家桥一线，继续抗敌。

扬州警备司令部和保安总团部，匆忙转移到苏北淮阴县。我要塞守备营，已失去掩护要塞的任务，奉命转移到高邮待命整编；指挥所同时撤销，镇江要塞的抗日任务到此结束。

圌山关三炮退敌舰

彭永义[※]

圌山关炮台与镇江焦山炮台、象山炮台、江北都天庙炮台同属镇江要塞司令部，它在镇江市东北约三十公里的地方。敌军进逼镇江后，该台少校台长卢佐周随镇江要塞司令林显扬撤往苏北，行前命令上尉台员俞某自毁炮台，撤走大炮，把探照灯、发电机等设备拆下埋藏。任务完成后，俞某带领士兵一百多人分别乘船过江。其中我和十一名炮台士兵，因为在圌山驻防日久，有的已在龟山头附近的村庄成家立业，有的出于民族义愤，准备留下抵抗。因此不愿随部行动，俞某表示同意，并给了我们一个"敢死队"的名义，指定骆熺标为队长，留下相机抗战。我当时系炮台炮手，骆熺标系少尉台员，此外还有刘福贵、谢翔贵、肖某等，都是炮兵。部队在撤走前，把圌山关炮台的九尊大炮中的八尊拆除带走或沉入江底，另有龟山头的一尊，尚存炮位。骆熺标和我们计议，先把龟山头炮位上的一尊大炮修复，再把散落在

※　作者当时系镇江要塞圌山关炮台炮手。

江边的炮弹搜集搬运到山顶的炮座旁边,并轮流在江边瞭望,准备痛击来犯之敌舰。

自江阴失守后,日舰艇一路无阻,溯江西上。于十二月八日逶迤驶抵圌山前面的宽阔江面,梦想着一过圌山关,就可以安抵镇江,克期会攻南京。

一向自诩为"所向无敌"的"大日本帝国"海军,万万没有想到,就在他们得意忘形的时候,龟山头山顶上的中国炮兵战士,早已做好开炮的准备。我们发现敌舰以后,个个义愤填膺,立即集中到龟山头山顶,由骆熺标瞄准指挥,我负责开炮,刘福贵、谢翔贵、肖某搬装炮弹,一切准备就绪。当敌舰驶入我有效射程内后,只听得骆熺标一声令下"放!"我立即发射,炮弹脱膛而出,直向敌舰飞去,落在敌军先锋舰的船头旁边,激起的水柱有两三丈高,敌舰的船头满是淋漓的水沫。骆熺标见一炮未中,立即调整发射角,敌军惊魂未定,第二发炮弹又飞驰而来,可惜稍有偏差,又未中目标。骆熺标再次认真瞄准,发出了第三炮,这一炮不偏不倚,正中先锋舰的尾部,舵机失灵,该舰在水面上失去控制。日本指挥官晕头转向,以为在圌山关前遇到了劲敌,便下令掉转船头,退到离龟山头三十里的北岸三江营江面暂泊。我们在山上远远望见敌舰尾部冒起烟火,知已击中,斗志更加昂扬,立即装好第四炮,满以为这一炮轰出去以后,可以击沉敌舰,不想这些从西方军火商手里买来的弹药和炮身不合质量要求,炮弹不但没有打出,反而把炮身炸坏了。我们眼睁睁地看着敌舰逃脱,只得快快下山。

第二天一早,便有三架日本侦察机飞临圌山上空,低飞俯瞰,进行空中侦察,但圌山和五峰山被森林覆盖,寂然无声。侦察机去后,又派来轰炸机,向森林、山谷中狂轰滥炸,半山西林寺的庙屋被炸塌一角,嶙峋的怪石,被炸得火星直冒。日机连续轰炸两天以后，仍不放心，十二月十一日，才由攻陷丹阳城的久保田部队，一路烧杀抢掠，经埤城急行军来到圌山关炮台，发现炮台已毁并无守军，又到附近村庄搜索，仍一无所获。抢掠一天以后，才爬上龟山头的山顶，向日舰发出旗语。停泊在三江营江面的日军舰队，起锚开航，经龟山头慢慢向西驶去，抵达南京时，比原定的日期推迟了三天。不然南京城更不堪设想，不知要增加多少万无辜军民死于日本军国主义者的屠刀之下。

在撰写本文的过程中，得到骆熺标同志的儿子骆正伦的帮助，在此谨表谢意。

第二军团驰援南京述要

韩　浚※

　　国民党陆军第四十八师，是原奉系军阀张宗昌三十多万部队中待编留下来的一个师，官兵全是北方籍，他们身强体壮，训练有素，战斗力很强，抗日情绪很高。九一八事变后，尤其是日军占领东北以后，部队中掀起了抗日高潮，个个摩拳擦掌，愤慨不已，提出了"打倒日本帝国主义"的口号。东北籍的官兵喊出了"打回老家去"的最强音。

　　上海作战正紧张时，军事委员会命令第二军团之第四十一师和第四十八师的士兵全部抽调出来，补充上海作战伤亡较大的部队，限定班长半数以上，连排长三分之一，士兵全部，由营级人员率领，迅速向上海输送。这两个师调走了一万多人，留下来的班、排、连长是经过挑选的，也留下了少数年轻力壮而又识字的士兵，因此，该军成了个空架子。这次变动，部队思想波动更大，有的人请求到前线去抗日，有的偷偷地追赶上船，有的甚至

―――――――――
　　※　作者当时系第二军团第四十八师第一四四旅旅长。

由沙市坐交通汽车赶到武汉。很多人哭哭啼啼地说："我们也是
国家的军人，为什么不要我们去上海抗日！"其爱国热情甚是感
人。哪一个热血男儿不想在生死存亡的关键时刻报效国家呢？但
是，部队还要存在下去，以后的部队还要寄托在他们的身上。

老兵抽走以后，很快地接收了新兵，来一批就训练一批。不
到一个月的时间，即奉命到河北保定参加抗战。虽然兵员还未补
足，训练的时间又不够，但官兵还是乐于上前线杀敌。部队在湖
北沙市临上船时，又接收了几百个新兵。他们在船上换上军装，
领取枪支弹药，学习怎样装退子弹，怎样瞄准射击，怎样投掷手
榴弹。当我们的船到达武汉时，听说任务突然改变，由武汉直开
南京①，参加保卫首都的战斗，接受负责南京外围栖霞山的守备
作战任务。第四十一师先我们出发，等第四十八师到南京时，他
们在栖霞山地区已同敌人接触好几天了。

我们是十二月八日在南京煤炭港登陆的。由于在武汉补足了
粮弹，到南京后便直接占领了尧化门一带阵地②。这时，第四十
一师也奉命从栖霞山撤守乌龙山要塞。第四十八师的左翼是第四
十一师，右翼是装备较好的桂永清的教导总队。从乌龙山到紫金
山一线的阵地，尧化门是战略要点。由于第一四四旅是未经训练
的新兵，所以在开始对敌战斗中感到力量十分薄弱，有的把头埋
在地下盲目地射击，有的投掷手榴弹不知道拉引线，有的把手榴
弹扔出去，不但没有炸死敌人，反而炸死、炸伤了自己。尽管如

---

① 据中国第二历史档案馆藏《第二军团增援南京战斗详报》记载：
该部于一九三七年十一月二十九日奉蒋介石之命开赴南京抗战，十二月二
日由汉口开始船运先头第四十一师之第一二一旅及其师部于十二月四日上
午十时到达南京下关煤炭港登陆，即向甘家巷前进。后续部队于十二月八日
先后登陆完毕。

② 据中国第二历史档案馆藏第二军团增援南京战斗详报记载：第四十
八师（欠一团）占领杨坊山 122.5 高地北麓、薛氏坟、曹村、和尚庄、杨
家边下西风头、曹庄之线。

此，第一仗还是打得不错的，这当然归功于身先士卒的老战士和中下级干部。几天的战斗，各团伤亡很大，但毕竟打出了一些经验，战士们越打越强，越打越勇，战斗情绪很高。所以敌人的多次猛烈进攻，都被我们击退，尧化门安然无恙，阵地依然在我们手中。

当敌军开始向我阵地大举进攻时，除大量的炮击外，每天从早到晚都有几十架飞机助战，对我阵地轮番轰炸，炮声和飞机轰炸声使很多官兵在三天后才恢复正常的听觉。我们第一四四旅伤亡的情况是：第二八八团原有兵力一千人以上，最后只剩下六百多人，第二八七团伤亡接近一千人，赵我华团长受了重伤，至于中下级干部的伤亡也不在少数。

本来，尧化门的守备任务是由第四十八师的第一四二旅和一四四旅共同承当的，可是第一四二旅在南京保卫战中，并没有全部参战。原因就在师长徐继武身上。对徐继武，我并不完全了解，只知道著名的"临城劫案"① 与他有关。当时，有一批几个国家的外侨从上海乘火车北上，在临城遭土匪头子孙美瑶劫持。这件事震动了世界，也吓坏了北洋政府。因此，招安了这股土匪。徐继武就是孙美瑶下面的二等头头。后来徐在张宗昌部队中当了营长，打仗非常勇敢，在团长任内同冯玉祥部在南口作战，光着膀子冲锋陷阵。但他当旅长以后与当团、营长时判若两人。我师于十二月八日登陆后，即同敌军开始接触，他控制着第一四二旅，在远离阵地的一个小森林中同身边的卫士打麻将消遣，作战指挥由参谋长担任，而参谋长也仅仅每隔一小时从电话里询问

---

① "临城劫案"发生于一九二三年五月五日，当时由津浦路北上的一列客车，在山东临城站附近遭土匪劫持。乘客二百余人，包括外侨二十六人，其中有著名的《密勒氏报》记者鲍威尔，除少数逃脱外，全被土匪绑架圈禁。此案震惊中外，英、美、法、意、比五国公使向北京政府提出最严厉抗议。北京政府派代表与土匪几经谈判，至六月中旬始获和平解决。这批劫车土匪被北京政府收编为山东新编旅，一变而为北京政府的官兵。

战情而已。直到他知道我们旅伤亡很大时，才增派了一个团由我指挥。

我们第一四四旅的新兵，在老战士的影响下，在战斗中打出了一些经验，战场表现不错。有一次第二八八团曹毅团长发现我阵地右前方有三十多辆敌人的坦克开来，并尾随着很多步兵，我也在望远镜中看到了这一情况，当即命令曹毅，集中一部分轻重机枪和集束手榴弹，以一连以上的兵力隐蔽在敌人必须经过的小森林内，进行伏击。当敌人走进伏击圈后，指挥员一声令下，各种武器一齐发动，敌人的坦克有的被炸毁了，有的被打翻了，有的掉头向后逃窜，把自己的前进部队冲得七零八落，一时间尸横遍野。战斗结束后，我们缴获了几辆坦克，可是无法开动，只好把它们炸毁。

还有一次，敌人向我们攻击得最紧张时，我亲临阵地，结果我手上拿的棍子炸断了，贴身的望远镜也炸坏了，而我自己并未受伤。当时只觉得似乎有一股力量推了我一下。那次战斗中，我旅第二八七团团长赵我华受了重伤。

第一四四旅在进入阵地后与友军教导总队协同很好，双方经常联系，交换情报。可是到了第五天，我们右侧方敌军攻得很紧，这才发现教导总队已经不声不响地撤走了。我们只得两面受敌，所以伤亡更大。

我军由于新兵多，战时盲目射击，弹药消耗很大。而我们粮弹补充点指定在南京城内，军部师部领粮弹的军需人员有去无回，电报电话不通，城里的情况及各友军战斗的情况全不知道，派赴各方面的联络参谋也无人回报。当第一四四旅的弹药快到山穷水尽的时候，散兵传来敌军攻进南京城的坏消息，更感孤军作战之苦。经徐源泉军长决定，全军于十二月十三日从周家沙、黄泥荡两码头渡江，经安徽回湖北。

第七十四军参加南京保卫战经过

王耀武[※]

一九三七年八月十三日，日军在上海发动侵略战争，驻军奋起抵抗，战事甚为激烈。在上海一带地区的争夺经三个月之久，日军看到由正面攻击牺牲大而进展慢，就在十一月上旬，派舰队掩护陆军在金山卫登陆，企图包围我在上海一带的军队而歼灭之。我军被迫撤退，接着就是保卫南京的战役。我当时任第七十四军第五十一师师长，参加了这个战役。

这年十一月十一日，第七十四军军长俞济时率领军部直属部队及第五十一师王耀武部、第五十八师冯圣法部，由罗店附近向后撤退，行至望亭时，军奉令占领望亭一带掩护各军撤退，任务完成后，经苏州、武进、句容，向南京撤退。到达南京为十一月二十八日，军驻通济门淳化镇中间地区。该军在上海一带作战牺牲甚众，缺额很多，军长俞济时及一般军官都希望撤至一个较安全的地点，整训一个时期再行作战。俞济时听说蒋介石在南京，

※ 作者当时系第七十四军第五十一师师长。

就去见蒋报告部队已打残破，需要整训，蒋介石不但未准，而且决定该军加入南京保卫战的序列（该军辖两个师，每师两旅四团。这时全军约有官兵一万七千多人，轻重机枪、迫击炮齐全。该军是国民党军队中装备较好的一个军）。俞济时没奈何地被留在南京了。俞回到军里对我说："固守南京的部队最初并没有把第七十四军计划在内，第一军胡宗南部都过了长江，现驻浦口一带，没有把他们留在南京，反而把七十四军留下了，看情况南京是守不住的。何应钦、白崇禧，以及所见到的其他将领都不赞成守南京，只有委员长和唐生智主张守，唐生智自告奋勇，担任保卫南京的最高指挥官。你看南京能守得住吗？"我说："我看没有守住南京的有利条件：一、各部队新从上海撤退，士气不振，一般官长身在江南而心已过江北。二、唐生智的长官部是临时凑合而成的，所指挥的部队是临时调拨的，这些部队他过去都没有指挥过，他不了解各部队的情况，也不了解敌人的情况。三、要守南京城，必须守住城郊的要点，地区大，兵力单，难以形成纵深，易被突破。因此我也认为南京不易守住。"

蒋介石为了鼓励各将领，振奋士气，在南京铁道部一个不大的会议室里召开了保卫南京的军事会议。到会的计有唐生智、罗卓英、钱大钧、王敬久、桂永清、俞济时、宋希濂、孙元良、叶肇、邓龙光、王耀武、冯圣法等人。会场气氛沉闷，悲观情绪笼罩全会议室。蒋介石在会上的讲话要点如下：一、南京是中国的首都，为了国际声誉，不能弃之而不守。二、南京是总理陵墓所在地，我们如不守南京，总理不能瞑目于九泉之下。三、大家要有破釜沉舟的勇气和不成功便成仁的决心。四、南京郊区有预先做好的国防工事可利用，兵力部署要纵深有重点，紫金山、雨花台等要点不能放弃，必须坚守。五、我已调云南卢汉等部生力军集中武汉，以备解南京之围。六、唐长官见危受命，你们应服从他的指挥。在蒋介石讲完以后，唐生智接着说："守南京的任务是艰巨的，在这种情形下，只有鞠躬尽瘁，死而后已。"在蒋、唐两人讲话后，到会的将领彼此看看，没有人讲话。关于南京能否守住的问题，在会前议论纷纷，内心明知南京不能守，但没有什么人敢在会上提出具体意见。

日军一天天接近南京，南京的情况也一天比一天紧张。第七十四军奉南京卫戍司令长官唐生智的命令，占领淳化镇、牛首山一带的既设阵地，加强工事，严密警戒，防敌来犯。军令第五十一师占领淳化镇①，第五十八师占领牛首山，军部在通济门外的一个村庄里。部队进入阵地后发现淳化镇、牛首山一带预先做好的钢筋水泥的国防工事，有的用土埋着，有些机关枪掩体的门还锁着，开不开门，机关枪掩体的枪眼一般做得太大，不适用，极易被敌人发现目标，集中火力向我射击。因此官兵对既设阵地的国防工事甚为不满。十二月七日上午正在抢修工事之际②，据报告敌人经句容向我前进，离淳化镇只有三十华里；至午后四时敌

---

① 据中国第二历史档案馆藏《陆军第五十一师于卫戍南京战斗之经过》记载：师以主力担任方山玉淳化镇之守备，以国防工事为主，构筑野战阵地，尽量联系加强之。以一部位置于高桥门、河定桥（不含）之线，构筑预备阵地，向湖熟镇派出警戒部队，严密监视，左与第六十六军，右与第五十八师切取联络。以第三〇一团占领右由宋墅（含）经淳化镇迄上庄（不含）之线，左与第六十六军切取联络。以第三〇二团占领右由方山（含）左迄宋墅（不含）之线，右与第五十八师切取联络，限三日内完成可御中口径炮弹之防御工事。以第三〇六团为师预备队，位置于宋墅附近策应第一线部队之战斗，重点保持于左翼。以第三〇五团位置于高桥门至河定桥（不含）之线，构筑预备阵地。师部位置于上方镇之城墙里、湖熟镇。又由第三〇一团派步兵一连担任警戒。句容、汤水（汤山）、秣陵关一带均派有严密之斥候幕监视敌情，并与友军保持联络。

② 据中国第二历史档案馆藏《陆军第五十一师于卫戍南京战斗之经过》记载：十二月四日下午二时，由土桥、索墅西犯之敌约五百余人，与该师淳化镇前进部队接触，同时由天王寺西犯之敌骑百余，后续步兵五百余人，则直趋湖熟，亦与该处警戒部队接触。

人的小部队已与我警戒部队发生接触。八日拂晓，敌步兵在其炮火及飞机掩护之下，猛烈向我淳化镇的阵地攻击①。此时在牛首山的第五十八师也在与敌激战中。我空军及苏联空军志愿大队的轰炸机及战斗机，奋勇向来犯的敌机反击，空战甚烈，敌机被我机击落两架，我机也被敌击落一架。在南京保卫战中苏联的空军志愿大队表现得异常英勇，为保卫南京尽了极大的努力。官兵对苏联空军志愿大队为维护正义而奋斗的精神，甚为钦佩。我师第一五一旅旅长周志道在电话里对我说："苏联的空军真勇敢，使我万分钦佩。"

八日，第五十一师，第五十八师与敌激战至黄昏，主阵地仍未被突破，夜间继续战斗②。九日上午八时，敌以步炮空联合向我淳化镇、牛首山一带阵地攻击，尤以淳化镇的战斗为激烈。战至十时，敌战车六辆也投入淳化镇的战斗，平射炮也续有增加，以平射炮集中火力，向我开着大口的钢筋水泥的机关枪掩体中射击，我重机关枪被打坏了很多。炮火连天，血肉横飞，我官兵有的被打断腿、臂，有的被炸出脑浆，伤亡很多，张灵甫也受重伤。淳化镇、牛首山阵地均于九日先后被突破③。俞济时将战况报告了唐生智，唐即决定第七十四军撤至水西门附近，以一个师担任守备，一个师为预备队。

---

① 据中国第二历史档案馆藏《陆军第五十一师于卫戍南京战斗之经过》记载：十二月五日午淳化正面敌军增至两千，炮十门、飞机数架，向该师阵地猛轰。六日汤水镇（汤水）失守。

② 据中国第二历史档案馆藏《陆军第五十一师于卫戍南京战斗之经过》记载：七日敌向方山迂回，威胁淳化侧背，正面继以炮火猛轰。三日来，该师伤亡九百余人，打退敌十余次进攻。

③ 据中国第二历史档案馆藏《陆军第五十一师于卫戍南京战斗之经过》记载：八日晨，敌由湖熟开到增援部队，并以主力猛攻淳化阵地，当晚接长官部命令，放弃淳化、方山阵地，向河定桥（不含）、麻田桥之线转移。

第七十四军奉命即由淳化镇、牛首山一带地区向水西门集结。俞济时令第五十一师担任水西门一带的城墙及水西门外的防务，迅速构筑纵深工事而固守之。第五十八师在城内集结于水西门以东地区为预备队，左与第八十八师的战斗地境联结，以中华门、水西门中间的城墙角及该城角以左一百公尺处归第五十一师，左归第八十八师。非有命令不准溃散，官兵进入防线以内，以免敌人乘机混入。我即以第一五一旅周志道部担任水西门外的防务，以第一五三旅李天霞部担任沿城墙的防务，占领水西门、中华门间的城角及其以左一百公尺处之城墙阵地，左与第八十八师密切联系，加强工事固守之。十一日，在水西门外湖沼地带，发现敌人的侦察部队，当予击退。十二日上午七时许，敌步兵由雨花台以右地区，在其炮兵及战车掩护之下，向水西门外第一五一旅的阵地猛烈攻击。正值战斗激烈之际，敌战车三辆掩护其步兵向我阵地冲击，企图一举突破第一五一旅的防线。我军也集中炮火向其射击，敌战车慌张乱闯，其中有一辆一头栽到河沟里，人车皆亡，其余两辆仓皇后退。这时雨花台的战事甚为激烈，第八十八师的受伤官兵下来很多。敌攻占雨花台以后，继续在其重炮掩护之下攻击中华门，并增一部兵力，向水西门外第一五一旅的阵地攻击，我第一道阵地被突破，战至午后四时许，第三〇二团的团长程智阵亡（由吴克定接任该团团长），官兵伤亡甚重。在这一天由雨花台退下来的第八十八师工兵营等官兵的一千人，跑到第一五一旅阵地右翼（靠江边），要进入防线以内，守军不肯，双方开枪攻打起来，各有伤亡。情况之乱可见一斑。

十二日晨，据第一五三旅旅长李天露报称："八十八师的城墙阵地因没有部队防守，日军约有百余名由一五三旅阵地以左的地区乘隙扒上城墙，占领了我既设阵地，在其步炮协同下，向我一五三旅守城部队的左侧攻击，城墙阵地是固守城的一道重要防线，长官部为什么不督令各部确实占领，这样南京还能守吗？"
我回：敌人既已偷扒上城墙来，应集中力量迅速消灭他。李天霞
曾督率部队与敌反复争夺，均未得手。而敌继续增加，战事愈加
激烈。战至午后五时许，因官兵伤亡过大，该旅所守的阵地已岌
岌可危，水西门内外房屋被日军炮火打毁很多，数处起火，烟火
弥漫，死尸纵横，状甚惨烈。

十二日午后五时，俞济时用电话对我说："唐长官召集师长
开会，城里情况已很混乱，开会可能有重大的变动。"我建议说：
"战事正在进行，我不能立即离开。开会如研究到放弃南京的问
题时，不论突围或渡江，必须有周密的计划及准备的时间。应立
将江北岸所有的船只调到下关至八卦洲的江边，分配给各部，并
区分上船的码头，否则是不堪设想的。"俞又说："我也考虑到这
些问题，一定向上建议。"俞济时等参加开会的人到了长官部，
唐生智将已印好的突围命令立即分发各军、师长，很快就散了
会。这时天已黑，俞见情况紧急，立即派军部李参谋把命令送给
我，并嘱我师立即设法过江，过江后到滁州车站附近集结。我即
令第一五一旅到八卦洲附近绑扎木排过江，第一五三旅及师直属
部队至下关设法渡江，过江后到滁州车站附近集结。我下达命令
后，即率师部人员经城内中山路向挹江门前进，途中遇到第三十
六师的部队阻止各部队向下关撤退，并不断地开枪射击，子弹由
头顶上空嗖嗖飞过。向挹江门行进的官兵看到这种情形，有的主
张与该师对打，有的说，没有叫敌人打死，而被自己的部队打死
了，那才冤枉。我看无法由马路通过，又怕耽搁时间多了过不了
江，就绕道向挹江门走去。在行进中不断听到爆炸政府各部建筑
物的声音，马嘶人嚷，伤兵叫喊，乱腾到极点。各部队遗弃的伤
兵很多，其中勉强能行者，也拄着棍子向下关前进，一面走一面
骂。我到了挹江门，看到城门只开了一扇，人多门窄，极为拥

挤，甚至有被挤倒踩死的，有一辆马车挤翻在地下；人们光顾逃命，宁肯踩着马越过车而去，也没有人将倒在城门下妨碍行走的马和车拉开。

我出了挹江门，走到下关江边，看到各码头上的人很多，如同热锅上的蚂蚁到处乱窜。江里只有极少数的船只，无船的部队见船就抢，也有互相争船或木排而开枪的，有的利用一块门板或一根圆木而横渡长江的，有的看到过江无望而化装隐藏在老百姓家里的。我无船过江，正着急时，遇到军部张副官，他急忙对我说："军长和冯圣法等都已过江了，军长见到战事失利，早派人在浦口预备好了一只小火轮，这只火轮每次可以装三百多人，叫我来接你和部队。"我即带着一部分人上船过江，同时立即加派师部副官主任赵汝汉带着一部分武装兵，协同军部张副官接运第七十四军的官兵。经一夜接运及自行设法过来的约五千人，武器损失殆尽。至十三日天亮，敌人的兵舰已在下关八卦洲的江面上横冲直撞，来往逡巡，并用炮向我利用船只、木排、门板、圆木等渡江的官兵射击。被敌炮火及敌舰撞翻淹死的很多。十三日南京全部被日军占领，开始了惨无人道的大屠杀。

淳化阻击战

邱维达[※]

抗日战争开始时，我任国民党陆军第七十四军（俞济时任军长）第五十一师（王耀武任师长）第一五三旅（李天霞任旅长）第三〇六团上校团长。淞沪会战逐渐扩大后，接南京军事委员会训令，我部奉命参加罗店、施相公庙的守备任务，前后固守八十五个昼夜。一九三七年十一月初全线撤退，我部又调青浦、松江一线担任掩护整个战区部队撤退任务。任务完成后，我团尚在青浦，敌军已超越我一日行程，其先头部队已到苏州白鹅潭。为了赶上部队，我们在当地群众帮助下，穿越数道敌人封锁线，于十二月初到达南京东南的上坊镇、淳化镇与本师汇合，参加保卫首都之战。

我团到达上坊镇后，稍事补充，调整人员，准备继续加入战斗。一天，师长王耀武向大家宣布：上级来电话，召集团长以上将校军官到中山陵听委员长训话。

※ 作者当时系第七十四军第五十一师第一五三旅第三〇六团团长。

上午八时许，全军团以上将校军官四十余人陆续抵达军部，由军长俞济时率领向中山陵前进，途中躲了几次敌机轰炸，到达陵园墓道中间厅堂时，见到冯玉祥、何应钦、白崇禧、唐生智等高级将领已经到达。休息一刻钟后，蒋介石一行才乘车到来。蒋着戎装，表情严肃。他强调守卫南京的重要意义，向大家推出唐生智，并任命他为首都卫戍司令长官，要求我们绝对服从唐的指挥，共负保卫首都的重任。其实唐生智早在十一月二十日就被任命为首都卫戍司令长官了。

师自上海战场转南京后，奉命担任方山至淳化镇的守备，我团为师预备队，驻宋墅附近，任务是策应第一线部队的战斗，重点保持于师的左翼。十二月七日，我团接到师部命令，要我团策应第一五一旅（旅长周志道）作战，立即派一个营守备湖熟镇。我即派第三营胡豪营担任是项任务，他们与数倍之敌血战一天一夜，阵地屹立未动。八日，敌后续部队源源增加，大量坦克、重炮、飞机均加入作战，第一五一旅的程智团和张灵甫团阵地均被敌军突破，部队纷纷后撤。是日，师长下令转移阵地，我团撤至光华门外飞机场布置新阵地，继续抵抗。我到达飞机场后，见到有几架残破机体东倒西歪地停在机库内无人看管，油库、零件库储存物资不少，也没有人过问。

八日晚，我团布置阵地完毕，守至深夜，从牛首山撤退下来的部队要通过我团防线。为防止敌人乘隙突入，被我阻止。经询问，得知该部番号为第五十八师。有位姓吴的营长对我说："牛首山防线已被突破，部队损失严重，被打得七零八落，我只带一个连冲出来。"他还告诉我，敌军部队跟随而至，叫我做好准备。凌晨，第一五一旅也接着从淳化镇撤退下来。据周志道旅长亲自告诉我，敌军坦克和步兵紧跟后面，应做好一切准备。随后师长王耀武坐吉普车也到我团阵地。他说现在情况紧急，守备南京外围的阵地和据点，经过三昼夜激战，敌军主力部队已增援上来，淳化镇、方山等处均被突破。他命我团调整部署，在原阵地除留少数警戒部队外，主力撤进城，利用城垣为阵地，守备中华门到水西门之线。

十日晨，我团从中华门入城，正在部署新阵地时，敌机编队轰炸雨花台第八十八师阵地，方山方面敌炮兵亦开始向我城垣轰击，中华门城墙垛口被轰塌许多。此时我已意识到，一场守城恶战就在眼前。我将任务分配完毕，即带领一组侦察官到城外侦察地形，联系友军，组织协同。

午后四时许，南京城区战况已经激烈展开。我雨花台守军第八十八师防线，遭到敌军炮火的猛烈轰击，雨花台东、西高地失守，这样，敌就将炮兵阵地推到该处，掩护敌坦克和步兵直接接近，进攻城垣。炮弹像雨点似的落在城墙上，使守城官兵伤亡很重。我当时在中华门城上指挥所，发现敌坦克两辆掩护步兵企图通过中华门外军桥（此时没有大桥）。我命令集中步兵炮数门，直接瞄准射击，敌两辆坦克中弹掉入河中，敌步兵失去坦克掩护，纷纷后逃。我即令一个加强连出击，斩获数十人，士气为之一振。

敌我双方激战到十二日黄昏，南京城四周炮声隆隆，不绝于耳，机枪声、手榴弹爆炸声、喊杀声，更是此起彼伏，彻夜不停。这天上午九时许，第三营营长胡豪电话报告：中华门与水西门之间，城垣突出部有一段被炸开，敌攻城兵正在利用绳梯爬上城墙。我立即命令该营集中主力挑选一百名精壮战士组织敢死队，严令务必在一小时内，将突入城墙之敌完全肃清。命令下达后，营长胡豪亲率敢死队勇敢地向突破口冲杀过去，我亦指挥全团火力直接掩护。一时杀声震天动地，不到一小时，将突入之敌全部肃清，除战死者外，生俘十余人。在格斗中，我第三营营长胡豪、少校团附刘历滋不幸中弹英勇牺牲。我团虽奋力将该敌驱逐，然因受雨花台敌火力之俯制，兵力又极单薄，完全处于被动挨打地位。相持至晚七时，接师长王耀武电话：南京全城战况混乱，要作有计划战斗已经不可能。为了保持一部分实力作尔后长期作战计，部队完成当前任务后，应相机撤退，浦口以北为撤退方向。我接到电话后，认为情况不妙，任务亦艰巨，正与敌胶着时，如何后撤呢？在包围状态下哪里是后方呢？于是我集中几位营连长在城墙上研究撤退方案。敌人发现了我们手电光亮，向我处扫射，我左腿中弹骨断，幸有团附继续指挥。我被担架抬下战场，由于流血过多，已昏迷不醒，等我苏醒过来，人已在下关码头。

我在中山码头停下约一小时，眼见下关一带情形比战场更凄惨！从前线退下的散兵、伤员、后方勤杂部队、辎重、车辆以及眷属、老弱妇孺，把沿江马路挤得水泄不通。一会儿江中的敌舰机关枪扫射过来，侦察敌机掉下几颗照明弹，吓得人群乱窜乱逃，到处是哭声、呼救声、喊声、怨恨声，搅成一片。

夜已深，仍无法过江，我的副官和卫士只好分头去找船。分开不到一刻钟，忽听江中遥远处有人在呼喊我的名字："五十一师邱团长在哪里？"连续几声，犹如天降喜讯！我停住呼吸细听，喊声来自煤炭港方向。等我们赶到煤炭港，发现江中停有一艘机动船，离我们约有二百米距离，船上的人声已经听得十分清楚。后来我才知道，这条船是交通部部长俞飞鹏留下给俞济时过江用的。因王耀武听说我没有过江并又负了重伤，特请示了俞济时，留下船并派一位副官和两个卫士来接我的。由于岸上人山人海，船离岸尚有三十米远，就有大批人跃进江里，向船游去，几乎把船弄翻。后来我被一条绳索的一头系着腰，从水中拖拉上船，才得以离开这座被血染红了的城市。

第八十七师在南京保卫战中

陈颐鼎[※]

一九三七年八一三沪战爆发之前，第八十七师正驻防常熟附近，奉命先车运到上海地区参加战斗，一直打了三个月。于十一月中上旬撤退至镇江附近，一面整补，一面做人事上的调整，免去王敬久的兼任师长职务，专任第七十一军军长，第八十七师师长由副师长沈发藻升任。时该师辖有两个步兵旅，一个补充旅，后又将补充旅改为第二六〇旅，合计为三旅六团，和炮、工、通信、运输、特务等营，我任该师第二六一旅旅长。十一月下旬镇江已是人心慌乱，市面店门紧闭。设在镇江的江苏省政府各机关，纷纷过江向扬州城迁移，镇江城死一般的沉寂。有一天王敬久要我去见他，并交给我一份由江苏省政府主席陈果夫转来的蒋介石用红铅笔写给我的手令，派我兼任镇江警备司令，赶快就职，归驻龙潭副司令长官刘兴指挥。王敬久对我说："这一任命我事先一点都不知道，既是要你在镇江负责，那就将二六一旅留

※　作者当时系第七十一军第八十七师副师长兼第二六一旅旅长。

173

下，我带易安华、刘启雄两个旅先去南京接受任务，以后怎样办再说。"

自上海战场全面撤退后，国民党军接连丢失吴（苏州）福（山）线和锡（无锡）澄（江阴）线既设阵地，常州也相继陷敌。敌军分两路向镇江进犯（一路沿公路，一路沿铁路），时我警备司令部尚未组织起来。十二月初，镇江外围战斗就打响了，以镇江南部竹林寺、鹤林寺等地战斗打得最为激烈，另有日军六辆坦克沿丹徒到镇江公路窜抵市中心，均被我军击退。

十二月六日，刘兴电话通知我说："今晚有从贵州调来参战的第七师（番号记不清）①，开来镇江接替你的任务，你们交防后，回南京归还建制。"此时镇江外围阵地已形成犬牙胶着状态，整个阵地的调防已成为不可能，我只好命令部队相机交出阵地，然后自行到下蜀车站集合待命。我于六日夜十一时离开镇江先去下蜀车站等候部队。七日早晨，我在下蜀车站见有一列空火车从南京方向开来，经询问乃知是师长沈发藻派来接部队的。师部命令我旅到尧化门站下车，而后徒步行军到孝陵卫附近待命。

我部从镇江撤下后，即在下蜀开始车运，经过往返三次才将部队运完，这时已是七日近黄昏时分。在尧化门集中后，我们步行向指定地点集结。夜，很寂静。对一个刚离开战场的人来说，心情是轻松的。然而，我们所过村庄，到处是倒塌的房屋，到处是断墙残垣，到处是刺鼻的焦烟味，没有鸡叫，没有人迹。天亮后，上了京杭国道（宁杭公路），昔日孝陵卫的营房不见了，农科所的房子烧掉了，只有卫岗高坡上的孔祥熙公馆还是老样子。这一切又把人们带回到战火弥漫的战场。

八日拂晓，全旅官兵三千多人到达指定地点。鉴于在镇江连

---

① 据李莳萱同志回忆：十二月五日左右第一〇三师进抵镇江接防。

天战斗，加之由尧化门到集中地的一夜行军，官兵异常疲倦，乃令第五二一团在原中央体育场休息，第五二二团在钟灵街休息，旅部及其他配属单位，到孝陵卫休息，我偕参谋主任倪国鼎等人去城里找师长接受任务。不料走到中山门时，见城门紧闭，外面全用麻袋装土堆积，中间仅留一展望孔，城楼上三五个武装士兵头戴钢盔，左手臂上戴有黄底黑字的"卫戍"臂章，来回巡逻着。我们说明来意，要求进城，但他们坚决不许，并说非有长官部命令不许通过。我们只好退回卫岗，在孔祥熙公馆里架起无线电台向上级呼叫。

正当我们呼叫未通时，忽听部队休息方向响起枪声，我当时认为句容、汤山方面不会没有部队防守，可能出自与友军发生误会。正在猜疑中，忽见第五二一团司号长张某跑来报告，敌人已把第五二一团一个正在做饭的炊事兵抓走了，部队已展开，在体育场以西一带高地与敌人对峙着。我乃离开卫岗，在孝陵卫东侧高地用望远镜一看，当面队伍果真全是日军。遂将第五二二团展开在白骨坟、孩子里一线阵地，第五二一团后撤到遗族学校东侧一带高地，阻止敌人沿宁杭公路直扑中山门。时无线电台已与师部联系上，我即将我旅位置和目前情况以及打算向师部作了报告。师部复电同意我们的部署，并告知左右邻友军位置和战斗分界线后，再未有其他指示。

中山门外的战斗从此展开。这一天的战况，从早到晚敌人的飞机轮番轰炸，地面炮火不断猛烈轰击中山门及其以南城墙，有一段被炸开缺口。敌地面部队不断向我白骨坟、工兵学校阵地进行佯攻。大小五棵松村到紫金山东南麓一片树林，不知是谁放的火，火头顺着风向席卷般地由东向西蔓延，情况十分紧张。

九日天将破晓，我们发现小石山上空升起一个敌军观察气球，距地面约一千公尺，这是敌人利用它对紫金山以南地区到雨花台之间便于观察我方一切动态所为。继而敌军以密集炮火向海福庵、工兵学校我阵地猛烈射击，另有敌机多架配合轮番轰炸。大约三十多分钟火力袭击后，敌步兵约数百人以石家湾、大扬底、郭家底作进攻出发线，向工兵学校阵地冲击。由于这一阵地利用原有的永久工事构成强固闭锁堡，连连打退敌军多次冲击。从阵地前的敌尸中发现，进攻部队为日军第十六师团。当敌军第三次进攻受挫后，我向上级建议，由孩子里经张家上向小石山敌右侧背施行反击，结果以"万一出击不成，影响防守阵地兵力"为由，未被采纳。

十日，南京城郭阵地经敌军两天时间狂轰滥炸，已有许多阵地被炸平，光华门两侧城墙被炮火击开两个缺口。午后敌军一部在坦克掩护下，突破了我右侧友军第二五九旅阵地，另一部约近百名在密集火力掩护下，突入光华门城门纵深约百公尺，占据沿街两侧房屋作据点，掩护后续部队扩大战果，情况很严重。上级命令第二五九旅旅长易安华和我一定要把突入之敌消灭掉，恢复原阵地，"完不成任务拿头来见"！于是，我同易安华旅长商定，趁敌立足未稳，黄昏后开始行动，由他亲率一个加强团在通济门外向东北方向进攻侵入光华门之敌，我率两个加强营由清凉巷、天堂村协同第二五九旅夹击突入光华门之敌背后，并阻止小石山附近敌人增援。经过八个多小时浴血奋战，终于将这股突入之敌全部歼灭。光华门内外横尸遍地，敌人遗有尸体五具，皆为日军第九师团的。这场恶战，除许多建筑物毁于炮火之外，我第二五九旅旅长易安华、我的参谋主任倪国鼎，另有两位营长和三十多名下级干部、战士都牺牲在这一反击战中。这是南京保卫战中最激烈的一仗，牺牲的人们应永为后人所怀念。

十二月十一日，正面之敌再次组织了对我工兵学校阵地的争夺战，所有阵地前沿副防御设施，都被敌人炮火摧毁殆尽，而阵地始终屹立未动。这天战斗的最大困难就是伤员送不出去。原因是占据老冰厂高地的敌人，以火力封锁了光华门交通，我守城门部队不同城外部队协调，将城门和昨天被敌炮火击开的两个缺口全部堵死。这样，不仅伤兵不能后送，且连城内外有线通话也就此中断，多次向上级要求改善，均未得到解决。更奇怪的是当敌军对我阵地猛烈进攻时，中山门外路北我军炮兵阵地（部队番号已记不清），有普福斯山炮十二门，因怕敌炮火压制，拒绝我们的求援。

十二月十二日，我正面敌军活动情况较为沉寂，只听到雨花台方面枪炮声比较激烈，左翼紫金山有稀疏枪声，烧山的大火仍时断时续，我们同上级无线电联系到下午三点钟以后就中断了。入夜后，我派到左翼友军教导总队马威龙旅联络军官刘平回来说："看有广东部队（后来了解为叶肇部队）很整齐地出太平门往东北方向去了，拒不答复去向。马旅也正往左边铁路方面靠去。"这时我在四方城指挥所瞭望城内有三处大火，黑烟冲天；九时许又有乌龙山要塞炮向中山门城内外盲目射击，有些炮弹竟落在我们阵地上；中山门到光华门一段城墙上已没有守军。根据情况分析，我认为战局必有变化。但守土有责，加上本师官兵在南京城先后驻扎多年，一草一木都具有浓厚感情，谁都有同南京共存亡的意愿，谁也没想到南京保卫战就这样结束了！我乃商之副旅长孙天放，带领少数武装士兵去左翼铁路线方面作实际情况了解。孙十三日零时左右自和平门骑着自行车回来，我才知南京已经不守，所有部队纷纷向下关撤去等情况。当时我们的处境是右有老冰厂高地的敌人封锁了光华门去路，正面同敌人对峙着，后面就是护城河，只有向左往下关走一条路。以常理推论，南京城既是放弃不守，必会派出部队掩护大军转移，下关到浦口江面也会备有大量渡河器材，供给部队使用。我立即召集团长以上军官开会，让大家共同负责撤离阵地责任，也特邀了第二六○旅旅长刘启雄、团长谢家询、蔡祺、参谋主任刘云五等人参加，并要他们在决议上签名，表示共同负责。

十三日凌晨二时，我们开始从阵地上逐次撤退下来，派第五二一团第三营占领首蓿园村到中山凹之线掩护阵地，阻止敌人跟踪追击，并要该营逐次撤退到下关车站附近归还建制。三时许，我们从中山门出发，沿中山门通往太平门城外公路，和玄武湖东侧过和平门公路撤往下关。路过吴王坟时，我特地去看了一下近两天来因作战被打伤腿脚而不能行动的数十名官兵，告知他们出于无奈，不能一块行走的苦心（自十一日起光华门被敌人火力封锁不能通行，我们即在吴王坟附近开设了临时裹伤收容所，利用团属输送连力量一个个往下关送，由于路远运送工具少未能及时送完）。据后来了解，这些官兵都被敌人惨杀了。每当想起这些为抗日流血牺牲的战士，内心无比沉重和内疚！

南京城的保卫战，糊里糊涂地打了五天。在这五天战斗过程中，上级没有同我们见过一次面；没有尽他们应尽的责任，也没有告诉我们南京保卫战的一般部署情况，更没有向我们下达撤退的命令，事后也没有听说哪个指挥官因失职受处分。

我们自中山门集合地出发，便以急行军速度向下关车站奔去。沿途一片沉寂，马路上的路灯照常亮着，玄武湖内霓虹灯，仍像平日一样在一闪一闪地放光，唯有城内三处大火依然燃烧着，谁会想到这就是大屠杀的前夜呢？天刚蒙蒙亮，我们到达下关车站附近，随即映入眼帘的是一片黑压压的人群。到处乱晃。见状，我一颗因"擅自撤离阵地"而胆怯的心才放了下来。后又遇师部某副官，才知道王敬久和沈发藻等已在昨天下午过江去了，他是沈派来寻找师参谋长的。据他说，在煤炭港码头师部控有一艘渡轮，于是我带着部队向煤炭港奔去。

　　上午九时许，我们到煤炭港连个船影都没有看见，只看到沿江一些流散的官兵，有的在绑扎各种各样的排筏；有的已漂在水中，随波逐流，顺江而下；也有人被浪打翻渡江器具而哭号求救的。我目睹这些情况已知渡江不可能，加之从下关到煤炭港路上部队已被人群冲散，我只得带着少数人沿江向燕子矶走去，想突破敌人包围圈，在敌后村庄暂时躲避一下，再设法过江。午后三时许，我们已到燕子矶。当我路过乌龙山时，还看到一些工人正在给永久工事浇水泥，我劝他们不用再浇了，他们反以不能耽误工期作答。我到燕子矶后，看到随我而来的人很多，其中大部分是宪兵、警察和散兵，不下三千人。开始我很纳闷，后来我才知道因我身穿将级军官甲种呢军服大衣，所以他们把我当成高级指挥官，主动找我，要求跟我一起行动，听我指挥。我很作难，但又为这些力量的散失而可惜，更因有离群而走投无路的同感，我答应了他们的要求。我随即派跟我而来的旅部特务排十多人去山上警戒，告诫他们万不得已不许开枪，意在天黑后行动，旋将这些散兵集合起来编组部队。不料正在编组部队时，敌搜索部队同我派出的警戒部队打起来，而这些自愿听我指挥的人，一听到枪声，一窝蜂地四处逃去。

　　当时我身边只有两名卫士、一个副官和特务排长等七人，他们见敌人从山上往下追来，不由分说，把我连推带拥地拉到江边，不知从哪里搞来一块两丈长六尺宽的木板，像是军队士兵床铺，放到水里硬要我上去过江。我看这块木板浮力不大，有心摸出手枪自杀了事，可是，身边的手枪早已被卫士们拿走，真是求生不得，求死也不得。这时唯一的想法就是宁死不做俘虏。我要大家都上木板，就是死也要死在一起。木板离开江岸不到五十公尺，就逐渐下沉了，这些与我久共患难的战友为减轻木板上的重量，纷纷跳下水去，有的被江流冲走而没有下落，有的则在江中大声喊叫："我们有个旅长，谁能救他过江给他一千块钱！"由于他们纷纷跳入水中，木板早被蹬翻，成了斜立状态漂在江中。我掉到江里，手紧紧抓住木板一角，做最后挣扎。正在万般无奈之时，见身边漂来一个用六大捆芦苇扎成的浮排，上面有一人还放着一辆自行车。我请求搭救，他欣然将自行车掀入水中，拉起了我。他叫马振海，安徽涡阳人，是教导总队的上士看护班长。此时敌舰已在江面上横冲直撞，来往逡巡不已，并用机枪不断地对我利用各种漂浮器材顺流而下的官兵扫射，被打死或被敌舰撞翻漂浮工具而淹死的人无法计数。眼看着战友们的尸体不断从我身边流过，江水被染红，情景凄惨，目不忍睹。更可恨敌舰上日军面对自己犯下的滔天罪行非但不自责，反而拍手称好，真是令人愤慨万分！

十三日夜晚，我在马振海的帮助下，终于在八卦洲上了岸。上岸后，顿觉身冷肚饥，承一渔翁相助，我们吃了稀粥，换了湿衣。十四日太阳已半竹竿高时，我们摸到下坝，听说上坝有红十字会收容护理，又赶往上坝。那里挤满了人，不下数千，很乱，谁也管不了谁。我在八卦洲待了两天，幸遇跟我多年的老卫士和其他一些战友。我们利用从上游漂来的木头、门板扎成排筏，于十六日拂晓，趁江上大雾，穿过敌舰封锁，渡过夹江，到达江北。后听说留在八卦洲的官兵，在江边被集中残杀了！这真是世界战史上罕见的残暴事件！

护卫团旗退出南京

韩时忱[※]

　　一九三七年全面抗战开始时，我在国民党第八十七师第二六一旅第五二一团担任中尉副官，参加了八一三上海战役。十一月初，我师奉命自上海撤到苏州、无锡、常州、镇江等地。当时沪宁铁路沿线的城镇遭受日军飞机轰炸，老百姓相继向铁路两侧较远的地带逃难。十二月六日，我师从镇江乘火车到达南京[①]，分担卫戍首都南京的防务。

　　我部到达南京时，日军步兵、坦克正尾随我军撤退的路线跟踪前进，每天还派不少飞机轮番到南京轰炸。机场、火车站、沿江码头和重要军事设施，都遭到不同程度的毁坏，政府重要部门也是日机轰炸的主要目标，商业区、居民区、大学以及文化部门，都落了不少炸弹。炸死炸伤的人比比皆是，被炸起火的房屋几乎每天都有几起。南京城内的山脚下、城墙下，挖了不少防

　　[※]　作者当时系第七十一军第八十七师第二六一旅第五二一团副官。

　　[①]　该师主力时已先期到达南京，这里指第二六一旅。

181

空洞。

我团卫戍南京的防地，先在城东灵谷寺一带，后来撤到孝陵卫一带。这个团经过淞沪战役的消耗，补充过四次，新兵约占三分之二，战斗力大为削弱。

我带领一部分非战斗人员，住在太平门内遗族学校的一个附属单位里，担任向前线做后勤支援。

初到南京，尽管日机轰炸得很厉害，但城郊附近，早上还可买到青菜等副食品。随着战事迫近南京，轰炸加剧，店铺关闭，摊贩也跑光了，我们不得不到附近菜农家买些白菜、萝卜等物，做好饭菜，供给前方。

十一月上旬，南京国民政府各院、部早已迁往武汉。国民党各级官员、富商大贾，也早已撤离。留下来的人，除了有战斗任务的军事人员外，老弱妇女居多。唐生智将军被任命为南京卫戍司令长官，他曾发出豪言壮语："誓与南京共存亡。"

由于国民党军的后撤，战场日渐迫近南京，终日炮声隆隆。日机的轰炸于十二月九、十两日达到了高峰，从早到晚，轰炸不停。城内被炸多处起火，遗族学校附属单位附近落了不少炸弹，有些老百姓被炸得血肉模糊。

十二月十一日上午，我和团指挥所还有联系，送去一些物品。回来的人说，前方战斗极为激烈。当天下午五时许，前方电话不通了，我想可能是电话线被炸断了，两次派通信兵前往查看，都未回来。这时我们这一摊只剩下我和二营徐副官、三个勤杂人员，还有一个挑夫。这一夜，我们彻夜未睡，前方情况一点也不了解，枪炮声仍不时传来，但已不怎么激烈了。

十二日拂晓，太平门上有枪声，我出门一瞧，见有日本太阳旗在招摇，知日军已经占领太平门。我赶快跑到里面，说明情况，大伙把文件倾入粪池，用棍捣沉。我把团旗揣在怀里，仓促间拿了一点衣物，和徐副官举着手枪，六人沿小街向挹江门跑去。这时城内有组织的抵抗虽然已经停止，但日军向城内的炮击声和机枪声仍稀疏未停。个别地方有尸体倒伏，军用服装以及械弹遍地都是，有几处房舍浓烟滚滚，正在燃烧。我们跑到街口拐弯处，挑夫张连义被流弹射中头部，当即牺牲。

我们五人打算冲出挹江门，赶往下关，设法过江，哪知城门已经被土屯死，无法通过。城门右边，有一个机枪掩体，里面散置些武器零件和衣物，人已跑得精光，也无士兵守卫。我从扫射口向外一瞧，距地虽有三四米高，但早已有人搭梯自此通过，人走了，梯子还靠在扫射口下的城墙上。我们五人相继自扫射口爬出，扶梯下地。我向东北一看，城墙上有很多军人，正用绳子缒城而下。

我们跑到江边，瞧见江面上逃命的军民，有的乘坐木棍扎的木排，有的趴在木板上，有的攀一扇门纷纷向江北划去。船也不知哪里去了。这些过江的人中，有一个人的，也有两三个人的。还有一些妇女抱儿携女，在江边号啕。下关很多房屋仍在燃烧。

我们看到有些士兵从沿江一家木厂里扛出些木棍，放在江边，正在捆扎，准备过江。我们跑到木厂一看，已无人看管，厂里木料堆得满满的，但大的我们抬不动，甚小的又缺乏浮力，好不容易拣了几根丈把长的木棍，抬来江边，从马路旁找些打断的电线，捆成木排，又找来几把被遗弃的军用铁锹做船桨。当我们踏上木排时，木排突然下沉，鞋袜、裤腿都湿了。还是徐副官有经验，他说："不要怕，不要怕，马上就浮上来。"果然不多一会儿，木排就漂上了水面。天气尽管已经入冬，却还不算怎样冷，我也没有听见谁嫌冷过。这一天是十二月十二日，我记得好清，因为上年十二月十二日西安事变发生，这天恰好是一年了。

和我一道突围的二营徐副官，三十多岁，福建人，绿林出

183

身，从卢兴邦师补充到第八十七师来，因为营长是他的亲戚，当上了营部中尉副官。此人尽管没有文化，但很有胆量，做事果断，性子也很直爽。在我们过江时，日机几次低空扫射，子弹嗖嗖，有时打在我们木排附近的水面上，徐副官从不惊慌。满江的呼喊声，有的人落水呼救，他也总是镇静地关照大家，要沉住气，死活都不能离开木排。

我们五人轮流划水，这天虽还算风平浪静，但江流还是急的，而且必须多少逆流斜上，否则木排就可能淌到下游敌火力射程之内去。

我们走得仓促，没有带干粮，却也没有人叫饿。从上午十时渡江，中午还未到达江心，我们五个人，都不善于摆弄水上这些玩意儿，又没有好的划水工具，干着急也没有用，只好沉住气。

午后，日军军用小艇自下游傍南岸驶来，向长江里手无寸铁的军民扫射了一阵，被打死的、惊慌失措而掉到江里的人太多了，满江呼救声。大家当时都是自顾不暇，没法相助，眼看着这些悲剧发生，非常气愤。

下午太阳平西，我们终于划到了江北。这时江潮下落，淤泥没膝，我们五个人沿着人家走过的有几寸宽的木板，挣扎上岸。本来已湿透了的鞋袜，又都塞满了泥浆。大家筋疲力尽，肚里无饭，身上也感到有些冷了。这时我看到长江里漂浮的尸体，还有正在江心挣扎的战友，以及多处浓烟的南京古城，顿时悲愤交加，不能自抑。

我们坐在江边喘息了一会儿，还是徐副官先开口："韩副官，我们走吧！难过又有什么用，我们先去找点东西吃。这里也不是安全地带，我们沿铁路向北走，看看有没有收容部队的地方。"

这时，天已近黄昏了，江北防军戒备森严，我们到达一个靠江岗哨，哨兵不肯放行。我们出示符号证件，最后我从身上出示我团的团旗，才叫我们从郊外绕道过去，不得进入浦口镇内。

我们通过了警戒岗哨，看到各处都是堆置的沙袋，构筑的掩体。不用说，老百姓是跑光了，火车已不通行。我们沿郊区小路北去，又走了五六里路，天上透着明亮的月色，还能依稀辨别路面。到了一个村庄，在老乡家吃了一餐饭。从早到黑，才吃上这顿饭，吃起来多么香甜。蒙老乡的照顾，让我们在厨房里铺些稻草，给我们一床棉絮，我们就在这个村子里住了一宿。

十三日早上，天色朦胧，我们爬起来一看，南京城数处火光冲天，枪声间间断断地传来。我们也顾不得吃东西，匆匆继续北走，路上的散兵，三个一群，五个一伙，都向北行。一路上经过滁县、明光、蚌埠，到达符离集，才有火车收容我们。

到达徐州，见到了团长郏国选，始知部队伤亡大半，剩余的官兵已经跑散。我把团旗交给郏团长，报告我渡江前后的遭遇，他对我卫护团旗的精神非常称赞。在徐州住了一星期，就搭车前往郑州，转往河南南阳，也就是三国时诸葛亮躬耕之处。我们就在南阳休整补充。师领导对我卫护团旗，传令嘉奖，晋升为上尉副官，奖现金一百元。从此，我又开始了新的抗战生活。

第八十八师扼守雨花台、中华门片段

卢畏三[※]

一九三七年，第八十八师在上海战役中损失惨重。自日军金山卫登陆后，我军开始撤退。师奉命调南京整补，于十一月底陆续抵宁。日军分三路尾随而来，进逼南京，我师未待整补，即复投入保卫南京的战斗。

时第八十八师师长由第七十二军军长孙元良兼任，师参谋长是张伯亭，我当时任师部参谋，仅就所见所闻叙述于后。

南京两个重要防御地点是紫金山和雨花台，紫金山面积宽，雨花台面积小，防线不到两千公尺，比较难攻，立体战就不易守了。第八十八师奉长官部命令防守雨花台、中华门一带。师以第二六四旅之第五二七团附炮兵两连扼守雨花台，第五二八团为预备队，前线并附工兵一营，通信营两个连，辎重营两个连。第一线守军在三千五百人左右。又以第二六二旅守中华门至光华门一线城垣。这一线本来是第八十七师的防地，因该师并未进入阵

※　作者当时系第七十二军第八十八师师部参谋。

地，于是由第五二三团和第五二四团接防。

十二月九日，日军猛攻光华门。上午，第九师团的一个大队在损失了三百人左右以后，攻进光华门，第五二四团一个营增援上去，参加了夺回光华门的战斗。下午，敌军再次以坦克冲锋，并增援了一个大队兵力，光华门再度告急，第五二四团一个营中两连牺牲了约三百人。黄自强排长在连长、代理连长先后阵亡的情况下，率领十七名全连残存士兵撤离了战场。

雨花台战况，自九日上午敌一个联队，遭受惨重失败后，又增加一个联队猛冲我阵地。午后第二六四旅旅长高致嵩亲率第五二八团两个营增援该地，敌人横尸六七百具，被打退。十日，从早晨七时起敌机和大炮轰炸扫射之后，即以两个大队分由两侧猛攻雨花台，双方死伤惨重，我军仍然坚守不动。可惜我方炮兵阵地在山腹后面，没有很好地发挥威力，不曾给敌军以破坏性的打击。十一日，战况更形激烈，第二六四旅全部上了火线，另附工兵一营也参加了战斗。敌人一次次地冲上山顶，又一次次地被打了下去。在三天的战斗中，敌人付出了数千具死尸的代价。正如十二月三日师长孙元良在金陵大学外面旷地阅兵时说的"敌人不是打不死的！"第八十八师的官兵们确实无愧于祖国的召唤。十二日下午，敌军攻破中华门时，并没有料到我们会在内外城继续抵抗，冲破外门，已付出二三百伤亡代价，第二道城门又死伤二三百名，当然我们的官兵死伤更重。① 十二日上午十时，雨花台

———————

① 据中国第二历史档案馆藏《陆军第八十八师南京之役战斗详报》记载：十二日晨，沿京芜铁路进攻之敌已逼近赛虹桥。雨花台方面因系敌主攻所在，虽经全部官兵奋勇苦斗，奈内无粮弹，外无援兵，且敌挟战车、飞机、大炮及精锐陆军不断施行猛攻，我二六二旅旅长朱赤、二六四旅旅长高致嵩、团长韩宪元、李杰、华品章、中校参谋赵寒星、营长黄琪、符仪廷、周鸿、苏天俊、王宏烈、李强华各率部反复肉搏，奋勇冲杀，屡进屡退，血肉横飞。上午，团长韩宪元、营长黄琪、周鸿、符仪廷先后殉难；下午旅长朱赤、高致嵩、团长华品章、营长苏天俊、王宏烈、李强华亦以弹尽援绝，或自戕或阵亡，悲壮惨烈。全师官兵六千余员皆英勇壮烈殉国。

已陷落。第二六四旅新接任旅长廖龄奇率不到两千人的残兵（包括工兵营在内）绕城而走，终于到达下关江边，乘辎重营两个连控制的三百多艘木船渡江了，时间是下午五时左右。

教导总队在南京保卫战中

周振强※

　　国民党军队从上海撤退后，我率教导总队一部撤回南京，继续参加保卫南京的战斗。桂永清在参加了一次军事会议后，对我和胡启儒、邱清泉说："在会上，校长问大家谁愿担任守卫首都的总指挥时，连问三四次，都无人作声。后来由校长亲自到唐生智家里劝说，唐生智才勉强答应担任守卫南京总指挥的任务。"

　　守卫南京的原计划是守南京外围汤山之线，因兵力不足，才改为防守乌龙山炮台、紫金山、雨花台之线。当时防守乌龙山炮台的是徐源泉的第二军团。守卫牛首山的是俞济时的第七十四军所部王耀武的第五十一师和冯圣法的第五十八师。牛首山失守后，这两师退守南京水西门。守卫雨花台的是孙元良的第八十八师。宋希濂的第三十六师守卫南京下关一带。原计划守卫南京通济门外红毛山之线交由王敬久的第八十七师担任，因他的部队没有到达，由教导总队派兵一营暂时防守，等第八十七师到达后移

　　※　作者当时系教导总队副总队长兼第一旅旅长。

交。另有粤军邓龙光部也集结南京城内。教导总队奉令守卫岔路口、紫金山、孝陵卫到工兵学校之线。

当时我们判断敌人主力部队是由京杭国道（宁杭公路）向南京前进，而敌人攻击重点是紫金山、雨花台，因此教导总队兵力部署的重点是保卫紫金山。兵力部署大概如下：

我率第一旅步兵第一、二团，军士营，附工兵一营为右翼队，担任紫金山老虎洞、西山到工兵学校之线的防守。步兵第三旅旅长马威龙率本旅第四、五两团为左翼队，担任紫金山老虎洞左侧到岔路口之线的防守。骑兵团在汤山、青龙山之间占领警戒阵地，阻击敌人前进。炮兵团在富贵山一带占领阵地。步兵第二旅旅长胡启儒率领本旅第三、六两团和工兵团（缺一营）为总预备队，集结在太平门、中山门附近①。

十二月七日晚上，据骑兵团团长王翰卿报告，敌人便衣队穿着第八十七师士兵的军衣，混在第八十七师撤退的队伍中，袭击了该团驻汤山担任警戒的第一营，该营伤亡很大，汤山已被敌人占领。总队部一面命令骑兵团在青龙山之线极力阻敌前进，于九日拂晓前逐次经麒麟门、岔路口撤退到徐坟附近，担任左侧的警戒，并与守卫乌龙山炮台的第二军团联络，一面下令各队禁止第八十七师的士兵通过阵地，以防敌人的袭击。

我在紫金山上看到敌人晚上向我阵地攻击时，麒麟门一带驻有敌人部队的村庄都有灯火，目标很显明。当将这一情况报告桂永清，并同第三旅旅长马威龙、工兵团团长杨厚灿联名建议，要求集中兵力由紫金山的岔路口地区出击，威胁敌人后方。但没有得到唐生智、桂永清的同意，他们的理由是"现在消耗兵员太

---

① 据李西开和彭月翔回忆，胡启儒率步兵第二旅（辖第三、第六两团）附工兵一连，担任陵园新村、中山陵两侧、灵谷寺至老虎洞南侧一带地区之守备，并未做总预备队。

多，万一出击不成，守南京的兵力就更不够了"。

八日拂晓，大批敌机已向紫金山阵地轰炸，敌人炮兵集中火力向我麒麟门前进阵地射击，步兵也开始向我阵地攻击，敌人的先遣装甲部队已突进到通济门外红毛山附近。因第八十七师没有到达，驻守在红毛山之第一旅第二团周石泉营兵力单薄，伤亡很大。敌人的坦克车已炮击光华门①。我见到这种情况，除即派军士营营长吴曙青率本营附战车防御炮连增援外，并报告总指挥部，建议由总指挥部调粤军邓龙光部接替红毛山的防务。八日一天战斗结果，我麒麟门一带的前进阵地被敌人占领。

九日拂晓，敌人集中兵力，攻击我紫金山老虎洞阵地。因老虎洞阵地比较突出，在敌人集中陆空火力攻击下，我军伤亡很重。由于增援不易，我决定放弃老虎洞阵地，退守紫金山第二峰的主阵地。

十日拂晓，敌人占领我老虎洞阵地后，即开始集中兵力向我紫金山第二峰、孝陵卫之西山主阵地攻击。因为教导总队在孝陵卫驻扎四年之久，地形很熟，构筑的阵地也比较坚固，官兵作战又都很勇敢，由十日至十一日晚上，在第二峰和西山同敌人反复的争夺战中，我队伤亡虽然很大，同时也杀伤敌人很多，阵地始终在我队手中。

十二日晚十时左右，我在紫金山第一峰指挥所看到南京中华门方向和下关方向都起火，打电话到总队部也打不通。派人到总队部去看，回报说，总队长下午五时到总指挥部开会以后没有回来，参谋长邱清泉也离开了总队部，城里部队很乱，都纷纷向下关方向跑去。这时总指挥部的电话已不通。旅部参谋马连桂报告说，第八十八师防守的雨花台阵地已被敌人占领，并有小股敌人

---

① 日军第九师团以主力于八日突破淳化镇，复连夜向西追击，九日拂晓前攻击光华门。

攻进了城，第八十八师部队很混乱，又看到粤军邓龙光部队都出
了太平门。我当即赶到富贵山总队部，召集部分官兵告知当前情
况，并商议决定：第三旅旅长马威龙率本旅同粤军邓龙光部一起
突围，工兵团团长杨厚灿率本团到下关煤炭港、燕子矶之间准备
渡河器材，骑兵团团长王翰卿率本团占领煤炭港之线担任掩护，
第一旅第一团团长秦士铨率本团为后卫①，从十二时开始逐次由
阵地撤退，留一部占领紫金山的天堡城为掩护阵地，其余部队向
煤炭港、燕子矶之间方向撤退，设法渡江。我于是日夜一时率总
队部特务营约百余人，经尧化门到了煤炭港，即指挥队部渡江，
并指定滁县为集中地点。十三日上午十二时才用木排渡江，下午
二时到达八卦洲对面北岸时，敌舰已突破乌龙山长江封锁线，亲
眼看到渡江的我军官兵在下关一带江面遭到敌舰敌机的射击和冲
撞，因而死在江中的有三四千人，情况极凄惨，目不忍睹。第二
天到达滁县，共收容官兵四千多人。后得悉第三旅只有旅长马威
龙、团长邓文僖二人突出包围。教导总队参谋长邱清泉、第四团
团长睢友蔺、第二旅旅部中校参谋廖耀湘等三人在南京撤退时，
化装藏入民间，后又化装成难民才逃出南京。据他们说，敌人占
领南京后，即大肆搜捕我军官兵，装上卡车送到下关，用机枪集
体杀害，并将尸体投入江中，下关江面都为我军官兵鲜血所
染红。

_____

① 据李西开回忆，十二月十二日秦士铨是随第二旅第三团行动的。

紫金山战斗

李西开[※]

　　南京保卫战时，我在教导总队——蒋介石的铁卫队所属第二旅第三团任团长，亲自参加了紫金山战斗。

　　教导总队，是南京保卫战中装备最好、实力最强、兵员足额的主力部队，辖有步兵三个旅（计六个团，另有三个新兵团当时在湖南训练），直属部队有：炮兵营、骑兵营、工兵营、通信兵营、军士营、特务营、输送营（各营均已奉命改称团，因无兵补充、无装备补给，名虽称团，实仍为营）。步兵旅的第一、三、五团的装备和编制，均仿效德国步兵团的编制，每团各有十六个连，即每个团辖步兵三个营，每营三个步兵连，一个重机枪连、一个八二迫击炮排，团的第十三连为榴弹炮连，第十四连为战车防御炮连，第十五连为通信连，第十六连为输送连。总队长桂永清，参谋长邱清泉。副总队长兼第一旅旅长周振强，辖第一、二团，第一团团长秦士铨，第二团团长谢承瑞，第二旅旅长胡启

　　※　作者当时系教导总队第二旅第三团团长。

儒，辖第三、六团。第三团团长是我，第六团团长刘子淑，第三旅代旅长马威龙，辖第四、五团，第四团团长睢友蔺，第五团团长马威龙兼。总计全总队兵员为三万多人。

一九三七年十一月末，总队接奉南京卫戍司令长官防御命令后，即下达防御命令，要旨如下：

总队以协同友军固守南京为目的，决定于工兵学校、西山、紫金山、岔路口、中山门、太平门附近地区，占领阵地，加强防御工事，阻击歼灭沿京杭公路（宁杭公路）来犯之敌。

骑兵营设置于青龙山、汤水镇（汤山）、麒麟门一带地区，搜索敌情。受敌压迫后，沿京杭公路退回预备队位置。

步兵第一旅，附工兵一连，担任工兵学校左侧、孝陵卫、西山、中山门一带地区之守备。右与工兵学校之第八十七师，左与第二旅联系。

步兵第二旅，附工兵一连，担任陵园新村、中山陵西侧，灵谷寺至老虎洞南侧一带地区之守备。右与第一旅，左与第三旅联系。

步兵第三旅，担任紫金山第二峰、老虎洞至岔路口一带地区之守备。右与第二旅，左与第三十六师联系。

炮兵营阵地置于富贵山地区。

特务营、军士营、工兵营、通信营、输送营为预备队，驻兵于太平门、富贵山一带地区。总队部置于富贵山隧道内。

一九三七年十二月七日，向南京进犯之敌。在攻占溧阳、句容两县城后，继续西犯，与我淳化镇、汤水镇南北地区友军发生战斗。总队下令各旅各团、队，在防御阵地严密戒备，随时迎击来犯之敌。我们步兵第三团的防御阵地为：由陵园南端之林森公馆起，向北沿中山陵东侧，灵谷寺高地至老虎洞一带地区。团以孙仲献之第二营为右翼队，占领陵园新村至中山陵东南高地阵地，右与第一旅第一团联系；以邹蔚华之第一营为左翼队，占领中山陵东侧一带地区，包括灵谷寺至老虎洞南端阵地，左与第三旅第五团联系；以卢禹鼎之第三营为预备队，在吴王坟（梅花山）、明孝陵东侧一带地区占领阵地。团指挥所设在朱元璋墓前隧道内。

这天上午，我和中校团附彭月翔、少校团附朱道源巡视各营阵地，见到在陵园新村的国民党高级官员的几十家郊外别墅，包括蒋介石为避免敌机轰炸的临时住所——中山门外四方城的一栋小平屋，都已人去屋空。只有部分别墅还留下少数人看守门户和不及运走的家具衣物。在林森和张学良的别墅内，还存放着许多宝贵的古文物、书籍。我对守门人员说："这些珍贵的文物书画，为什么还未运走？"守门人说："这些东西，目前无法运走，因南京城内人心惶惶，江边码头要搭船离家逃难的成千上万，轮船都不敢靠岸，出高价买到票的，只得乘小船到江心上轮船……"我又告诉他们说："战火即临，赶快设法运走，否则将毁于炮火。"巡视中，经过陈树人、张治中等人别墅后，到达汪精卫别墅。只见他的花园优雅，曲径通幽，亭台楼阁，别具风格，还附有游泳池、网球场，至于餐厅和地窖存放的中外名酒，矿泉水（汪有糖尿病，常饮矿泉水）、山珍海味等数不胜数。

十二月八日起，日军突破汤山、淳化一线阵地，分右、中、左三路进攻部队，均猛向南京城进逼，我南京外围守备部队陆续后撤。

敌中路主力沿京杭公路进犯，遭教导总队之骑兵营节节抵抗。在抵抗中，骑兵营由麒麟门、仙鹤门、岔路门撤到紫金山以北徐坟一带地区，担任总队左侧之警戒，并与守卫马龙山之第四十八师呼应。午后，防守老虎洞之教导总队第五团，因阵地比较突出，在敌步、炮、空协力猛攻下，伤亡过半，只得逐次抵抗，

195

放弃该地，退至紫金山第二峰东侧山顶与敌鏖战。入夜，敌逐步进展，与我总队前进阵地之各团在老虎洞西侧、体育场、马群、孝陵卫街东侧一带地区激烈战斗。夜半后，我总队前进阵地之第一、三、五团守军，奉命放弃前进阵地，退至紫金山第二峰中山陵东侧、陵园新村、西山一带之主阵地，激战彻夜。

十二月十日拂晓，敌炮兵猛烈向我总队第一、三、五团西山、陵园新村、第二峰之主阵地逐段加强攻击。敌之坦克分两路引导步兵向前猛冲。敌之气球高悬空中观察，指导放炮兵射击。敌空军也时来轰炸扫射助战。左路敌军由孝陵卫街公路向西山第一团进攻，右路敌军由灵谷寺向中山陵、陵园新村进攻。我两团之防坦克炮连奋勇迎击，击毁敌坦克两辆，敌坦克不敢前进。这时，在我总队主阵地上，战斗猛烈、硝烟弥漫，枪炮声震撼山谷，双方伤亡甚众，战斗已达全线最高潮。

午后，攻占我第八十七师的工兵学校及通济门营房之敌，以三辆坦克为前导，敌步兵随坦克后向光华门猛冲，先用重炮轰毁一段城墙外廓，步兵继后猛冲爬城。我总队第二团和军士营及防坦克炮一连，努力反攻，将敌击退，并俘获日军三名。其后，加紧修筑被敌轰毁之城墙，以加强固守。

十二月十一日，南京全线复廓阵地之战事极为猛烈，尤以紫金山第二峰、陵园新村至西山一带的主阵地的战斗为最。因我总队官兵历在孝陵卫营房驻防训练四五年，对地形非常熟悉，而总队之主阵地工事建筑也较坚固，加之我总队官兵有爱国主义的士气，斗志高昂，所以，虽遇敌之中路主力部队猛攻，也能浴血拼杀，英勇奋战，使敌人几日来不能前进一步。

十一日夜至十二日中午，双方仍在紫金山第二峰、西山这一带主阵地鏖战。枪炮声在山谷密林中呼啸怒号，响彻云霄。双方伤亡俱众。后来，敌人不断大量增援，并以加农炮用穿甲弹直射我阵地。我一些机枪掩体被击毁，新村房屋也有数处起火，烟火冲天。我即派兵增援，仍坚持在主阵地与敌激战。随之，敌炮兵又延伸向我吴王坟、明孝陵一带纵深地区射击。我团指挥所中弹数发，但墓道堡垒坚固，未遭破坏，人员幸无伤亡。战至下午五时，我忽接胡启儒旅长电话："我奉总队长命令，到下关与三十六师师长宋希濂接洽军情，第二旅的一切作战事宜和第六团暂归你指挥。"当时我很怀疑，但未料到当胡启儒得知中华门陷落后，就过江了。激战到下午六时，天已昏黑，防守第二峰的第五团防线被敌突破，使我第一营之右侧背受到攻击，右邻第一团之西山阵地，也被敌攻占，该团撤守卫岗，在农学院高地激战，使我第二营之右侧背可能受到包围。我急令第一营节节抵抗，退守天堡城、明孝陵东侧高地一带，继续奋战。第二营因伤亡过大，令其向后转移至天堡城南麓为预备队；令第三营接替第二营防务，左与第一营衔接，在明孝陵东南高地，梅花山高地及以南地区，阻止敌人前进。

下午六时半，我又接到总队部参谋长邱清泉电话："你团伤亡过半，现由广东邓龙光军派兵一营前来增援，望即派员前往太平门外冈子脚（冈子村）带领。"我即派少校团附朱道源前往接洽。一小时后，朱回团报告说："冈子脚已经没有队伍了，只见许多杂乱的部队士兵，由城里向太平门外冲出，沿公路向北奔跑，听说中华门已被敌攻破……"我急电话旅部，找副旅长温祖铨和参谋廖香，均无人接话，又打电话给总部邱参谋长，也无人接话，原来电路已断。此时，团部副官施重华经由总队部地道内回来报告说："中华门已被敌人占领，城内四处起火，军民混乱不堪。我由总队部回来时，那里已空无一人了……"我即令团指挥所转移到廖仲恺墓南端之团预备指挥所掩蔽部内，继续指挥战斗。

夜八时半，我正和彭月翔议论战局，商谈打算，第六团刘子淑团长走进团指挥所，并说："我们尚在城外与敌拼杀，战事还未到最后决战阶段，桂永清、胡启儒就溜了！"我请他先坐下，然后说："此时指责，于事无补。我们还是赶快商讨我旅今后的军事行动要紧。"话音刚落，第一团团长秦士铨急匆匆地走进来说："你们知道不？中华门确已陷落，第一旅旅部电话已中断，旅长和旅部人员均不知去向。请问诸位今后做何打算？"我急问："你团作战情况如何？"秦答："我团几天来已伤亡过半，现全团官兵不足千人，仍在中山门外卫岗高地及农场地区，与敌激战。"我听后将地图展开，四人坐在桌前详讨今后的行动问题。

我首先发言，提出突围或北撤的方案，各团长的态度都倾向于北撤，认为这样可以跟上总队一起行动。秦士铨说："我手下无兵，无力突围，还是北撤为好。下关三十六师有个团长是我的同学好友，我先去和他接洽，请他帮忙。"刘子淑也说："我团都是上月接来的新兵，未经训练，毫无作战经验，怎能突围？还是找船过江为宜。"于是决定北撤过江。他二人说声"江边见"就走了。我立即电话通知各营逐次撤退至燕子矶江边一带，准备过江。

当我到达冈子脚时，正值午夜十二时，四周一片漆黑。从紫金山第一峰和梅花山方向不断传来枪声。

十三日拂晓，我到达燕子矶三台洞江边，只见许许多多失去军官指挥的散兵游勇，三五成群地由关方向奔逃而来，边逃边骂，惊慌失措。此时，江面上一眼望不到北岸。滚滚激流之中，尽是人，抱着木柱、门窗、木盆等，顺着江水向东漂流。江水翻滚，人头浮沉。救命声、号哭声，令人毛骨悚然！待我再指挥部队过江已是不可能，时部队早被慌乱的人群冲散。

上午八时，下关方向忽然传来枪声，惊慌的散兵愈加拼命向燕子矶方向奔逃。我令身边的战士自己设法先行渡江，并告知到江北浦镇车站附近集合。这时，第一营营长邹蔚华跑来报告说："我用电线杆扎成两个木排，请团长和我们渡江。"我知他既会泅水又会划船，就跟他下水上了一个已坐五六个人的木排。大家都用腿夹着木排，水淹到每个人的小腹上。邹蔚华坐在木排后面，用一根扁担做橹，其他五人用手做桨，左右划水，离岸向北强渡。木排沉浮在浪涛中，缓慢地向江心流去。江面上从上游漂来不计其数的抓着各种物件的逃生者，顺水向东流去。突然，三架敌机飞临江面，低空扫射，江面上一片惨呼。我们都还镇静，皆置生死于度外，只顾尽力用双手划水，木排缓慢地前进。到了午后，才在八卦洲东南靠岸。夜间，从八卦洲老百姓家租到一只小船，渡到江北大厂镇，才算脱离险境。

从坚守阵地到北撤长江

彭月翔※

一九三七年十一月下旬，南京城便已进入战时状态。国民党政府各机关已纷纷西迁，南京市政府也已撤走。原来大行宫、花牌楼、太平路一带繁荣街道已变得十分冷落，入夜车辆行人稀少，只有少数几家商店在应市。陵园新村要人的公馆以及城内北京路、山西路一带政府要人的住宅也均已人去楼空，军政人员的家眷早已疏散。各方面情况判断，敌军即将围攻南京，战火笼罩着南京城。

教导总队是南京保卫战中装备最好、战斗力较强的主力部队，总计兵员为三万多人。教导总队在南京驻防训练了四五年之久，对南京附近的地形比较熟悉，阵地构筑比较坚固，官兵一般都抱有爱国热忱，士气比较旺盛，大多数中下级官兵，作战勇敢，一时被称为蒋介石的"铁卫队"。

一九三七年十一月末，总队接奉南京卫戍司令长官部防御命

※ 作者当时系教导总队第二旅第三团团附。

令后，即下达防御命令：决定于工兵学校、西山、紫金山、岔路口、中山门、太平门附近地区，固守阵地，加强防御工事，阻击歼灭沿京杭公路（今宁杭公路）进犯之敌。

十二月四日，日军在攻占溧阳、句容两县城后，继续西犯，与我淳化镇、汤山镇南北地区友军发生战斗。总队下令各旅、团、队在防御阵地严密戒备，随时迎击窜犯之敌，并扫清射界。我们步兵第三团的防御阵地从陵园南端之林森官邸起，向北沿中山陵东侧，灵谷寺东南高地至老虎洞一带地区。团指挥部设在明孝陵。

自十二月九日午后至十二日夜，敌我双方在我紫金山第二峰、中山陵东侧、陵园新村、西山一带主阵地前彻夜激战，双方均伤亡甚重。我总队遇敌之中路主力部队，当时我士气旺盛，官兵英勇奋战，击退了敌多次向我主阵地之猛攻。我始终坚守阵地，使敌人几日内不能前进一步。后敌人大量增援，敌炮兵延伸火力向我团吴王坟（梅花山）、明孝陵一带纵深阵地射击，估计发射炮弹有八九百发之多，我阵地轻重武器掩体遭到破坏。我团指挥所附近也中弹数发，人员幸无伤亡。敌之气球时而高悬南京上空，指挥炮兵射击。敌空军从早到晚不时地对南京和附近地区轮番轰炸，协助地面部队攻城。我团在团长李西开指挥下，始终坚持战斗，固守阵地，奋勇阻击进犯之敌。

十二月十二日下午六时半，我和旅部联系，方知胡启儒旅长已不在旅部。打探各方情况，才知部队已经撤退，城内军民一片混乱。团长李西开果断决定，即命令把指挥所转移到廖仲恺墓地南端之团预备指挥所重掩蔽部内，继续指挥战斗。夜八时半，李西开和我正在议论战局，商讨打算，第六团团长刘子淑、第一团团长秦士铨也先后来到我团指挥所，打听今后如何行动。李西开询问了他们的作战情况后，即将地图展开，四人坐在掩蔽部内，商讨今后的行动问题，李西开首先发言："当前主将都弃城潜逃，城内军民一片混乱，我们孤立作战，很难坚持下去。只有两条路可走，或者突围，或者北撤。如突围，可由太平门外徐坟、岔路口向栖霞山北突出重围，而后沿九华山在句容、天王寺、溧阳之间越过京杭公路（宁杭公路），到诸镇后再向皖南转移；如北撤，先到燕子矶一带地区找船只过江。"他征求大家意见："你们看哪条路好些?"秦士铨认为手下无兵，无力突围，还是北撤为好，刘子淑认为部下都是上月接来的新兵，未经训练，毫无作战经验，还是找船过江为宜。大家都倾向于北撤，于是决定北撤过江。李西开即用电话向各营下达了撤退的命令。

十二月十三日拂晓后，我来到燕子矶三台洞江边，只见许许多多无人指挥的散兵游勇，三五成群由下关方向奔跑出来，燕子矶满街人群，拥挤不堪，一片混乱。有的人在砍电线杆，有的人在江边扎木排，有的在拆老百姓的门板。长江滚滚激流中，有的人抱着门窗，有的人坐着木桶、澡盆，顺着江流向东漂浮。上午八九点钟，敌炮舰已驶抵八卦洲江面，向燕子矶一带炮击，敌机在空中侦察威胁。我亲眼见到死于江中的人数不少，情况极为惨烈。我第三团撤退到燕子矶地区后，部队已失去掌握，团部的人员已被冲散。随我身边者，只有第三团第二营的两个连长和一个迫击炮排长。我与李西开也失去联系。当时下关方向已有枪声，长江封锁线已被敌突破。在燕子矶三台洞地区，除我总队的官兵外，还有其他友军失去指挥的散兵，都在各自想法抢渡过江。在这种混乱不堪的情况下，团部已不可能集中部队作有计划、有组织的渡江了。当时我感到我团已面临绝境，突围也不可能。在没有渡船的情况下，只有各自想办法冒险渡江才有一线希望。回忆当时决定从紫金山北撤燕子矶渡江，没有预见到情况的严重性，真是一个深刻的历史教训。

面临这种绝境，不容人稍有犹豫。我同杨天威、李继明两个连长和一个迫击炮排长到燕子矶江边寻找船只。遇到本团军需主任郭伯涛，他正在江边看几个士兵扎排，准备渡江。我们得到本团士兵的帮助，分给我们一个老百姓的床架子，上面铺着一条芦席，由郭伯涛付给士兵五元钱。我们四人都上了这张床架子，有一个士兵坐在老百姓的一具棺材上在我们后边护送。由于载重过度，我们四个人下半身都已浸在水里，我就把棉衣脱下，抛在江里。床架子顺水漂流到八卦洲东南边，经人搭救上岸。上岸的时候只剩下我一个人，他们三人在遇急流漩涡时跳江泅水了。上了八卦洲后，发现已有不少散兵在洲上过夜。我用柴火烤干了身上的湿衣服，在一个空房子里坐到天明。十四日拂晓后，我找到了杨、李两连长和迫击炮排长，一同到了八卦洲中间一条小河边，寻找渡船过江，发现几条小船载着散兵向东驶去。当我们正因找不到渡船而失望的时候，从后边又驶来了一条小船摇着橹前进。船上有一个士兵大声叫道："在岸上的是我们的老营长，快点停船。"我们一行四人又得到本团第二营的士兵帮助，上了小船向东开出去。当我们乘船开出港口的时候，敌炮舰又对准港口向我们渡船猛烈炮击。有的小船被打沉，有的人跳下河去想躲避，不幸被淤泥淹没了，我看情况很严重，即叫停船，命杨天威为全船指挥，在敌舰炮击渡船时，大家都潜伏在船底不动。等到敌炮舰开动转到别处时，我们的小船即继续开出港口，向北开到了燕子矶对面瓜埠街附近上岸，下午约四点钟到了六合县城。县里空无一人，我们一行数人，还有友军士兵十余人，在县政府一个骡马房里休息。入夜后枪声四起，我们怕发生抢劫的事故，即于十二月十六日拂晓前，乘黑夜通知友军某师的士兵一起，沿公路往西到了浦口车站。

然后，我们一行数人沿着铁路前进，到了曹八集搭上了火车，经过蚌埠到达徐州车站。我同杨天武向徐州军运指挥部交涉要到一个四十吨的火车厢，所有沿路收容的官兵都上了这个车厢，然后转陇海路到了开封市，跟上了总队部。后来教导总队奉命改编为陆军第四十六师，驻湖南衡山训练，我调该师第一三六旅第二七一团。

南京抗战纪要

刘庸诚[※]

伤愈归队

一九三七年九月，我在上海战场负伤，未痊愈，便于十一月二十一日赶回教导总队总队部报到，被派在总队部参谋处第一课当参谋。时总队参谋长邱清泉，参谋处处长万成渠，课长肖西清，课的业务是主管作战。

自卫戍总部成立之日起，奉命编入保卫首都的各个部队，为了储备足够的粮、油、菜等物资，日日夜夜在南京附近的江南、江北地区进行采购。教导总队富贵山地下室和山坡下临时棚屋里堆积的各类粮食就有一千余袋，由定远购回的黑毛肥猪有二百多头，干鲜蔬菜贮满食堂内外。那时世面流行的好香烟如"前门"、"美丽"、"强盗"和"白金龙"等牌整箱整箱地堆了一间屋子。后来战斗紧张时，副官处长余易麟也不限制，任人随便取出；猪

※　作者当时系教导总队总队部参谋处第一课作战参谋。

205

也每天屠杀不少,分给各团和直属营、连,只是记一笔账,参谋处、副官处人员随到随吃。虽然如此,由于我们工作非常紧张,有时忘记了饥饿,吃得很少。撤退时还剩了许多物资。

教导总队参加上海战役后,扩编为三个旅和三个特种兵直属团,需要补充大量新兵。兵役署对教导总队的兵源补充,安排在淮阴地区。扩编后接兵人员领回的新兵,不够补充上海作战后的缺额,平均各连约缺少编制定额的百分之十五。三个旅只有六个团。第七、八、九三个团,在江西、湖南两省境内接兵,并未回京。

南京保卫战自开始的十一月初至十二月十二日之间,日军的轰炸机群和战斗机组,不断窜至南京肆虐,苏联空军志愿队曾多次飞至南京上空迎击。十二月二日午后二时,日机空袭南京,苏联空军志愿队立即起飞迎击,交战不久,我亲见苏机被日机击落一架,志愿队国际主义烈士的尸体掉在小营空坝里,摔成肉饼,面目模糊不清。后由总队派人把尸体埋在太平门外地堡城附近。

老虎洞阵地的壮烈拼搏

紫金山的最高处称为第一峰,次高处称为第二峰。山之东麓突起的小高地,俗称老虎洞。要控制南京城,必须要占领第一、二峰。要夺取第一、二峰,必须要先攻下老虎洞。故老虎洞之得失,颇为重要。

十二月八日,敌占领麒麟门后,就向天空放了一个巨大的氢气球,高约五百米,遥遥可以瞭望我军东线整个阵地。

八日午后,敌人集中炮兵火力向老虎洞猛轰后,步兵随即发起冲击。当敌人接近我阵地时,防守该地之罗雨丰营利用构筑好的阵地,以密集的火力向敌猛烈射击。居高临下,目标显明,敌人这天伤亡惨重。

九日拂晓，敌人空军和炮兵投掷并发射了许多炸弹、烧夷弹、烟幕弹，一时紫金山东麓弹声震耳，烟火冲天。敌人又再次发起冲锋，罗雨丰营坚持抵抗，同时又得到左翼第三旅第五团的侧击支援，敌人这次的进攻仍未得逞。

九日下午，敌人利用有利的风向，又发射更多的炮弹和烧夷弹，再次猛攻。全营牺牲大半，罗雨丰营长英勇殉职，老虎洞遂告失守。

紫金山南麓的战斗

教导总队于一九三三年在孝陵卫营房建队，在此训练达四年之久。官兵对于当地的地形、地物，非常熟悉，了如指掌。

保卫首都的作战计划，确认南京的最高点紫金山之得失，关系全局。山麓东南两侧将为争夺的焦点。又自上海战役中得到一条经验，这一重大据点在教导总队的守备地域内，以采取纵深配备为好。因此，教导总队阵地前的前哨阵地，左自西山前，经农艺校红土山（即红毛山）、吴家坡至工兵学校由第八十七师担任。十二月八日，敌军在麒麟门升起巨大的瞭望气球，并于当日即向第八十七师前哨阵地猛攻，该师一部竭力抵抗。继之由教导总队第一旅之第一团、第二旅之第三团防守紫金山第二峰、中山陵东侧、陵园新村、西山迄白骨坟的主阵地，与敌反复激战。迄十二日薄暮撤退以前，紫金山第二峰、明孝陵、四方城、卫岗、白骨坟之线，仍在总队的固守中，但官兵伤亡很多。

红土山的保卫战，参谋处曾调军士营之一部归周振强旅长指挥，闻亦投入战斗。

207

工兵学校阵地失守

自十二月九日起，敌炮兵部队已占领麒麟门、马群、沧波门、高桥门阵地，猛烈炮击北极阁、明故宫、富贵山，企图封锁太平门、中山门、光华门等我军部队进出要道。

卫戌司令长官部原先计划以王敬久的第八十七师守卫西山、红土山、工兵学校和通济门，但该师自上海参战后，伤亡极大。八日，第八十七师的新兵连（由江北淮安补充的那连）在西山前的前哨阵地上曾与日军激战，敌人几次冲锋，都被击退（一个新兵连，能有这样的战绩是难得的，据说该连原来的连、排干部均未调动是其原因之一）。后因牺牲太大，才由教导总队第一旅派队接防。第八十七师防卫孝陵卫、红土山前面前哨阵地之一部，也因阵地过大，连长慈巨圣又负重伤，不得不退下，交由教导总队第一旅第一团第三营（营长周行泉）接防，并调军士营（营长吴曙青）附战车防御炮增援。经过激烈的搏斗，阻止了敌人的前进，敌人伤亡惨重。敌人在受到重创后，即以少数部队牵制教导总队防御的正面，而以主力部队猛扑第八十七师之第二六〇旅防守的工兵学校。该旅战至只剩一营不到的兵力，虽曾竭力抵抗，但以人少无援，九日撤退进城，工兵学校遂于十日上午失守。工兵学校失守后，长官部震动，唐生智在电话上对王敬久大加斥责。此时，王敬久已把师部搬到富贵山地下室，其办公室就在邱清泉办公室对面。我记得很清楚，他没有带参谋处或副官处，整天整夜都在邱清泉办公室，总是吸烟，打瞌睡。工兵学校失守后，他立即用电话召第二六〇旅旅长到地下室来。我记得这个旅长身体结实，中等个子，身穿灰布棉军装，腰系士兵皮带。他进入邱的办公室后，向王、邱立正敬礼（此时桂永清正在光华门督战）。

"你们为什么把工兵学校丢了?"王敬久声色俱厉地问他。

"我们自上海撤退下来,人没有收容一半,加之这几天的苦战,许多官兵不死即伤,守工兵学校时只有一连多人了,所以……"他也没推卸责任,很镇定地回答。

"你快回去把剩下的人组织好,听候命令。"王敬久从上海开战起即在战地,自己部队的情况,哪有不知道的。说毕,就叫这个旅长走了。

工兵学校在光华门的前方,工兵学校陷敌,光华门就失去了屏障。

光华门的战斗

十日上午,桂永清回地下室,要我写一张临时命令卡调炮兵团入城,设阵地于明故宫附近,以支援总队谢承瑞团,还击敌人。此令卡由参谋李钧政送去,并监督执行。

午后三时许,敌人的敢死队在其密集炮火的掩护下推进到护城河一线。晚八时,由城外冲到光华门外城的城门洞内。但以城门坚固,而冲入城门洞内的也只有一个军曹所率领的十余人。桂永清得报后,神情紧张,立即亲率卫士和警卫连的一排多人到午朝门督战。五龙桥至光华门的御道垒了五道沙包,留有枪口,准备巷战。又打电话到参谋处要调睢友蔺团增援,谢承瑞团长向桂永清建议说:"进入城门洞下的敌人不多,不如先倒汽油下去烧杀,明日拂晓,我率敢死队冲出再全部歼灭他们如何?"桂永清认为可以,立刻电参谋长派人送汽油来。汽油多数储存在军校和励志社等处。是夜,运送了许多桶汽油。谢团长亲率战士背着汽油桶放到城墙箭楼处。半夜,把汽油桶的口松开丢在城门洞口,立即投下火种,摔破的汽油桶里溢出的油,迅速燃烧起来。护城河边的敌人射击更密。拂晓，我军守卫在城墙上的各营连，利用居高临下之势，以密集火力压制敌人。这时，谢团长亲自率一排英勇的战士，突然把城门打开，十几挺轻机枪一齐向敌兵射击，多数均立遭击毙。其中有一名未死，当即用担架把他抬到富贵山地下室的门口。本着国际红十字会优待俘虏的仁爱精神，总部参谋处电召医务所（即裹伤所）派医官前来给予治疗。但经派日语翻译去询问，他闭口不言。十二月十二日薄暮撤退时，他盖着灰军毯，安然地睡在地下。

光华门战斗，我们遭到的伤亡不小，但战绩卓著，是非常值得称道的。谢承瑞团长战前业已抱病，后又为火焰灼伤，辛劳过度，体力已十分不行，所以竟在通过挹江门时因拥挤而被踩死了！闻者无不痛惜！

教导总队撤退前后的情景

十二月十二日下午，长官部召集的守城各部军师长开会，下达总撤退命令。会议结束后，各军、师长仓皇地各返指挥所。这时消息早已泄露于外，除教导总队和各部第一线战士还不知道外，其他消息灵通的各军师的后勤人员早已焚烧文件、物资，收拾起自己的紧要东西，奔向下关。

桂永清开完会，首先奔赴驻于城内的直属团营和一个旅指挥所，传达了撤退的决定，要求各旅、团以少数部队做掩护，其余分向下关、三汊河各自集结，用一切可以渡江的办法，横渡长江。除随身轻武器外，其他重武器、笨重装备、粮食、物资等，全部销毁。是时，有些部队已先行动，又传中华门已失守，城内秩序大乱。

桂永清回到富贵山地下室后，在参谋长室召集参谋处长万成渠和副官处长余易麟（其他政治处、经理处、人事科、战地新闻报社已于数日前渡江，乘火车转赴武汉）说明情况后，即令副官处人员撤到三汊河等地，并指示参谋处只携带少数重要文件，其余全部销毁。吩咐完毕，他向邱清泉说："我们一同马上走吧！"当时，紫金山主阵地的战斗，仍很激烈，光华门的谢团，也在竭力反击。

"你先走吧！我暂留下，再和各团、营通通话，研究一下撤退的办法。"邱站着理他面前的一堆文件，冷静地对他说。

"那也好，处理好后，你赶快到三汊河来。我们到达江北后，还要组织收容工作。"桂永清向邱说完，立刻带领几名卫士和余易麟慌慌张张地离开了地下室，向三汊河奔去。

桂永清走后，邱叫卫士把一堆文件拿去烧掉，静坐在电话机旁，一支接一支抽着烟，有时两眼微闭，若有所思。

参谋处长万成渠吩咐我将机要文件和地图，必须烧了才能走。我们作战课的底稿、地图又多，只得边查边烧。这时，小炮连代理连长严开运带着兴奋的神情来到指挥部。他没接到撤退的命令，因刚打下一架敌人的飞机，特来向参谋长报告并请领奖金的（当时有规定，击落敌机一架，奖金五百元）。我烧完作战文件和军用地图后，地下室内，只剩邱清泉和他的两名卫士。他对我说："你受过伤，先走吧！"当我离开地下室，来到出口处，看见躺在地上的日军俘虏，盖着一床军毯，纹丝不动，没有任何人去伤害他。

我沿着富贵山山麓下的碎石马路，走到和太平门交叉的路口，正遇见第六十六军的部队向城内走，我大惑不解。后来，我们转移到开封后，清夜深思，我才恍然想起，南京卫戍司令长官部于十二月十一日午夜三时，曾电调第六十六军的一个旅增援中华门。他们接到命令和集结队伍可能较慢，途中又未奉到撤退的命令，所以还在混乱中行进。

我到挹江门时已是深夜十一点了。通过城门时，"肩相摩，踵相接"，都不足以形容，简直是前胸后背相互紧贴，挤得喘不出气。我是被架抬起来挤出去的。

到了下关，却灯火通明。我沿着江边走到三汊河，根本找不到总队集合地点。沿江拥挤着成千上万的人，叫骂声不绝于耳。

我是和传令兵魏尚一起用一块木板渡江的。为难之际，幸遇几位宪兵划着一只小船过来，承他们搭救，我们才顺利抵达浦口。

过江后的见闻

灰沉沉的寒冬天空，云色惨淡，冷风凄切。浦口街上门关户闭，没有瞧见一个居民。侥幸渡江过来的失群战士，稀稀疏疏、三五成群地低着头匆匆地走着自己的路。战斗生活这时就像一条突然凝滞了的长河，使每个虎口余生的人茫然不知所向。

我和小魏没有一支枪，没有一把刺刀。怀着沉痛的心情，默默无声地循着津浦铁路两旁的小径向乌衣走去。每行数十步，仍回首遥望可爱的南京，想念尚在危城中的同学和战友们。"路漫漫其修远兮"，我们如失群的孤雁，不停地向北走呀，走呀！

十三日午后一点过，我忍着未痊愈的伤痛走到了乌衣车站，站上有出售馒头的穷苦小贩，我们胡乱买了些吃。这时，忽然由北向乌衣开来了一列装甲列车，车进站后就慢慢地停下，上面下来一位中校军官，他径直到站台上向我们打听南京方向的战况，当时我上装左上方佩有教导总队参谋符号。我向他简明介绍了眼下撤退情况，并说敌人海军并未到达，浦口附近亦无敌人踪迹。随又取出一张总队临时作战命令卡给他看，要求他允许我同车去

212

浦口，以便掩护和接待渡江过来的官兵。他表示同意。我和小魏上车后，同他互相自我介绍，方知他是铁道兵营长冯庸（但非领导东北义勇军的冯庸），黄埔四期毕业，体型瘦长，态度和蔼冷静。列车方要鸣笛前驶，教导总队胡启儒旅长跑步赶到了。他是早已到站，不知在站外哪里吃喝（乌衣站后有些搭棚的食堂旅店），听到列车进站，知道列车要北上徐州。看见我正在车上和冯庸说话，笑嘻嘻地过来要求搭车，经我向冯营长介绍，当然他也上来了。

这列铁道装甲列车共有五节，火车头挂在最后，前头一节是车的主体部分，装有两门加农炮，车厢顶上还有一架重机关枪，可以上下升降，枪的把手有专人握着，旁边弹带已经装好。第二节车有一架苏罗通小炮，炮口正指向天空，射手、弹药手都做好预备姿势。第三节是指挥室，前后都有看台，也即是冯营长和我们所坐的地方。第四节满载荷枪的步兵战士，总共约有一连人。每节的外层皮都装有钢板。军容严肃，警卫周密。

列车缓缓地向浦口驶去，沿途首先迎到王敬久师长和他的卫士。他仍穿黄呢子军服，外罩青毛哔叽的披氅。上车后，一言不发，不断抽烟，斜靠起眯着眼打瞌睡。据我所知，撤退会议开过后，他去通知在明故宫待命的第八十七师一部就走了，并未回过地下室。再次接上车的是老态龙钟的卫戍司令长官部副参谋长佘念慈和胖胖的参谋处长唐嗣①（此两人均由胡旅长向冯营长和我介绍的）。车行不久，又接到了俞济时军长和他的卫士。上车后都坐在指挥室的条椅上，各抽着纸烟，显得有些疲倦。他们交谈的只是哪些军、师长是否过江。

列车南下快到浦口了，忽听说敌舰已游弋到了八卦洲。俞军

---

① 南京卫戍司令长官部参谋处处长是廖肯。

长等决定要冯营长回驶，不必在浦口掩护渡江大军。因为他们急于想到安全地点和找唐生智司令长官。

午后四时许，晚霞夕照，装甲列车急驶到了滁州车站，我和诸位将军一同下车暂息。不一会儿，看见唐司令长官由车站内慢步出现，后面拥了一群人。下车的将领忙向他行礼，我则站在五十米外观望，听他们谈话。

唐司令长官身披一件黄呢子军大衣，内着呢军服，衣领以下的几个纽扣都没有扣上，头上戴了一顶红绿色鸭绒睡帽，顶上还有一个彩色帽结子，嘴上叼着一支香烟。

这时，桂永清总队长带了一群副官、卫士也赶到了。

桂永清离开地下室，丢了部队来到三汊河已五点钟了。据机电员高旭林和郭孔新（桂的卫士，以后进了军校十六期，曾在我中队任区长）向我谈：他们和桂总跑到三汊河，找到了工兵团扎的一张木筏，就同桂总、余处长和几名卫士登上去，立即向浦口方向划去。天色完全黑了，人多，划得很慢。约在半夜零时，才抵江岸。但不是浦口，而是浦口下游芦苇岸边。丛生的芦苇长得有一人多高，芦苇外的江边，平坦如砥，淤积的污泥既宽且厚，又松软，含水量多。桂总不知厉害，首先和一名卫士往下跳，脚刚落地，马上就往下沉，愈沉愈深，未跳下去的卫士着了慌，迅速把绑腿取下接连起，将一头丢给桂总和那名卫士，筏上的人全力拖拉，才算免遭灭顶之灾。上筏后，判明位置，才又划到浦口。桂总身体早已发胖，在这兵荒马乱之际，不仅找不到汽车，也找不到马，铁路上又不好步行，只好循着公路向滁州方向走去。

到了滁州车站后，桂永清向唐生智报告了撤退经过，然后向唐请示是否可将余部带到开封整顿，唐当即表示同意。桂总回头命令胡启儒旅长留下办理收容。

"我只同卫士一人到此，身边没有钱。"胡启儒说。

"余处长，你那里交一千元给胡旅长。"桂永清转身向余易麟说。余立即从公文包里取出一叠崭新的一元一张的钞票，点交给胡启儒。桂永清命令我说："你留此协助胡旅长，凡过江到此的，交代他们到开封报到。在车站联系好干粮的供应，单独过此的要酌情给予补助。"说毕，他带着身边全部人员和唐生智等乘铁道装甲列车北去。

滁州收容

桂永清走后，胡启儒旅长交给我一百元，吩咐照桂指示办理，他和卫士就到车站后的小客店住下。我到车站找站长交涉，站长是一位皖北人，姓张，高大结实，约莫三十几岁，诚实爽朗。我拿出"作战临时命令卡"给他，请借粮食和调用车辆，他慨然允诺，非常热心地帮助我们，并领我去看堆积的袋装米面，要我随便取用。我叫小魏背了几袋去换馒头，小贩要加工费，我立即先付了几元，并要小魏在站内候车室发放。战局变化已到如此惨状，还分什么你我部队，我要小魏见来的就发给。

我在滁州车站住了四天多，每天十点和午后三点左右都有敌机飞临车站乱炸。警报拉响，我和候车的各部战士急忙向站外地里疏散。车站设有临时红十字站，凡受伤的都给以医疗和包扎。

十四日上午，突然见到同学李慕超、肖冠涛。我趋步到他们跟前，相对久久地握着手，心情十分沉痛，都有再生之感。他们向我简述了过江的情况。我接待后，请他们乘车到开封集合。我们即匆匆告别。

小魏这次和我同过患难。他向我请假回阜阳探亲，我想他的父母听到南京失守，必定焦急和悬念，立即同意，给他十五元做路费，教他到蚌埠下车再回家乡。

十七日，胡启儒听说浦口、六合已有敌踪，他和卫士慌慌张张地来到车站。十一点有列车到站，他就要我同他到开封向桂永清汇报去了。

九九高地阻击战

索本勤[※]

　　一九三七年十一月的最后一天，桂永清命令我营开到乌龙山以右地段，担任乌龙山之守备。乌龙山有一个露天要塞，老式的炮，没有弹药。我营到达后，全营昼夜赶构工事。

　　十二月四日下午，由汉口调来一个师，其先头部队到达下关，派人来乌龙山联络[①]。桂永清令我营交防后开至尧化门，沿铁路两侧构筑工事。

　　十二月五日下午，全营正构筑工事，桂永清派人送来手令，调我营即赴遗族学校附近构筑工事。未待开工，第二天上午，我营又奉命调进城，负责构筑前湖至历部桥一段城墙上的防御工事和堵塞中山门。全营昼夜构筑，于七日傍晚完成。桂永清派人检查后，连夜又令我营开赴麒麟门占领阵地，并指示：与敌接触后，可逐步从九九高地、体育场、林森主席官邸、明孝陵，撤到

　　※　作者当时系教导总队第一旅第一团第二营营长。

　　①　该部系第二军团之第四十一师第一二一旅。

太平门。"汤山有我军，希望能与他们取得联系。"拂晓，部队布置完毕，我骑摩托车往汤山与友军联系，没走多远，遇汤山退下来的官兵，知汤山失守。

　　不日，我营在乱石岗之第五连与敌人接火，接着，敌山炮向我乱石岗、麒麟门、九九高地射击。我用电话与总队部联系，无人接。敌军占领乱石岗后，我营迫击炮排向乱石岗集中射击，掩护麒麟门第六连撤退。敌军发现我营指挥部在九九高地，便集中炮兵向九九高地猛击，掩护其步兵向九九高地左侧迂回。时我营第五连撤到体育场一线，正掩护第六连继续撤退。当我指挥第七连在中山陵前占领掩护阵地时，敌人爬上九九高地，被我发现，战士们连连掷出手榴弹，高地发生激战。我从九九高地跑下山时负伤。

血战白骨坟

李慕超※

一九三七年十一月九日奉到上海总撤退的命令后，我率领全连七十余人，由沪西八字桥战场撤回南京归还建制。

十一月中旬，我排奉命担任护船任务，临时归总队副官处（处长余易麟）指挥。教导总队在下关上游的三汊河内，隐蔽着小汽轮一艘，木船十余只。我排边值勤边进行新兵的教育和训练。

十二月初，敌先头部队已迫近南京外围。当时我（第三）营（营长周石泉）奉命在红毛山附近占领阵地，组织防御，临时归守备光华门的第二团团长谢承瑞就近指挥。我排也奉命调回归建，护船任务，另由骑兵部队接替。

红毛山位于孝陵卫营房东南，原是第八十七师的防区，由于该师尚未到达，暂由我营代为防守。

十二月八日晨，敌方升起侦察气球，敌机对我紫金山主阵地

※ 作者当时系教导总队第一旅第一团第三营第九连排长。

219

进行了轰炸，敌炮也开始了对我麒麟门前哨阵地的炮击。接着敌先遣装甲部队已到达红毛山附近，对我营红毛山之线发起了猛烈的进攻。我连和第十连当即予以有力的还击，并组织狙击手炸毁了敌装甲车一辆。敌人不断增援，战况愈趋激烈。我营兵力薄弱，伤亡较重。这时除预备队第十一连已加入战斗外，旅指挥所也调来了军士营（营长吴曙青）附战车防御炮增援我营。在激烈的搏斗与顽强的抵抗下，终于遏止了敌人的进攻，保住了阵地。

当晚，总指挥部另调邓龙光部接替了红毛山防务，我营奉命转入白骨坟之线的既设阵地，归还第一团（团长秦士铨）建制。

转入白骨坟阵地后，营指挥所变换到遗族学校附近，当时我营为团的第二线营，防御配备如下：

我连和第十连为营的第一线，我连在右，守卫白骨坟—卫岗之间地区，第十连在左，守卫下马牌—铁匠营西侧高地之间地区。第十一连为预备队，在遗族学校待机。重机枪连和迫击炮排由营直接掌握，机动使用。

我排是我连的第一线右翼排，守卫白骨坟附近地区。右邻是第八十七师。左邻是我连第一排，守卫卫岗至京杭国道（宁杭公路）之间地区。第三排为预备队，随连部位于白骨坟西北侧后方，待命机动。

九日清晨，炊事人员从后方送来早餐。正当我们就餐之际，敌炮突然向我方开火，阵地上硝烟弥漫，震耳欲聋。我们的馒头、干菜和饮水，都蒙上了一层厚厚的尘土。一阵骚扰之后，接着又集中空中和地面火力，向我紫金山老虎洞阵地展开了猛烈的进攻，一时枪声、炮声、炸弹声，不绝于耳；火光硝烟，笼罩了紫金山麓，激烈的战斗，持续到中午。

当晚，我侦察兵回报，原教导总队驻地孝陵卫营房附近发现敌人活动，兵力不详。当即将情况上报，并加强了战备，以防敌人夜袭。直至次日破晓，敌人并未行动。

十日晨，敌人利用风向，向我紫金山主阵地发起了火攻，同时我团孝陵卫、西山之线，也受到猛烈的攻击，前线战斗，异常激烈。我连守卫在卫岗的第一排，也投入了战斗，双方全力以赴，都有较大的伤亡。我团守卫下马牌的战防炮连连长王峻和全连战士都壮烈牺牲。

经过几度激烈的较量之后，转入小的接触。十日午后敌骑兵和装甲部队在敌机掩护下，突然出现在我总队的右侧，从远处看去，显得非常从容。

敌人是狡猾的，他们攻紫金山不下，只好把重点转向我军南侧接合部分，企图从南侧迂回，从而包围南京。

十二日下午六时，连部传来总撤退命令。撤退开始的时间是当日午夜十二时整。退出阵地后的集合地点是明孝陵。

轮到我排撤退，已是半夜一时。到达明孝陵后，队伍并未停止下来，据传集合地点改在军校。这时，中山门外的阵地上，一片沉寂，唯独紫金山上的守军，与敌鏖战正酣，火光冲天，呼声震地。进入太平门时，城门已为沙包和车、炮所阻塞，拥挤不堪。我排战士按在上海通过黄渡桥的经验，前后紧拉着腰皮带，才没有被摔倒踩伤。挤到军校后，既无人负责，也无部队集合，只好随着人流，朝下关挤去。

到达下关后，已近黎明。挹江门方面传来敌已入城的消息，气氛更加紧张。我排径奔江边码头，与连部会合。

江边更加紊乱，群龙无首，欲渡无船，人人面面相觑，望江兴叹。与其坐以待毙，不如想办法过江，大家分头去找渡江器具。

天亮后，从岸上回到江边的战士，意外地在某木行发现了不少枕木。于是大家动手，群策群力，解下各自的绑腿分组捆扎起田字形木筏，先后向江北渡去。

难忘的战斗

严开运[※]

一九三七年八月二十八日，我所在的炮兵连奉命开赴上海浦东奉贤县南桥附近之柘林，归高射炮兵第二团第二营营长封成林指挥，担任掩护第八集团军（总司令为张发奎）总司令部的防空任务。十一月三日奉命调嘉兴，后又改调常州，担任常州火车站的防空。十一月二十三日，由常州回南京归还建制，参加南京保卫战。

回队归建

我回南京归建时，教导总队的编制早已由三个步兵团扩充为三个步兵旅，原来的直属营除特务营、军士营、通信营外，骑兵营、工兵营、炮兵营均已扩充成团。我连连长朱梁（广西梧州人）已调升第七团当营长，赴湖南接收新兵。新连长由连附赵自

※ 作者当时系教导总队第一旅第二团第二营第十三连代理连长。

修接任。见面后，他告诉我，我的好朋友、军校同期同学第三排排长唐沅已在上海牺牲了。原来上海撤退时，部队非常混乱。我连在火车站上车前，唐沅发现牵着他乘马的传达兵未到，估计还在原阵地没有下来。他急忙回原阵地去找，原阵地已被敌人占领，他再也没回来。我想起八月里在南京九华山担任防空时，他曾由孝陵卫营房到九华山看我，互相勉励。他当时的话，我终生难忘。他说："战争中谁死谁活很难说，可能我死，可能你死，可能我们都死。但这算不了什么，为打鬼子而死，死了也心甘情愿！"

回孝陵卫营房后，我们只住了两天。十一月二十六日，我连奉命归总队指挥部直接指挥，驻地指定在太平门外的岗子村小学。那时，小学早已停课了。驻岗子村小学时，我连尚无战斗任务。有一天，我回孝陵卫营房取东西，路上遇第三团第三营迫击炮排长谢造时，他邀我到他排的驻地——明孝陵东南的一个小村，并留我在他排里吃了一餐中饭。他把他排里养的猪、鸡和储存的柴、米等物，都逐一地让我看了，并很有信心地问我："你看，够三个•月用了吧？"① 他还告诉我说，在湖南的某师要调他去当连长，电报已到，总队已同意他去。我问他："什么时候走？"他说："不急，我已同总队长讲了，不打完这仗不走。"可惜，还没等到这仗打完，他已在梅花山西南侧的阵地上献出了自己的生命！

在岗子村期间，我们曾看到过南京东郊上空的激烈空战。敌我双方的飞机都不少，各十余架，相互围绕，像飞鸦一样在天空交织盘旋，射击的枪声，历历可闻。此种情况，可惜到十二月初以后，就很少见了。从十二月九日起，敌人的侦察气球，已毫无

---

① 当时有死守南京三个月的说法。

顾忌地出现在马群附近的上空了。

战斗景况

十二月五日，我连奉命在廖仲恺墓附近地区进入阵地，担任防空，掩护总队指挥部。总队指挥部的位置，在富贵山下的坑道内。为了便于指挥部同前线联系，为了城内富贵山附近的预备队出城时不绕道太平门和中山门，在富贵山的东面，临时开设了一道城门叫"新开门"。我连进入阵地后，在开始的三四天内，敌机没有在紫金山地区轰炸。我们抓紧时间，集中力量构筑工事。工事构筑完了以后，战事已逐步迫至城郊。九日，在敌人尚未占领孝陵卫以前，总队部为使自己的营房不给敌人利用，临时组织了一个烧房队，赶回孝陵卫烧毁。因我连连长另有任务，由我代理连长直至南京撤退。

十一日、十二日两天战斗异常激烈。尤其是十二日，敌炮兵不断向我地堡城及富贵山一带炮兵阵地射击。敌飞机亦反复向我阵地纵深及城内一些大建筑物轰炸，城内不少地方都起了大火。我连阵地的上空，敌机往来频繁，我连给予还击。战斗中，除炮手、炮长和排、连长外，其余的人员都在掩蔽部里。火炮发射位置的面积不大，敌机所投炮弹要直接命中也并非容易。在战斗中我连并没有伤亡。十二日上午十一时左右，枪炮声越来越密，经明孝陵、廖墓这条路上后送的伤员越来越多；我连阵地附近的树木和地面的枯草已被敌机投掷的烧夷弹引火燃烧，我准备把阵地向后转移。向指挥部请示时，电话不通。我赶回指挥部向参谋长邱清泉报告。他指着地图对我说："这里（指明孝陵、四方城、卫岗地段）我们第一线的部队，仍继续在坚持战斗，你连的阵地不能转移。你们转移，第一线的部队会受影响。为了避免遭受火烧，班、排的阵地，可在你连阵地的地区内自作调整，但绝不许后撤。"指示非常明确，我马上回连，将我连班、排阵地做了必要的调整。

战斗十分艰苦，但第一线官兵的表现，仍极英勇顽强。下午，防坦克炮连连长颜希儒专门到我的掩蔽部同我作了一次仓促的联系。他一见我，很激动地问："有酒没有？拿来给我喝！"我递过酒瓶，他一饮而尽，接着，他说："现在第一线够吃紧的，稳不稳得住很难说。要是撤退的话，你走不走？"我说："有计划的撤退，当然要走；没有计划就麻烦了。"他听了我的话以后，发出一声冷笑，他说："还能有计划么！"我不了解他这样讲的目的何在，便反问道："你准备怎么办？"他说："不管怎样撤退，我都不走了！"这时，他从腰部取出两颗用绳拴着的卵形手榴弹，一手拿一个，无限感慨地对我说："你看，够本了吧！"当时，我只认为他可能是出于一时的激愤，因此，还劝他："有命令撤退的话，还是照命令办吧。"讲完，他就回阵地去了。以后，听他连里的一个排长讲，那天快黄昏的时候，连里接到撤退命令。颜连长立即组织部队后撤，自己却随身带着两名战士留下来检查阵地，后来一直没有归队。想起他与我讲的话，一定是与敌人拼到底了。

撤退与渡江

撤退命令的下达，有的单位被遗漏了。要是不打下敌人的飞机，我也接不到撤退的命令。十二月十二日下午四时左右，我连击毁了一架敌机，坠落于中山门北侧的前湖东南畔。当时，总队曾有命令规定，击落敌机一架者发奖金五百元。为此，我特地到指挥部请领奖金。没想到奖金没领到而领到了一道撤退命令。当我进入指挥部时，看见许多人都在忙碌地整理行装，有紧急出发的模样。我找到参谋长邱清泉，他一见到我便问："有什么事？"当我把打下敌机的情况向他报告以后，他说："打得好！奖金等以后再发给你们。"接着，他问我："撤退的命令你接到没有？"我说："没接到。"他说："现在准备撤退，你回去马上行动。队伍先到城里马标集合，再渡江到浦口，你们的火炮和不便携带的器材，要把它全部毁掉或把它埋藏起来。"由于我当时没预料到撤退时会那样混乱，我不同意毁炮，我说："我舍不得！"他听了我的话以后，若有所思地沉默了一会儿说："舍不得你就带走吧，但千万要记住，带不走时一定要破坏，不能留给敌人利用。快回去吧！"

我回到阵地后，立刻把撤退的命令传达给全连，很快就带了队伍向马标前进。当前进到太平门时，天已全黑了。那里的人很多，非常混乱。有的要进城，有的要出城。经我打听，才知道到马标集结已不可能。我断然决定不去马标，直赴下关。从太平门经和平门（现在中央门的东侧）到下关的道路上，很多地方都有用白色标写的"小心，地雷！"本来两小时可走完的路程，却走了四个多小时。赶到下关，更使人失望。到处是被遗弃的车辆（小汽车特别多），到处是没人指挥、拥挤不堪的人群，凫船上挤得更厉害。渡江器材连一点影子也看不到。夜色昏昏，大江茫茫，连人都不知怎么办好，哪还能渡炮呢！于是，我决定先把火炮沉到江里，再设法渡江。当我宣布这个决定时，有的炮长流泪了，我也心如刀绞。为了不留给敌人，不得不这样办！火炮沉了以后，再集合部队时，全连只剩三十来人了。我看在下关附近渡江已不可能，不如沿江而上，到芜湖再说。

当我带着队伍，由下关向三汊河、上新河方向前进时，一路上人依然很多，一片混乱。接近上新河时，天已快亮。突然前方传来时断时续的阵阵枪声。紧接着，一直向前拥的人流倒流了。经打听才知道，通向芜湖的路已被敌人封锁了。这时，有个军官模样的人，在人群中大声疾呼："弟兄们，我们已经走投无路了，我们要拼呀！"接着，又有人高呼："我们都是炎黄子孙，我们绝不能当鬼子的俘虏，拼吧！前进！"我们和不少人都跟着前进了，但我们却无法接近敌人。敌人的火力已经严密地封锁了道路，猛烈的机关枪不断扫射，很多人都牺牲了。道路受阻，人群更乱，我身边也只剩下四人。在一个池塘边，有个受伤的军官躺在那里，他突然用一只手拉着我的衣角，向我发出悲切而又壮烈的请求："请你做个好事，补我一火吧！免得留下来受罪。"我身旁的戴勋举枪欲打，被我拦住。我不忍心只好说谎："后边已有担架来了，你等等，我们要向前冲。"在这种情况下向前冲有什么用？无疑是送死。于是，我们绕到夹江江岸，决定设法横渡长江。戴勋以责怪的口吻问我："刚才你为什么不许我打那个伤员？"我说："你忍心吗？"他说："好！你不忍心，你把他留给日本鬼子，你让他受罪！"我没吭气，我没有什么好讲的。我觉得他的想法和伤员的请求，都是一个精神：我们宁死也不当敌人的俘虏！

到了夹江江边以后，我们发现那里的人也很多。我们沿着江边寻找渡江器材，什么也没找到。最后，在一个地方，发现有二三十人聚在一起，用一只由几块木板绑结而成的小筏来回摆渡。经过接洽，他们把我们带到江心洲。江心洲四面环水，但一只船也没有。据当地人说，江心洲的船早在两三天以前就被某些部队搜光了。由于上洲的人很多，又没有船，各想各的办法，门板、木材、竹竿之类的东西难以寻觅，就连秧盆、大的水缸、破床板，也都被人用作渡江器材。我见一个士兵骑着水牛泅渡，刚下水时，牛还听他的向前游，但离岸不到十多公尺，牛就不肯前进了，硬是要回头。这个士兵拼命地抽打它，他急，牛犟，他越急牛越辇，最后，这个士兵被水牛抛到长江里去了。明知渡江材料极不好找，但我们也不能坐以待毙呀！找来找去，终于找到了四只粪桶。戴勋高兴地叫起来："好，有办法了！"我问："粪桶如何渡江？"他说："把它们翻过来用就行了。"于是，我们把粪桶的口部向下，把它们当作浮囊，分别排在四个角上，用些树枝把它们连在一起，解下绑腿，把它们缚得牢牢的，然后又用江边的许多干芦苇铺在上面，这样，我们横渡长江的小筏成功了！我们把它放到水里，逐个地上去，小筏还算平稳，真是难得的"一叶轻舟"啊！我们以碗当桨（碗那是随身带的），立即向北岸划出。筏不断前进，但速度很慢。当划到江心时，筏身逐渐下沉，我们的心情紧张起来，大家拼命地划着。这时，江面上空出现了敌机往来扫射，紧张之余又陡添几分恐惧。突然，由北岸飞来一只小船，划船的是个四十多岁的男子，当我们惊魂未定，他已把我们接到北岸。上岸后发现附近没有村庄，仅有一只大木船停泊在上游不远的江边。我们上前打听情况，知道敌军已到江浦。在船民们的帮助下，吃饱了饭，带足了干粮，趁夜向滁县方向追赶队伍。

伤亡殆尽的宪兵教导第二团

马崇兴[※]

南京保卫战时，宪兵第二团、第十团以及宪兵教导第二团一并编入南京卫戍军战斗序列。宪兵教导第二团系一九三七年年初在云南招募的一批新兵组成，训练期间，分别编为十三个队。编为战列部队后，九个队改为宪兵教导第二团，由周竞仁上校任该团团长，郭干武中校任第一营营长，我任第二营营长，孙明斋少校任第三营营长。其余一部分编为南京卫戍司令长官部的警卫营。十一月下旬，宪兵教导第二团奉命驻守清凉山、清凉门、水西门、汉西门、雨花台一带防守。

十二月八日起，敌我双方进行炮战，日机不停地轰炸。南京复廓战打响后，敌猛攻光华门，教导第二团第三营第九连向斌排长率加强排增援教导总队谢承瑞团。唐士哲、梅寒岭、童浚衫、陈坤等机枪射手（云南籍战士）奋身杀敌，击退日军进犯，并掩护谢承瑞团坠城烧毁日面粉厂高楼据点。

※　作者当时系宪兵教导第二团第二营营长。

当时宪兵教导第二团第一营在棉花地、上新河一带布防，以增援第五十八师右翼。十日敌军向该营阵地猛攻，第二连连长杨子光、排长凌光欧指挥应战，在战斗中敌军以三、五点放射击准确，我军连续伤亡三十多人，我军特等射手董学仁、苏显汉亦以点放还击，使敌军受创，后董学仁（大理喜洲人）壮烈牺牲。十一日晨，日军大部发起猛攻，以坦克掩护步兵前进，我方又伤亡三十多人。但敌军仍被阻击，无法得逞。十二日敌军又在坦克掩护下发起进攻，三次冲锋都被我一营击退，直至下午四时全营已伤亡过半，仍作坚决抵抗。下午七时接到撤退命令后坚守至八时，始在黑暗中掩护撤退，这时全营已伤亡三分之二。

教导第二团第二营守卫水西门、汉西门、清凉门，敌军每日炮击清凉山要塞和用飞机进行轰炸，我军也以炮还击，双方均有伤亡，二营伤亡三十余人。十二日奉命撤退到达下关码头后，已无轮渡过江，我令第四、五连斩断码头趸船铁链，在连长奋力指挥下，两个连先后渡过长江，但六连在挹江门于混乱中失去联系。午夜我率班长王谣，以及号长、传令兵等四人扎木筏，于十三日凌晨渡江撤退。在燕子矶对岸江边不幸被日军汽艇发现，以机枪扫射，筏翻人亦落水。我遇老乡救助脱险生还，其余三人至今生死不明。

教导第二团第三营所属七、八、九连，在挹江门混乱中挤散。因第九连曾担任过城防检查勤务，熟知南京地形，在代连长向斌的指挥下，从挹江门脚下通过古时地下暗道，全连安全撤出城外，并于夜十二时后登上澄平轮渡过江。

宪兵教导第二团嗣后在长沙收容清理，该团仅存四个连，损失和生死不明者有五个连八百余人。编至南京卫戍司令长官部的全部云南籍警卫营宪兵，亦杳无消息。

在撤退中，南京宪兵中将副司令肖山令、宪兵教导第二团少校团附黄观涛在渡江中被日军汽艇机枪扫射而亡。

根据清理及在归回的官兵中相互了解，仅知宪兵教导第二团部分官兵在撤退时未能及时过江的，除一部分随第八十三军某副师长从长江下游突围外，其余两千余名官兵于十三日不幸在乌龙山被日军伏击，损失惨重。

教导第二团中还有十二人于十五日在紫金山隐蔽，十六日在麒麟门附近全部被日军俘虏，因事先改穿便服，未立遭日军杀害，其中窦云鹏由于年纪较小，被日军从监狱中拉去喂马，因而幸存生还。

增援光华门侧记

向鸿远[※]

一九三七年十二月九日拂晓时分，日军第九师团步兵配合小战车多辆，向光华门外红毛山一带我军阵地猛攻。当时是友军教导总队第一旅第二团第一营在该地防守，抵抗中伤亡过半，苦战后已退到光华门城墙上，据城墙继续抵抗。

天亮后，日军又派出飞机前来助战，向光华门城头投弹无数，我军将士伤亡百余名，眼看城门就要失守，守城部队在紧急关头只得向南京卫戍司令长官部告急，请求派兵火速增援。

长官部得知情况后，紧急命令我宪兵教导第二团火速派兵增援光华门。那时，我是该团第三营第九连第一排排长，是团的预备队，正驻防于清凉山。

团部接到紧急命令后，即令我排组成加强排，配备捷克轻机枪六挺和充足的弹药，前往增援。那时团部控制六辆江南汽车公司的公共汽车，我排即在西藏路连部集合，带上全部武器弹药乘

※ 作者当时系宪兵教导第二团第三营第九连第一排排长。

232

车前往。

上午十时许到达光华门，见一军官未戴领章，独自一人蹲在城墙脚下吃饭，守城士兵见有人来，忙问："你们是干什么的！"我忙答："我们是来增援的。"那军官一听说我们是来援助的，高兴得立刻丢掉饭碗口称欢迎，立即带我们到城墙上，并马上指定一块阵地交给我们。我不同意接受阵地，认为情况不明，阵地不能动，我们只能做伍间增加。我命令全排士兵在城墙上全部散开卧倒，因见原来士兵只要从城垛孔伸出头来，敌人的枪马上就响，枪响后我方士兵非死即伤。我们增援后并不知道城下敌军情况。

日机自清晨对光华门城垣大批扫射轰炸后，没有再来。大概由于敌我双方对峙距离太近，怕轰炸伤着自己人，而是时有两三架飞机飞抵光华门内，对第一公园和午朝门一带地区轮番轰炸。轰炸时，有两名操四川口音的连长跑到我排阵地躲飞机，只听他俩说：你我两连新兵刚到监察院墙下，就全部被炸死、炸伤，我俩虽幸免，但如何回去交差。这种悲惨的情景，在南京保卫战中是时有发生的。

为了搞清楚墙外敌军兵力分布情况，避免我方无故伤亡，我命令全排战士不许乱开枪，同时向战士们了解搞清敌情的办法。机枪手梅寒岭说："我有办法把城下大概情况搞清楚。"说完就从口袋中取出一面小镜子，用两根步枪通条绑接，再在上面绑上小圆镜，然后小心地向城垛口仰卧移动。通过镜面反射，看清楚了城下敌军是在九辆战车的掩护下攻城的，兵力多少看不清楚，幸好城下有条护城河，所以敌人一时未攻进城。敌战车不规则地排列在护城河边马路上，都在向我们城垛方向瞄准。当我了解情况后，认为敌人想用战车破城的企图十分明显；同时也明白了为什么敌方枪声虽不密，但我方伤亡严重的原因。我马上命令全排士兵轮流用镜子监视，以了解敌情。

当天下午一时左右，有一军官前来阵地视察，看样子像团附。他看到光华门城楼左侧百余公尺处有一座木制小面粉厂，紧靠城墙不到十公尺远，楼顶比我们城墙高过一公尺多。若被敌人发现这一制高点，派兵占领加强火力，我军官兵有被全部消灭的危险，必须尽快派人把这座面粉厂烧掉。当时城下枪声很激烈。那个军官把当前危险向大家说明，为了光华门城楼及守城官兵的安全，只有组织敢死队去把面粉厂烧掉，谁能完成任务回来后是士兵的升为排长。话音刚落，就有十多人从队伍中站出来，愿意去烧面粉厂。人多不可能一下都去，就按先后排成一队，每人都带上稻草火柴由城上用绳子放下。第一名刚从城垛上放下一米左右，就被敌人发觉开枪打死了。接着第二名急忙站出来说："我是第二名，让我去！"又照前次方法放下去，还没放下去一半又被打死。在城墙上的人都有些着急，只见第三名士兵马上站出来，请求去烧面粉厂。他说，现轮到我了，但不能照老办法，需换一个城垛口，并把绳子系在腰间，估计绳子长度为城墙高度的三分之二，一下子猛跳下去，到离地面三分之一处再迅速把绳子放到地上。我们照他的话做了。正在这时敌人也发觉我方意图，派兵攻占面粉厂，但我们的战士抢在敌人前面把面粉厂烧着了，解除了城楼的威胁。

我们一直和敌人对峙着，彼此不时地打冷枪射击。我想，这样下去到晚上对我方不利，敌人可能想探明城上虚实，我决定给敌人一个火力威胁，看敌人是进还是退，再采取相应对策。这时已经是下午五点多钟，我组织了全排的火力攻击，命令六挺轻机枪都必须打三夹子弹，其他人员要集中力量把手榴弹投下去。由于我们居高临下，一阵猛烈射击和投弹后，敌人开始动摇了。枪声刚停就见从战车后有两辆自行车疾驰而来，我马上命令士兵向那两辆自行车射击，是否射中看不清楚，我估计那是敌人传令兵。下午七时许，发现敌人有退却模样，敌战车开动后都掉转车头，我立即命令全排士兵对准敌人猛烈射击，不一会儿敌人就全部退光了。检查全排士兵并无一人伤亡，只有机枪手梅寒岭的机枪防火帽被敌人打断了。我将战斗情况于晚上八时报到团部，团长周竞仁和营长孙明斋，于九时许，步行来到光华门，接我排士兵回清凉山防地。

守卫光华门外机场的战斗

杨熙宇※

我原在第八十八师任职，经南京航空委员会特务团少将团长李良荣与我师师长孙元良协商，一九三七年五月调我到航空特务团任营长。我即到南京郊区上新河营房报到，集中整训航空特务团第二营，不到两个月，七七卢沟桥事变爆发，不久八一三淞沪又开战，我营奉命调赴南京光华门外飞机场，担任防守任务。

我当即与副营长带全营各连长到机场内外巡视，共同布置高射炮和高射机枪、火力点与军士哨位置，并组织机场抢修队，以备不时之需。还派员到机场外四周与居民切取联系，预防不法分子潜入。对机场内外防空、防火、防特、防毒等，不敢稍有遗漏和失慎。日空军虽不时飞临机场上空侦察，扫射轰炸，终被我空军和机场高射炮火所驱逐，未造成重大损失；小的破坏随时抢修，不误使用。随着淞沪抗战日渐紧张，我友好邻邦苏联派空军旅飞抵南京，支援我淞沪抗战。南京飞机场的防守任务，日益加

※　作者当时系南京航空委员会特务团第二营营长。

重，机场上停留的飞机多到五六十架，少则二三十架。

日本侵略军视南京机场和苏联空军为眼中钉、肉中刺，妄图破坏消灭而后快。经常派飞机到南京空袭，敌我空军在南京上空空战屡见不鲜。有次一架苏联飞机的螺旋桨被击落只剩下单叶一片，飞行员沉着镇静，把飞机安全降落，使人不胜敬佩。他们责任心强，参战返回机场时，不管身体如何疲劳，哨兵未到达前，他们不下飞机。他们生活艰苦，我国空军生活标准，伙食费为四十元一月，他们享受同等待遇，认为太好，要求降低伙食标准。经双方共同决定，我们空军的伙食不变，苏联空军的伙食标准，降低为三十元。

有一次日空军在南京飞机场上空俯冲投弹，把飞机跑道旁炸了个大坑，同时我机场高射炮火也击落一架敌机，并俘虏该机驾驶员一日本空军少校。后来淞沪抗战形势愈来愈紧，日军对南京愈迫愈近，我空军及苏联空军只能另选其他飞机场使用。十二月八日晚，我奉命率航空特务团第二营官兵，上船直赴武汉。

坚守乌龙山炮台

瀛云萍※

　　江宁要塞辖有龙（乌龙山）、虎（老虎山）、狮（狮子山）、马（马鞍山）、雨（雨花台）五座炮台，好像还有个"象台"（记不清了），都是清末遗留下来的。抗战开始前，又增设了甲一、甲二两台现代化要塞高射炮。时要塞司令邵百昌中将，参谋长曹友仪。

　　从炮兵学校要塞科干部训练班调出来的学生军，是政府用于现代化要塞高射炮的两台人员。他们于一九三七年八月十三日至十六日参加江阴封江战役后，即调往南京，编入江宁区要塞的建制中，参加正在建筑中的甲一台甲二台工作。时我为甲一台台附，台长系李诚中少校，另外还有台员、通信员、军械员、特务长，学生军一百三十名，民兵三十名，连炊事班在内（从当地雇用），共一百七十多人，使用八八式高射炮四门。

　　甲一台建筑在乌龙山上。乌龙山位于南京城东北三十里的大

江南岸，紧靠江边。山上有乌龙庙，庙东一里许之另一山头上有一座老炮台，即龙台。甲一台的四门高射炮都安装在乌龙庙的东北侧，在龙台之西，一方面与龙台合力防江，一方面与甲二台合力防空。

我们于八日二十日进入甲一台阵地时，炮位才安装好，其他应有的观测指挥所、掩蔽部、弹药库、营舍等什么也没有。只是一片荒山，一座古庙，四门大炮而已。我们只得暂驻乌龙古庙中。十几天后，司令部派来营房建筑队，在山脚下搭了几十间席棚子，作为我们的营房。同时把乌龙庙拆平，据称它的目标太明显。为了坚守南京，上级还给我们甲一台拨来万斤米面、千斤食油和千发八八炮弹。

我们到乌龙山后，首先向龙台作了访问。龙台的杨台长，是一位白发苍苍的老少校，是从清朝末年就在该台当兵的两朝元老，积三十多年之劳苦，逐级升任到少校台长。杨台长虽无多少文化，但举止言谈文雅，相貌堂堂，不愧是乌龙山中的小大王。我们待之以老前辈，并请教了防江知识。杨台长在当地威信很高，居民多是逐年在龙台退伍的军人及其后代，杨台长非但有指挥龙台官兵之全权，乌龙山一带居民对杨台长也无不唯命是从，军民团结如同一家。

自我们进入甲一台后，天天处于战斗状态。时上海战场正在激烈战斗，西侵日机随时出现南京上空，差不多一两天就是一战，官兵们把对空战斗看成出操一样的家常便饭。有一次敌机九架空袭南京，突然出现在乌龙山下的江面上，高射炮根本打不着，弄得我们手足无措。以后台上配备了高射机枪来消灭我们的死角。九月中旬的一天，当敌机进入南京上空外围时，我防空部队予以还击，南京市区上空立即出现了一片火花彩带织成的锦绣天幕。时太阳已落，看得很清楚。各种高射枪炮完全使用曳光弹

（各部队使用的曳光弹的光花在色彩上、大小上、形状上都有种种区别）。彩光带小者似万道银蛇，大者如千条火龙一齐飞向天空，比正月十五灯花会放的各种花炮更好看。无数条彩带把入侵敌机团团围住，扰乱了他们的视线，只盲目地扔下一些炸弹，大多落在郊外的空地上和水塘中，什么重要目标也没炸着。

江阴失守后，日军步步逼近南京。十二月十日，日军陆海空三军联合向南京城进攻。乌龙山炮台处于最前线，其主要任务是用火力阻止江面西进敌舰。敌舰于十日午进入我炮台前七千公尺远之位置，我甲一台与龙台当即予以猛烈炮击，双方交战，结果敌舰狼狈退去，在我台最大射程以外逗留，不敢前进。因之我们有余力对付敌空军。

在南京紧张的前几天，龙台、虎台、甲一台、甲二台之上增设了"龙虎总台部"，总台长黄永诚上校，总台附赵勋少校。

十二日下午战况恶化。江面无变化，敌舰仍在我台最大射程以外逗留。地面各方守军在日军陆空联合攻击下，东、南方城门陆续被攻破，部队纷纷要求我们支援。根据他们所提供的敌方位置，我台予以回击。由于方位不准确，结果炮弹落在我方阵地上。时敌已越过我甲一台的后背直扑南京城。乌龙山一带守备部队第二军团徐源泉部已退到乌龙山后山脚下。徐源泉亲自来到炮台了解敌舰情况。不知台长同他说了些什么，我见他只是摇头。几分钟后，他又匆匆下山去了。

徐源泉走后，敌人野战炮从乌龙山背后向我们射击。于是炮台前后受敌，情况十分危险。在李台长的指挥下，全台官兵密切配合，当敌人试射时，我们猛烈还击，当敌炮有效力射击时，我们及时掩蔽，双方交战数个回合，敌炮终于撤走。太阳西下时，龙虎总台台附赵勋来到甲一台，告知总台长已过江侦察阵地，同长官部也失去联系。夜幕将临，东南方的枪声依然激烈，我们一时没有办法。赵勋要我们以保存人力为主，相机撤退到武汉要塞科报到，说完他下山去了。

天很黑，从山顶看，城里火光四起，传来断断续续的枪声。因江中布有水雷，敌舰仍在原地未动。我们将跑栓拆下投入江中后，乘夜下山渡江而去。

正当我们走到江边，用小舟分两次渡江时，从山沟里出来一个野炮连，带队的是个中士班长。经过询问，才知道该连的长官全部跑光了，中士班长陈景福，主动出来指挥全连打了一阵，又带领全连到了江边，打算撤往江北。可是没有大船，马匹火炮不能装运，于是将马匹全部打死，火炮沉入江中，也乘小舟随我们过江。我们过江后，在望江亭稍事休息，即向六合方向前进。天将亮时，敌人派来了一群飞机向我们甲一台施以猛烈轰炸，把乌龙山炸成一片灰白色的秃山，敌舰才敢前进。后来我们经六合到张八岭上了火车回武汉要塞科报到。

据后来逃出南京的士兵讲，十三日敌军即进城，拥挤在下关的散兵仍不计其数。敌军向下关追击，一路遭到零星抵抗。有一身着黄呢军服的上校军官在江边被散兵们围住，大家喊着："长官！你指挥我们回击抵抗一下不好吗？不然，咱们只有死路一条了。"上校说："我是军医，不懂军事。"士兵们说："只要您命令我们打就行。"上校同意了，于是他振臂高呼："弟兄们，向鬼子打呀！"士兵们向敌人的追兵开火了。敌人没有想到，在江边会遭到如此勇猛的抵抗。而这些官兵们又会遭到怎样的不幸呢！

南京保卫战中的战车部队

杜聿明[※]

留下德国战车

一九三七年十一月九日，上海抗日阵地全线崩溃后，我军仅有的机械化部队——陆军装甲兵团，共有战车、搜索车、战车防御炮三个营，也奉令向湖南湘潭撤退，同时，这三个营在上海参战的一部，已经撤回南京。当时决定搜索营、战防炮营沿京（南京）赣（南昌）公路撤退，战车营搭上火车向长沙输送。但是由于蒋介石对于这一战略撤退事先毫无计划，沿公路走的车辆没有油料，沿铁路走的战车没有平车装载，这些部队一直就在南京方山营房待命。等到敌人迫近时，才弄一点油料，将汽车开走；战车则是将客车篷车拆毁后才装上车的。

在待命期间，有一天（大概是十一月二十日左右）晚上十点钟前后，何应钦忽然找我去说："现在决定唐生智守南京，委员

※ 作者当时系装甲兵团司令。

242

长（指蒋介石）要将德国战车全部留在南京抗战。"我说："德国
战车虽然是我们现在最好的战车，可是有枪无炮，威力不大；而
且为数只有十五辆，在南京河流错综的江湖地带作战，性能也不
适宜。不如留下英国的水陆两用战车和炮战车，有枪有炮，又可
以水陆两用，适宜于南京附近作战。必要时还可以横渡长江，开
往江北。"何说："你不要想撤退江北，委员长说要死守南京，应
照命令将德国战车留下。"我见这种情况，不敢再说，但心中总
是百思莫解，为什么蒋介石、何应钦都不根据战车的性能使用，
而一定要留德国战车在南京抗战呢？

被断送的战车连

陆军装甲兵团自十二月四日开出最后一批车辆撤离南京后，
即与留在南京抗战的第一连失去联系。十二月十三日南京沦陷，
我想这一连战车一定全被消灭。但是战车是如何使用又如何被消
灭的，一点情况也不了解。直到二十日以后，才有该连自南京陆
续逃回来的官兵报告经过。原来自战车连向南京卫戌司令长官部
报到后，对于如何配合步兵作战没有得到明确指示，等到十二月
五日，忽然奉到长官部的命令开往汤山附近协同某军（我记不清
是哪一军①作战。该连当日到达汤山附近即遭到敌机的俯冲轰炸，
次日清晨参加战斗，以后数日继续在京（南京）汤（汤山）公路
及光（光华门）方（方山）公路一带先后配合好几个部队与日军
作战。在方山附近战斗中，战车三辆被日军击毁，遗弃在公路
上。十二月十二日，中华门阵地被日军突破，守军溃退，战车无
人指挥，找卫戌司令长官部也无人负责。战车连长见上自卫戌长

---

① 据查，担任汤山守备任务的是叶肇的第六十六军。

官部下至各军师情况均极混乱，即自动撤到下关，准备找船舶渡江。到下关后，见仅有几艘小火轮皆被第三十六师控制（据宋希濂讲实际上是被卫戍司令长官部控制），只找到四只木拖船将战车装上，又向第三十六师的一个营长借到一只小火轮，正在拖着木船过江之际，突然又有一只小火轮追来，不准这只小火轮运送战车渡江。双方经过激烈争执，因小火轮上第三十六师的官兵较多，强迫将绳索砍断。载运战车的木船既无舵又无桨，不能掌握方向，只有听任江水冲击，顺流而下。有的木船在沙滩上搁浅，有的一直冲到江阴附近，官兵才只身脱险逃回。这一连战车就这样断送了。

两个真正的英雄

保卫南京战役，虽然战前既无准备，战时又无攻守进退的全盘计划，以致全军覆没，丧失了抗日部队的元气。可是其间也有一些中国人民的忠勇儿子，激于爱国义愤，做出可歌可泣的英勇事迹。如上述被击毁的三辆战车中，一辆战车上的两个战士中的一个（记不起姓名）逃回后，很气愤地对我说，当他的战车被敌人打坏时，排长怕死不支援救护他的战车就往后跑。他俩看到敌人的轻快部队已跟踪追来，想到继续在坏车上打必被敌人活捉，下车逃命又感到耻辱，就"决心与战车共存亡，埋伏在战车内，相机打击敌人"。果然敌人第一线部队来清扫战场，搜查战车，贸然长驱直入，向南京前进。这两个战士一直隐藏到下午四时前后，看见敌人又有一大队步兵来到，两人计议这是狙击敌人的最好机会。"他妈的，老子一个换你几十个！"他俩轻轻地将机关枪从战车转塔前后两端伸出，突然袭击，打得敌人落花流水，滚滚倒地的有几十人。可是敌人也非常顽强，立刻散开，前仆后拥地向战车攻击。但好几次皆未得逞，因这一大队敌人仅有步兵武器，没有平射炮和山野炮，无法击毁战车。就这样地战斗到黄昏以后，敌人仍无办法。这时两个战士商定，丢掉战车乘夜撤退。他俩离开战车不远，敌人突然以机枪迫击炮轰击，他的战友不幸牺牲了，他自己脱离敌人逃回。

当这个战士历尽千辛万苦回到湘潭向我报告以上的情况时，我只在口头上称赞了他的英勇杀敌行为。一直到一九三九年十一月十五日日军为截断我西南通海防的交通线，由钦州防城登陆，深入南宁，十二月三十日我军在昆仑关歼灭敌人中村正雄所部将近一个旅团之后，在虏获的文件《皇风万里》这本小册子内，发现日军叙述到南京战役的经验教训时，也谈到这一辆战车的埋伏狙击，给他们以沉重的打击。这时我才知道这两个战士才是真正的勇士。我急忙再找这个战士时，才知道他已在昆仑关战役中为祖国、为人民英勇牺牲了。这两个英勇的战士，实在是祖国人民的优秀儿子。他们以大无畏的精神，顽强地与日军单独作战，创造出当时预想不到的奇迹。他们真是无愧于祖国，无愧于人民的好儿子！

战车第一连在下关

刘树芃[※]

一九三七年十二月十二日下午，我随战车连撤至下关江边，码头右侧已经堆了很多战车连的五加仑汽油桶以及战车连的其他辎重，因为都是克罗米领章（装甲兵团领章），大家自然地会合在一块。有位排长告诉我，"正在交涉轮渡"。因当时我的军级最高，大家都愿听我指挥。

晚上九点多钟，下关已有数十处着火，我们只好集中到江岸码头附近。这时，一艘小火轮拖着一批木帆船向码头靠拢。我们即刻交涉，拦住了这批木船，并将木船两只一排用跳板连起来，准备把战车开上去运送过江。可是因为两船联结得不牢固，船的吨位又小，战车才开上跳板，船就倾倒了。反复多次，仍无效果。战车不能上，改装汽车也不行，时间已是深夜十二点，小火轮催着开船，我只好集合汽车驾驶兵商量，如何处理这批战车和汽车。有的主张将汽车全部炸毁，有的主张把手榴弹装在马达下

※　作者当时系装甲兵团步兵炮教导队第二营军需。

面，只要一踩马达，便可爆炸。经商量，决定采用后一种办法。布置妥当后，人员即全部上船。正要开船的时候，有两个驾驶兵和两个坦克兵对我说："我们四人决计留在这里打日本鬼子。"我说："上面给我们的命令是去浦镇后方。"

"不！我们是打日本鬼子的，敌人已经到了面前，应该打了再说。"驾驶兵坚持说。同时两位坦克兵也说："我们的战车上还有武器，与其破坏，不如和日本鬼子干一场。""你们排长呢？你去请示你们排长一下，我不能做主。"我想劝他们随队行动。两个司机有些不耐烦了，便说："我们自己负责，我们走了。"我急忙说："好吧，你们选好武器，带足弹药，主要任务是尽快破坏车辆。"并告知军需上士发给十天伙食。他们接了钱，带上两支驳壳枪，跳下船消失在黑幕中。

战车三连卫戍南京纪实

何嘉兆[※]

南京方山，是国民党最年轻的战车部队——交辎学校战车教导营的训练基地。教育长徐庭瑶，营长彭克定，学兵连连长赵鹄振。一九三七年春，我在该连任第一排排长。

一九三七年四月，交辎学校战车教导营改编为陆军装甲兵团，团长杜聿明。我所在的连为战车第三连，连长赵鹄振，我任连部摩托侦察班班长。连的战斗编制是：连部（指挥车两辆），侦察班（摩托车十二辆），三个战车排（每排五辆战车），一个补给排（汽车十辆）。全连由十七辆德国"克芬伯"式五吨重的并列双机枪的新战车和十二辆"春达浦"两轮、三轮摩托车装备组成。在杜聿明团长亲自督练和严格要求下，战三连已成为支援步兵战斗、抗击日军的一支强大的突击力量。侦察班的主要任务，是侦察、搜索与联络。

上海沦陷后，日本侵略军向首都南京进迫。装甲兵团其他营

※ 作者当时系装甲兵团战车营第三连连部摩托侦察班班长。

连奉命向湖南湘潭撤退，我们战三连奉命卫戍南京。于十一月二十日，由方山迁到城内丁家桥原交辎学校，并夜以继日地做好了战斗准备。

十一月下旬起，日机对南京城郊空袭频繁。在明故宫机场，只停有几架苏联空军志愿队的飞机，保卫南京领空。

十二月四日，指挥部命令，战三连和装甲兵团战防炮营一个排（两门三七战防炮）编为南京卫戍司令部直属战炮分队。战三连由连长赵鹄振指挥。战防炮排，由该营张营附指挥。必要时，加强战三连作战。当晚，指挥部命令战三连速派战车一排，支援友军围歼窜犯淳化之敌后，即在该地警戒待命。赵连长奉命后，即派战一排和侦察小组（两辆摩托车）去完成任务。战一排钱绍江排长和排附王承德即率领该排到达预定的战车待机阵地。于五时拂晓前，按规定信号，从出发阵地冲击前进，支援友军围歼淳化之敌，遂在该镇附近警戒待命。侦察小组完成任务后调回连部。是役被敌击坏战车三辆、汽车一辆，排附王承德、老班长于振江等四人壮烈牺牲。日军被战车撞辗死伤四十余人。

十二月五日下午，我奉命率领侦察班沿京杭国道（宁杭公路）向句容方面侦察搜索，未发现任何敌情，只见到我方一些零星部队往后撤。六日夜十一时许，刘指挥官命令战三连支援第三十六师补充团进攻栖霞山麓和兴隆镇东北方面高地日军。而后在麒麟门附近待机阵地。战防炮排配置在麒麟门公路两侧占领阵地。连长即命我去第三十六师补充团张团长处进行联络。我于深夜十二时返回，向他报告：一、明日（七日）拂晓前进入战车出发阵地，按信号冲击前进，支援补充团围歼兴隆镇东北高地日军；二、该团新兵多，未受过射击和投弹训练；三、全团缺员多，武器装备不齐全，等等。连长听完后，叫我一同去查哨。

十二月七日拂晓，按协同规定信号，发起冲击前进，支援补充团围歼了兴隆镇东北高地日军后，仍回到出发阵地待命。在返回途中，第二排有一辆战车，在田埂转弯时主导轮出了故障。我请求张团长派兵掩护抢修。他说："我团奉命另有任务，即将撤退，不能掩护。"我们在敌机俯冲轰炸下，将车抢修好，开回出发阵地。这时参加淳化战斗的钱排长已回来，向连长报告淳化作战人员伤亡及车辆损坏情况，其余人员车辆已回丁家桥待命。连长闻后，至为忧伤！下午五时，连长命我写作战日记，同时又命令欧阳连附和钱排长立即去下关找渡轮，为撤退做准备。两人一去不回，连长则坐立不安，然后对我们说："你们三人在此指挥，我再去下关看看。"他也是一去不复返。这时南京外围战越打越烈。我们三人商议决定，将战车后撤到麒麟门待机阵地。郭、蒋二排长叫我马上进城请示。

我在上海路一幢小洋房内找到了刘介辉指挥，他正在烤火喝茶。我向他报告后，他同意撤到麒麟门附近待命。我立即开车返回，车抵中山门时，守城门的排长令我停车，并告知："马上要在公路上埋设地雷，你们战车要迅速撤回城里。"我又开车飞快折回请示，只见炉火正旺，茶水还在冒气，就是找不到刘介辉。怎么办？时间不等人！我又快速返回中山门说明情况，得到教导总队工兵指挥官同意，限我们战炮分队在深夜一时前，必须撤回城里。我们连就这样撤回城里丁家桥交辎学校内。

十二月八日起，日军开始向南京多处城郭阵地进攻，南京城郊已被日军三面围攻中。除挹江门外，其他城门均紧闭，并以多层沙袋加固工事，各守城部队均严阵以待。

九日晨，我们将连部由丁家桥交辎学校迁到卫戍司令部（在铁道部）对面的交通部，这样便于联系。战炮营张营副就成为我们战炮分队与卫戍司令部的联络官。下午奉司令部命令：派战车两辆在卫戍司令部附近加强警卫，并派摩托车在主要街道巡逻。

其余三排战车分别在明故宫机场、中华门内和交通部待命。全连部署完毕已是午夜了。整天空袭警报，敌机对上新河中央广播电台等地频繁轰炸，城内也能听到稀疏枪炮声，城内气氛较前紧张，商店大部分停止营业，老百姓都逃往山西路的难民区。昔日秦淮河畔，灯红酒绿，纸醉金迷；今日行人稀少，冷冷清清。在灯火管制下，入夜全城漆黑，像一座死城。

十日晨，马群上空，日军侦察气球高高升起，敌人气焰十分嚣张。因无飞机，卫戍部队只有望球兴叹，徒唤奈何！中午左右，城郊附近枪炮声不断，郊外有几处浓烟升空。

十日，雨花台曾一度失守，中华门附近房屋多处被敌炮击中起火。中华门内沿街排放很多圆木，防敌骑兵突入城内，我战三排战车做好巷战准备，严阵以待。水西门等处，战斗也很激烈，枪炮声昼夜未停，爆炸声响彻全城，战斗达到最高峰。城内人心惶惶，不知所措。据说第一五六师李江部队在深夜经常从通济门阴沟出击，夜袭日军。明故宫机场附近的光华门，整天处于敌炮火轰炸之下。日军于夜里从城门外层沙袋缺口处爬入，防守该处的教导总队某团，发现敌人后，在我连五辆战车支援协同下，奋起反击，将冲进日军歼灭，复将光华门城门洞以沙袋堵塞加固。

十一日，奉命去三条巷第一五六师师部联系如何支援该师准备巷战事宜。途中，遇到宪兵司令部摩托车排排长李孔琼同学，他对我说："我马上向武汉撤退，谷正伦司令等早已走了。我给你二十元钱，准备将来用。"说完，就飞快开车走了。我去第一五六师师部向李江师长报告后，他同意我连的建议，并指示我要经常和他联系。

十二日，除挹江门外，南京城周围枪炮声整天不停，战斗异常激烈。光华门、中华门等处房屋多处大火，浓烟遮天。中午时有一发炮弹落到福昌饭店门前，当即炸毁小轿车一辆，死伤数人，在电线上还挂有死者的肢体衣服等。午后，第三十六师通信连连长任辅同学，在撤退前，将多余的酒菜送给我，从而饱餐了一顿。因为这几天实在太累，就靠在椅上睡着了。我被"撤退了！撤退了！"的喊声惊醒。张营附告知：卫戍司令长官已下达了撤退的命令。

十二日黄昏，我去三条巷第一五六师师部向李江师长请示时，他正给教导总队桂永清打电话，怎么也打不通，他满面怒容，将电话机用力一摔，边骂边对我说："老弟，完了！战车不用了，你们开回去吧！"我又去通知战三排郭上岩排长从中华门撤回交通部待命。这时通向挹江门的马路上，挤满了警察、伤兵和零散部队，准备向下关撤退。卫戍司令部已是人去楼空，纸屑满地。我们鉴于情况紧急，遂决定立即撤到下关。出挹江门时，遭到第三十六师守城门士兵鸣枪阻止。在张营附指挥下，我们开车冲出了挹江门。后面的人群也随车队冲出了城门。战三排被阻在中华门的最后一辆战车，也随人群后面，从被挤倒踩死的人身上通过冲出挹江门。

战车在浓烟火海中到达下关江边海军码头附近。江边没有渡船，车辆装备及全连弟兄如何过江？我们焦急万分！等了好久，我建议分头去找船。我先奔向上游轮渡，只见停有一小火轮，船上架着两挺重机枪，警卫十分森严。我回答了口令，前去联系。据告这是为唐司令长官准备的，"谁也不准上！"我返回向张营附报告后，他命令将战车上的瞄准镜、机枪、话报机等卸下，两人负责准备用汽车轮胎、木板等扎木排渡江；同时令我再去找船，如找到船，即鸣枪为号。我即带班长冯道海、士兵陶艺六、邓威、屈成孝（又名世沧）等，向海军码头下游方向走去。不远处发现有两名警察划着一只木船靠岸，我即上前打听，得知是来接警察所蔡所长的。我即鸣枪发出信号，郭、蒋两排长和部分士兵奔向前去，夺下船只渡江逃生。船行江心，闻有敌机多架，飞向下关江边轰炸。随后，江边火光冲天，爆炸声和人群惨叫声，响彻夜空。我们对此，均十分悲愤！木船顺流疾驶而下。在靠近北岸时，江防部队用机枪向我们射击。我下船踩着没膝深的淤泥，涉水走上岸，到了浦口车站，才知他们是胡宗南第一师的部队。据江防连长告知："七日晚；已有日军冒充我军伤兵渡江，现正在铁路以西与我军激战中，你们赶快沿铁路向北走较安全。"我们即向北走，于十三日晨到达孝义车站。

高炮连参加南京保卫战简记

沈　咸※

一九三七年卢沟桥事变后，建立了炮兵第四十二团和第四十三团。当时，我刚由陆军步兵学校高炮科毕业，被委任为第四十二团（团长缪范将军）第一营第三连上尉副连长，连长是杨秉义。我连配有德国造高射炮六门，每门炮身重两吨，用五吨牵引车载运。高射炮性能为高射两千五百米至三千米，平射四千米。

高炮连于八月下旬参加淞沪保卫战后，十月二十三日，又从上海战场开往南京，保卫首都。

十月二十五日，我们连到达南京市，立即进入阵地。连长杨秉义率领第三排排长吕齐和士兵布防浦口，保卫长江码头、轮渡、车站；第二排（排长姓名忘了）布防紫金山，保卫飞机场；我率领第一排排长王永贵和士兵布防雨花台，保卫中华门、水西门和飞机场。全连三个排，每排各装配两门高射炮。

当时，我军有十几个师的兵力布防于首都周围，由委员长蒋

※　作者当时系炮兵第四十二团第一营第三连副连长。

254

介石亲自指挥，并成立了南京卫戍司令长官部。高炮连布防后，蒋介石批准十一月份发给官兵双饷。十一月十五日上午，团长缪范将军和驻防雨花台一带的某师师长（姓名忘了）到我们高炮排阵地召开誓师大会。缪将军命令我们"为民族、为国土、为生存战斗到底！"南京各界代表也到阵地慰问，召开慰问大会，大家发言激昂，表现了举国一致、军民一心、宁死不屈、抗战到底的决心。我代表第一排炮兵讲话，表示死守城池的决心。会场上充满了同仇敌忾的气氛，至今历历在目。

从十一月初开始，日军飞机就对南京进行进攻性轰炸。当时，敌机没有导航设备，它们从上海起飞，沿着京沪铁路（沪宁线）、京杭国道（宁杭公路）、长江三线飞行。抵达紫金山上空后，再分散开去寻找投弹目标。这时，驻防在南京飞机场的我军飞机，虽然英勇升空迎击，终因数量太少，无力制止敌机的疯狂轰炸！

十一月二十日，国民政府发布迁都宣言。南京城内机关、学校、工厂、商店、社团开始内迁。二十三日深夜，我高射炮第一排奉命移防，保卫飞机场。

二十五日，南京天气晴朗。上午九时，防空指挥部命令："发现敌机，注意警戒！"我立即向观测兵和射手下达命令后，就和王排长用望远镜搜索，果然发现空中有两个黑点，接着，又发现黑点后边还有三个小黑点。我又命令："注意观测，准备射击！"顷刻，五个黑点扩大成五架飞机，飞在前面的两架则是我军侦察机。原来，这天凌晨，我军两架侦察机执行任务未返航，即遭到敌机的追击。这时，机场我军战斗机立刻起飞迎敌。当敌机进入南京上空后，在我战斗机和高射炮的夹击下，敌机仓皇逃去，我机安全降落。

此后，日军加强空袭。飞机场、长江码头、轮渡、车站、政府机关和稠密的居民区，都遭到滥炸。与此同时，日军地面部队也沿着京沪铁路和京杭国道向南京外围的丹徒、句容、溧水等县推进，展开了对南京的钳形攻势。

二十八日，指挥部获悉：日军企图炸开南京城门，突入城内。我高炮第一排奉命移防中华门（按：南京城墙周长三十五公里，厚十米，高十三米至三十五米。东倚紫金山，北临长江，西南以秦淮河为天然护城河。这秦淮河发源于溧水县境，流抵南京城光华门后，即西折绕中华门、水西门、汉中门、草场门到城北注入长江。秦淮河水深两米余，河面最宽处有百米以上。坚固的南京石头城，是一般大炮无力轰毁的）。

三十日，多云天气。上午八时左右，防空测空机测知有两队敌机入侵。指挥部命令我们"注意观测，加强警戒"。等到敌机飞抵紫金山上空，我即命令："准备射击！"炮手们屏息注视。当观测兵报告敌机已降到两千米高度后，我高射炮立即射击。炮声和敌机投下炸弹的爆炸声响成一片。城内许多房屋起火，但城墙依然无恙！我们弟兄咬牙切齿，恨不得把敌机打个粉碎！当敌机再次俯冲投弹时，我高射炮第一排的炮手们终于击中了一架敌机，敌机的油箱起火，拖着长烟，坠毁于夫子庙附近。击毁敌机，振奋了南京军民，许多居民不顾危险跑到我们阵地慰问。午后，缪范将军前来视察、慰问，并宣读了蒋介石委员长签署的军事委员会嘉奖令，为全排官兵记三等军功一次，还发给犒赏银洋五百元。

十二月一日开始，排成品字形的敌机大队一次又一次地轮番对我首都实行灭绝人性的报复性轰炸。我还记得：第一天入侵九次，第二天入侵十一次，第三天入侵十五次。轰炸目标集中在中华门、水西门一线。南京城西南隅广大地区，被炸成一片瓦砾，没有一条完整的街道，没有一座完整的房屋。为了打击敌机又使自己不受损失，我们排不断转移炮位，有时，一天内要转移七八次阵地。敌机在我高射炮火力攻击下不敢低飞投弹，始终没有炸中城墙。

这时，句容、溧水、丹阳等县相继陷落，敌军缩小包围圈。十二月七日，蒋介石飞离南京城，保卫战进入最后阶段。

十二月十日，日军逼至南京城下。紫金山、雨花台都遭到敌炮猛烈轰击。下午，我们高炮第一排阵地中弹，一名电话兵重伤。当晚，我排奉命退入城内，布防新街口。我城南守军也陆续退入城内加强城防守备，同时关闭所有的城门，用石块、沙袋等垒实。

十二日，雨花台守军与日军展开了最后的激战。下午，我高炮第一排一辆牵引车轮胎被敌炮炸毁，一名驾驶兵阵亡。敌军包围南京后，敌机空袭减少，我们把高射炮改为平射，向城外轰击。傍晚，我们与指挥部、高炮连连部失去联系。这时，枪炮声更急、更密集，只见许多军民向下关江边拥去，城内秩序相当混乱。这天下半夜，枪声突然稀少，我感到惊奇。十三日黎明，有位相识的李营长（名字忘了）路过新街口时，悄悄告诉我："昨夜，日兵爬登水西门，守门官兵全体阵亡。中华门也陷落了。"上午七时，枪声转为剧烈。八时，我们与高炮连连部重新取得联系。杨秉义连长命令我："炸毁高射炮，率领弟兄到浦口集合！"我含泪把这些曾伴随我参加过淞沪抗战，又参加了首都保卫战，还曾击毁过一架敌机、立过战功的高射炮炸毁了！

当我们正想乘牵引车开赴挹江门时，突然一串子弹飞来，牵引车被击中，排长王永贵和七八名士兵阵亡。原来，插到中山路的一股敌兵向我们射击，阻断了我们北撤的路。我们高炮排除军官各有一支木壳枪外，全排士兵仅有两支自卫马枪。我们手中没有武器，只好退入附近一座楼房，再退到国府路（今为长江路）。

这时，我军坦克出击，战斗很激烈。下午，我们官兵十九人多次绕过敌人火力网撤退到太平北路莲花桥一带，向江边靠拢，途中又牺牲了三个弟兄。这时，来人报告说有六个敌兵在杀害近百名的老百姓。我当即命令："向敌人袭击！"终将敌兵统统杀死，收缴了武器。我们也有两名士兵阵亡。

十四日，我们转移到兴中门附近，不料那里已有敌兵把守，并与我少数守军激战。我们又折回到中山北路，发现国际红十字会难民收容所也惨遭日兵袭击。当夜，我们从鼓楼附近西进时，只见中山北路积尸遍地，有的地方的积尸竟有一人多高。在黎明前，我们进入中央大学校园隐蔽。由于敌兵已遍布全城，我们白天活动困难，只好在夜间行动。这时，我们只剩十个弟兄了。

十五日夜，我们摸索到随家仓。路上绕过几处敌兵，又失散了一些弟兄。下半夜，我们到达清凉山，还能听到零星的枪声……高炮第一排原有官兵四十七人，现在只剩下我和班长程岳（浙江省义乌县人）及一名姓陈的士兵（名字忘了，江苏省人）。当夜，我们偷偷地摸出了草场门，泅过秦淮河，到达三汊河。镇上的居民早已全部撤走了。这时，村庄静寂，芦荻萧萧，遥望南京，仍然火光烛天，不禁悲愤泣下。

十六日夜，我们从隐蔽的芦苇中出来，找到机会，渡过长江，再辗转到达徐州，找到连部，重新编入炮兵部队，继续抗战。

第五章

南京失守和日军的暴行

南京守城战

宋希濂※

　　一九三七年八一三上海战争爆发，我率所部第三十六师（约一万人）投入战斗，在江湾天宝路及大场一带与敌周旋了两个多月，无日不战，前后伤亡逾万。十月二十八日，奉命撤到苏州河南岸据守，战至十一月九日，又奉命向昆山方面撤退。到达昆山时，陈诚总部（陈诚那时担任前敌总指挥）已经撤走，那里只有一些找不到自己单位的小部队和失散的士兵。我得不到任何指示，便率部退往苏州。大约是十七日黄昏时到达苏州的。这个古城已是死一般的沉寂，街上店门紧闭，阒无一人。我走到电话局，和在无锡的顾祝同（顾那时任第三战区副司令长官，负东战场指挥之责）接通了电话，他叫我迅即开到无锡去。当晚继续西行，于十九日正午到达无锡，即往见顾祝同。他告诉我，军委会命令第三十六师立即开南京，运输部队的车辆已通知铁路局准备，要我速往接洽。同时他对我说，这次撤退很仓促，许多部队

　　※　作者当时系第七十八军军长兼第三十六师师长。

弄得十分凌乱，致不能按照预定计划占领阵地阻止日军的前进，苏州已于本日晨失陷，情况很紧迫云云。不久无锡、武进、宜兴等地相继陷敌，国民党军队毫无抵抗，敌军长驱直入，很快就进抵南京附近。

这次撤退的混乱，在战史上是罕见的。以这样大的兵团，既不能进行有组织的逐次抵抗以迟滞敌军的行动，又无鲜明的撤退目标，造成各部队各自为政，拼命地向西撤。战场统帅部对许多部队都不明白其位置，遂使敌军如入无人之境。各级指挥人员没有适当的撤退部署，不能切实地掌握部队，当然要负丧师失地之责。但最主要的是蒋介石过分地希望依赖国际联盟和九国公约签字国对日本施加压力。以这样的主导思想来指导战争，所以弄得一败涂地。

守不守南京的争论

我率残部三千余人于十一月二十二日上午到达南京，下午四时往见蒋介石。他这时住在中山门外四方城的一栋小平房里，为的是避免敌机轰炸。我见他时，看出他的脸色憔悴苍白，情绪却很紧张。他向我询问部队的实力情况及沿途所见情形后，就说："调你回来，是要你参加守卫南京的任务，归唐司令长官指挥。何部长尚在南京，需要补充的兵员武器器材等，可即向何部长报告。"我从蒋那里出来后，即到三牌楼军政部见何应钦，这时军政部绝大部分人员都已迁往武汉，仅有少数人员随何留京。这次一见面，何就对我说："日本自明治维新以来，经过五十年的努力，发展成为世界上头等强国，拥有现代化的陆海空军。而我国没有自己的工业，机枪大炮，都要从外国买来，国家内部不统一，民众又无组训，怎能从事这样大规模的战争呢？"接着他对于在上海战场牺牲之大，损失之重，以及兵员物资等方面补充的困难，表示摇头叹息。最后他将驻在芜湖的两个补充团约有四千多人拨给我师补充，要我迅即派人前往接收，同时拨发了一部分轻重机枪、步枪及通信器材、工兵器材。我于二十三日、二十四日先后会见了唐生智、白崇禧、张群、王俊（第一部次长）、钱大钧（蒋之侍从室主任）、萧自诚（蒋之秘书）等人，大体了解到关于守卫南京的会谈经过及计划。

自敌军在金山卫登陆，上海战局急转直下之后，"守不守南京"成为当时军事上的中心问题。蒋介石于十七、十八两日曾三次邀集何应钦、白崇禧、唐生智、徐永昌、王俊、刘斐、谷正伦等人开会。大多数认为今后进入持久抗战的局面，从长远和全面的观点着想，应以保存力量为上，均主张在原则上不守南京，只用少数兵力——最多六个团到十二个团——作象征性的守，并曾拟议以四川刘湘部的两个师担任。唐生智独持异议，坚主死守。其理由认为南京是首都，也是孙中山先生陵墓所在，为国际观瞻所系；守南京方足以表现我们抗战的意志和决心，并可牵制敌军的兵力。由于意见分歧，在头两次会议上未做出决定。到十八日晚最后一次会议，蒋介石说："南京是我国的首都，为国际观瞻所系，对全国人心也有重大影响，完全不守是不可以的。应较十二个团的兵力酌量增加。"接着蒋介石就问："守南京问题就这样决定，大家看谁来负责好？"当时都没有人作声，沉默了一会儿，唐生智自告奋勇说："军人以身许国，当此危难之际，何能畏难以求苟安。如果委员长还没有预定人来担任，我愿负此责任，誓与南京共存亡。"蒋问大家的意见如何，何应钦说："孟潇兄愿意担任是最适当没有了。"大家都无异议。蒋介石于十九日以手令特派唐生智为南京卫戍司令长官，罗卓英、刘兴为副司令长官。唐生智于二十日视事，并发布告。但国民政府的正式命令至二十

263

四日才发表，唐先视事后奉令，可想见当时南京的仓皇情况。张群也是不赞成守南京的。他认为没有守南京的条件，不可能长期固守。他另外还有一种见解，曾对我说："如果我军自动退出南京，日军不是以武力攻占的。万一将来和谈时，它就不能以战胜者自居而对我进行要挟。"

唐生智二十日就职后，立即组织司令部，设置于铁道部内①。在十八日的会议上，大体决定了守卫南京的部队为桂永清的教导总队，第七十八军的第三十六师（我任军长并兼此师师长），第七十一军王敬久的第八十七师（师长沈发藻），第七十二军孙元良的第八十八师（孙兼师长），第二军团徐源泉所部丁治磐的第四十一师、徐继武的第四十八师，以及宪兵两个团、炮兵第八团的一个营和战防炮、高射炮、通信营等，共约七万人。长官部策定的守备计划，概要如下：

一、以第二军团在栖霞山、乌龙山地区占领阵地，联系乌龙山要塞炮台严密封锁长江，并竭力阻击沿铁路西进之敌。

二、以第三十六师在红山（大红山）、幕府山、下关、挹江门附近占领阵地，联系狮子山要塞，阻击来攻之敌。

三、以教导总队在紫金山、麒麟门、中山门一带占领阵地，拒击由京杭公路（宁杭公路）来犯之敌。

四、以第八十七师守备光华门、红毛山及通济门营房一带。

五、以第八十八师守备雨花台、中华门一带。

六、其余部队为总预备队，位置于城内，担任治安的维护及防空等任务。

唐生智于二十七日对新闻记者发表谈话，略谓：本人奉命保卫南京，至少有两事最有把握：第一，即本人及所属部队誓与南

① 据谭道平回忆，南京卫戍司令长官部开始设于唐生智南京百子亭公馆内，于十二月九日迁入铁道部。

京共存亡，不惜牺牲于南京保卫战中；第二，此种牺牲定将使敌人付出莫大之代价。

我依据长官部颁发的守备计划，于二十五日率部到达指定地区，给予各部队的命令要旨如下：

师以协同友军固守南京之目的，决心于红山、猪头山、幕府山、下关、和平门、挹江门附近地区占领阵地，利用工事，联系要塞，主要以火力歼灭来犯之敌。

重点：东正面指向红山，西正面指向下关附近。左右依托玄武湖与幕府山要塞。

阵地工事——就原有之永久工事为基础构筑。视情况予以加强，构成强固闭锁式或半闭锁式堡垒。利用前进阵地，警戒阵地韧强抵抗，消耗敌人，并掩护主阵地。

师之骑兵连主力位于大水关，一部位于燕子矶，搜索敌情。受敌压迫时，由和平门退回预备队位置。

一〇八旅担任东正面红山、北固山的守备，右与教导总队联系，左与一〇六旅联系。

一〇六旅担任挹江门、和平门至晓庄师范学校一带的守备，右与一〇八旅联系，左与宪兵团联系。

同时划定了各部队的作战境地。师司令部位置于挹江门附近。

在九月下旬，军事委员会发表我为第七十八军军长，但所指挥的部队实仅为第三十六师。自率残部三千余人到南京后，接收了补充兵约四千人，虽然有了七千多人的一个师，但大多数是新入伍的，有的连枪都没有摸过，射击要领一点也不懂。部队开到阵地后，一面做工事，一面教射击，并做了些石灰堆，要新兵进行实弹射击。

自上海战局形势逆转后，退却紊乱不堪。第七十四军军长俞

265

济时率所部第五十一师王耀武部、第五十八师冯圣法部,与战区长官司令部完全脱离联系,自苏州一直退到南京附近的句容、汤山一带。俞济时是蒋介石的亲戚,曾充当蒋之侍从人员及警卫旅长多年。他到汤山后便来南京见蒋介石,蒋也没有责备他,就叫他率部参加守卫南京,经唐生智赋予这个军以守备淳化镇、牛首山一带的任务。这大约是十一月二十七日前后的事情。约再过了两三天,又有第六十六军军长叶肇率所部第一五九师谭邃部及第一六〇师(叶肇自兼师长),第八十三军军长邓龙光率所部第一五四师巫剑雄部和第一五六师李江部(这两个军都是广东部队)自镇江退到句容、汤水镇(汤山镇)一带。经唐生智报告蒋介石核准,命叶、邓两军均参加保卫南京的任务。卫戍长官部令这两个军在汤水镇东西之线占领阵地,阻击沿京杭公路向北进犯之敌。这样就形成了以第二军团、第六十六军、第八十三军、第七十四军守卫南京外围阵地,以第三十六师、教导总队、第八十七师、第八十八师守卫南京复廓阵地的两线配备态势。由于部队的残缺,新增加的这三个军合计实有兵力四万人左右。加上原有的,保卫南京的总兵力为十一万余人。

德国大使陶德曼到南京的内幕

截至十一月二十五日,国民政府所属各机关都已迁移到武汉或重庆去了。在八一三上海战争未爆发以前,南京人口约为一百万人,至此所剩仅三十余万人。蒋介石于十一月二十九日(或三十日)亲自带着唐生智、罗卓英、周斓(长官部参谋长)、王敬久、孙元良、宋希濂、桂永清、邵百昌(江宁要塞司令)等人到紫金山、雨花台、狮子山炮台等处视察了南京的复廓阵地。政府的重心移至武汉去了,蒋介石在南京已经无事可做,为什么还不走呢？这是一个谜。在视察城区阵地完毕的那天，我问侍从室主任钱大钧："委员长和你们什么时候离开南京？"钱悄悄地对我说："还要几天，德国大使陶德曼日内就要来京见委员长。"我觉得突然，就续问："陶德曼这个时候到南京来干什么？"钱说："还不大清楚，可能是德国想来斡旋和平。"过了几天，我向蒋介石的侍从秘书萧自诚了解陶德曼来京的内幕。他告诉我："陶德曼这次来京见委员长，是想由德国调停中日战争，他转达了日本所提停战条件六项：一、承认伪满、内蒙古独立；二、扩大'何梅协定'，规定华北为不驻兵区域；三、扩大'淞沪协定'非武装区；四、中日经济合作；五、中日共同防共；六、根绝反日运动。委员长曾征询白崇禧、唐生智、顾祝同、徐永昌等人的意见，他们均表示可以接受。电商阎锡山，也表示赞同。委员长向陶德曼表示，可以将以上条件做谈判基础，但对日本不敢信任，日本说话可以不算数，德国是好朋友，要求德国须始终担任调停人到底。"同时又对我说："德国希望中国参加反共反苏阵线，自不愿中日间的战争演变为长期性的。日本对中国的政策亦不希望进行长期战争，它是采取逐次吞并的策略；因而和平谈判的可能性颇大。如果谈判，总需要一些时间，日军在这期间大约不会进攻南京。这样，我们可利用这个机会把部队整顿充实一下。"这虽是萧自诚的话，实际上就是蒋介石的想法。

十二月四日晚八时，蒋介石到南京卫戍司令长官部召集师长以上的高级干部讲话①，内容要点为：一、抗战五个月来，虽然军事上是暂时的失败了，丧失了许多地方，但也给了日军以相当大的打击，使日军不能达到它速战速决的目的。二、由于我国的英勇抗战，获得了国际上的同情和支援。三、为什么要守南京

①　据谭道平回忆，蒋介石召开的这次会议是在蒋离开南京的前一天晚上。

呢？因为南京是我国的首都，又是总理陵墓所在，为国际观瞻所系，同时对国内人心的影响也很大，所以必须固守。四、守南京可以牵制敌人兵力，而使其他部队得有喘息和整补的机会。五、希望大家抱定决心，努力固守。现云南部队三个师装备齐全，兵力充足，又有作战经验，不久就可到达武汉。我将亲自率领这个部队从皖南方面来解南京之围。六、守卫南京是一个伟大而光荣的任务，大家要在唐司令长官指挥之下，同心同德，抱定不成功便成仁的决心，恪尽军人守土卫国的神圣职责。蒋介石讲话一个多钟头后，唐生智以悲壮的语调表示誓与南京共存亡。最后蒋嘱大家要"效法唐长官的决心和精神，服从唐长官的指挥，努力完成任务"。会后，蒋介石便乘飞机离开了南京。

敌军三路进攻

自敌军于十一月二十五日占领无锡后，即策定分三路进攻南京的计划。东路沿沪宁路进袭镇江后即向南京进犯，中路沿宜兴、溧阳、句容，直犯南京；西路则先趋广德经宣城攻芜湖，截断我南京守军的退路。东路之敌陷镇江后以一部沿铁路西进，于十二月七日与我栖霞山守军第四十一师接触。东路敌军主力沿宁杭公路西犯句容，于十二月四日攻陷；至六日，句容之敌北犯汤水镇，与我第六十六军发生激战。中路之敌自陷宜兴后，即沿京杭国道继续北犯，先后进陷溧阳、溧水，于十二月六日进抵淳化镇，与我第五十一师发生激战。西路之敌自陷广德后，即继续前进，向郎溪进犯，在七里店、陆家铺、长乐铺等处，利用水道，以小汽艇前进，占领郎溪，于十二月六日渡丹阳湖南岸，威胁我芜湖后方。同时，一部敌军，由十里岗越南漪湖之西陈村、双塘店进犯宣城；七日，敌军用战车冲入城内，遂陷宣城，旋犯湾沚镇。八日，敌军之第十八师团及伪满军于芒山旅猛犯芜湖，国民党守军及行政专员、县长等均弃城而去，敌军进城后，屠杀我市民两千余人于江边。至十一日，南京与芜湖间之当涂，亦被敌军占领。至十二月八日我第六十六军、第八十三军部队在汤水镇东西之线遭受敌军重大压力，放弃该地，转移至城郊紫金山东北地区，同时，我第七十四军退出淳化镇、大胜关一带，并在大胜关东北地区继续与敌激战，我第二军团两个师仍在栖霞山附近与敌军对峙。自六日以来，敌经常以大批飞机轰炸城内及城郭附近各要点。

十二月九日南京卫戍司令长官部发布命令，要旨如下：一、敌军已迫近南京，我军日下占领的复廓阵地，为固守南京之最后战线。各部队官兵应以与阵地共存亡之决心，尽力固守，决不许轻弃寸土，动摇全军。若有不遵命令，擅自后移者，定遵委座命令按连坐法从严办理。二、各军所有船只，一律交本部运输司令部负责保管，不准私自扣留；着派第七十八军军长宋希濂负责指挥沿江宪警，严禁部队散兵私自乘船渡江，违者即行拘捕严办，倘敢抗拒，准以武力制止。

十二月九日敌围攻南京城更为逼近。我第七十四军在大胜关、牛首山一线被敌军攻破，节节后退，被迫转移至水西门附近担当守备，旋敌军追至，即在水西门外之上河镇（上新河）一带与敌发生激战。栖霞山被敌军攻占，我第四十一师退至和尚桥附近与第四十八师协力在该地一带占领阵地。淳化镇之敌军主力，陷高桥门、七桥瓮，遂沿大路向光华门进攻；另一部占领通济门外的营房，并向通济门进攻。沿京杭国道由汤山向南京进攻之敌，于九日向我教导总队守备的老虎洞、体育场、马群、孝陵卫西南一带高地（这是前进阵地）展开攻击，我守军受敌军的攻势压迫，于当晚放弃了这条前进阵地，退守紫金山第二峰、麟阁寺、西山之主阵地。十日，敌围攻南京复廓阵地甚为猛烈，午后敌军一部突入光华门外廓，经教导总队与第八十七师协力反攻，至黄昏始恢复。十一日，全线都在激战，我守军增援城防，并做巷战准备。十二日，敌军第六师团主力猛攻中华门外重要据点雨花台，守军第八十八师伤亡惨重，雨花台陷落。敌军迅即以重炮向中华门轰击，同时敌以一部分炮火向城内新街口、中山东路等处射击，有许多建筑物被毁，震裂声震动全城，有三处起大火，黑烟冲霄汉。自雨花台陷落后，第八十八师全部守备中华门，受敌军重炮的轰击，敌步、工兵逼近城垣。第八十八师师长孙元良率所部两千余人向下关方面退却，企图过江。唐生智得悉，命我负责堵阻。我当力劝孙元良万不可这样擅自行动。孙为情势所迫，乃又率所部回中华门附近。敌军第十六师团主力于十二日拂晓猛攻教导总队在中山门外的主阵地带，中山陵园、遗族学校、吴王坟一带激战甚烈；至午后阵地多处被突破，敌军逼近中山门，但紫金山主峰尚在我军固守中。敌军另一旅团本日上午突破我第四十一师、第四十八师在和尚桥附近的阵地，占领杨坊山、银孔山一带，继续向乌龙山要塞进攻，并有一部向西窜犯。另有敌军一部占领江心洲等处，其主力与我第七十四军在上河镇及水西门附近发生激战。围攻南京之敌为第六、第九、第十二师团及第五师团之第九旅团①。十二日敌军对南京城的攻击达最高潮。敌重炮猛轰中华门，有数处倒塌，敌步兵在其炮火掩护下蜂拥而上。守军第八十八师抵挡不住，撤离中华门。至此，南京城被打开了一个缺口。

————————

① 一九三七年十二月一日，日军参谋本部以大陆命第八号下达敕令："华中方面军司令官须与海军协同，攻占敌国首都南京。"围攻南京的日军计有：上海派遣军的第三师团之山田支队、第九师团、第十三师团和第十六师团；第十军的第六师团、第一一四师团、国崎支队等。

270

当战争将迫近南京时，曾有些人士及外国传教士等，倡议组织难民区。经卫戍司令长官部核准，划中山北路以北地区，即自新街口为起点至山西路止为难民区，区内约可容二十五万人。中华门至花牌楼一带，原为居民聚居地区，尤以世世代代生长在南京的人及无力他徙的贫民，多半是住在这个地区里。十二日敌军猛攻中华门，这一地区落的炮弹颇多，许多房屋被毁，遂使这一带的居民发生恐慌，纷纷趋往安全区。当其奔走逃难之时，更高呼亲友，告以日军已冲入城内。而第八十八师及一些高射炮队等亦加入退却。至是，自中山东路起通往下关江边之马路上，拥挤不堪，纷纷争先，梗塞于途。亦有急于奔逃，而将各物抛弃途中者。逃难中的居民及一部分散兵，亦有迁入难民区者。总之，十二日下午形成了极端混乱的状态。

惨死同胞三十多万人

十二日下午二时，卫戍司令长官部指示本师：一、下关通浦口为我军后方唯一交通路，应竭力维持秩序，严禁部队官兵及散兵游勇麇集，以确保要点。二、第七十四军在上河镇与敌激战，其后方交通应由汉西门与城内联络，禁止该军部队通过三汊河退入下关。三、着该师在挹江门至下关一带，立即施行戒严，禁止一切活动。至四时左右，第七十四军在三汊河搭浮桥，企图退入下关，经唐生智命本师予以制止。

自十二日下午二时敌军攻占中华门①。中山门外的战斗亦异常激烈。敌军猛攻乌龙山要塞，情况十分紧张。敌海军舰队正在乌龙山附近江面清扫鱼雷，排除航行障碍物，同时得知侵陷当涂

---

① 一说中华门于正午失守。

之敌，已在该处渡过长江，向浦镇前进中。卫戍司令长官部认为情况异常严重，战局难以挽救，遂于下午五时召集师长以上将领开会。首先由唐生智简要地说明战况，并提出分路突围的计划，征求各主官的意见，大家均无异议。于是长官部参谋长周斓以印刷好了的命令发给每人一份，会议只历时二十分钟就散了。命令规定占领挹江门至幕府山一线的第三十六师，负责掩护长官公署及直属部队渡江后得继续渡江，其余部队一概不许渡江，按照长官部指定的方向——广德、宣城、芜湖间地区——突围。但除第六十六军军长叶肇，第八十三军军长邓龙光执行了这个命令，率所部绕过栖霞山附近敌军，穿过其间隙突围成功外，其余多拥向下关，企图觅船过江。这就造成了十二日晚间在挹江门下关一带的极度混乱。

下关浦口间原有两艘渡轮，每次可载七八百人，往返一次约需时四十五分钟。那时下午五时就天黑了，早晨要到七时才天亮，即夜间有整整十四个小时可以航行（因白天敌机活动频繁，不敢开行）。如果卫戍司令长官部的运输机关能确实掌握这两艘渡轮，则至少可以运送三万人过江，但是他们却让这两艘渡轮开往汉口去了。留存在下关江边的，只是几艘小火轮（最大的只有一百多匹马力）和约二三百只民船，这样多的人要过江去，而船只却这样的少，因而就发生了许多悲惨事件。长官部召集的会议散了后，唐生智等立即开始渡江，但各部队均不遵令突围。教导总队、第八十七师、第八十八师、第七十四军及南京警察等，均沿中山路拥向下关，争先抢过挹江门，互不相让，并曾一度与守挹江门之第三十六师第二一二团部队发生冲突，秩序混乱达于极点。随之下关亦乱，船只既少，人人争渡，任意鸣枪。因载重过多，船至江中沉没者有之。许多官兵拆取店户门板，制造木筏，行至江中，因水势汹涌，不善驾驭，惨遭灭顶者数以千百计。哀号呼救之声,南北两岸闻之者,莫不叹伤感泣,真可谓极人世之至惨。

十二日下午五时半我在长官部开会回师部后,即以电话令各部队严密戒备,掩护唐长官等渡江,至九时左右长官部人员已渡江完毕。我于九时三十分集合各部队长面授要旨:一、军掩护长官部渡江后陆续渡江;二、第一〇六旅之第二一二团担任挹江门至下关一带的警戒,待命渡江;三、第一〇八旅留一部担任和平门、尧化门等地的警戒,待命渡江;四、无任务之部队,本(十二)日晚十一时开始移动,至和记公司附近集合,归第一〇八旅刘英旅长指挥;五、各部队概由金川门出城,不准经过挹江门。我率师司令部人员及直属队于是日晚十二时到达和记公司附近,当觅得小汽艇两艘,民船十五只,即开始渡江。第一次渡江后,派人将船押回江南续运。但麇集下关之其他部队均向和记公司附近拥挤,第三十六师的部队多被冲乱,有些船亦被他们抢渡去了。至十三日晨八时止,本师渡江到了浦口的约为三千人,未能渡江者占半数以上。有第二一二团营长谢淑周因部队被冲散,又无船可渡,他和两个传达兵扎了一个木筏,三人坐其上,放之江中,随波逐流,顺江而下。行至乌龙山附近江面,被敌舰发现,用机枪扫射,有一传达兵中弹殒命,他们将之推入江中,继续漂流。一直流至扬州附近十二圩,才被船户发现救起,在一个乡村里换了衣服,步行至津浦铁路之张八岭车站始获归队。

十二月十三日敌军入城后,纵兵放火,奸淫屠杀,将我无辜民众及失去抵抗力之徒手士兵,用绳索捆绑,每一百人或数百人联结一团,用机关枪扫射,或用汽油焚烧。据后来远东国际法庭对敌酋松井石根判决书调查证明:我军民被敌射杀、火焚、活埋者十九万余人，此外零星屠杀的尸体经收埋者十五万余具，总计我惨死同胞三十多万人。日军在城内以"杀人竞赛"取乐。被奸淫妇女少者才九岁，老者到七十六岁，有的奸后又被剖腹。实为现代战史上破天荒之残暴记录。

南京撤退追忆

欧阳午※

一九三七年十一月中旬，我在中央军校十一期学生第二总队步兵第一大队第二队任少校队附，总队长钟彬对我说："宋希濂（第三十六师师长）要你回部队。"（我原在第三十六师第二一六团任少校营附，后调到军校工作）我回答他说："在哪里工作都一样，暂时不想回部队，在这里也很好。"总队长说这是命令。我只好回原部队——第三十六师。

十一月二十日左右我到南京，在街上遇见宋希濂的弟弟宋介毅，他对我说："师长（指宋希濂）由上海已到苏州，即来南京，你不必前去苏州，就在此等候吧。"宋希濂率部由苏州撤到南京。二十二日我见到他，知第三十六师在上海参战损失很大，全师只剩有官兵三千余人。现在要我去一营当营长。当时这个营只有干部，一个兵也没有。芜湖调来两个补充团，因我与带队卢团长是

※ 作者当时系第七十八军第三十六师第一〇八旅第二一六团第一营营长。

275

熟人，所以在接兵时，拨给我的数目较多，有六百多人。我带着新兵营，奉命守大红山，营部设在迈皋桥。在短期内将入伍新兵训练到能参加作战，实无把握。他们不会射击，毫无军事知识，我就在大红山上摆石灰包，边教射击、讲授军事知识，边守阵地。

十二月初（详细时间记不清了），我营奉命调到城里，营部设在中央门内国民党中央委员会居正的公馆里，防守和平门、中央门、金川门、兴中门、小北门（新民门）等五个城门。除和平门开着可以通行外，其他城门都关闭堵塞，不准通行。我营直接归第一〇八旅旅长刘英指挥，旅部设在和平门内，师部设在丁家桥中央党部，师指挥部设在挹江门附近，宋希濂就在那里坐镇指挥。

约在七八日，师部参谋主任张翼杨叫我去师部，对我说："现在城南面很吃紧，敌军主力集结在那里，你们要对南面加强警戒。"

十二日晚，刘英来电话，要我当晚九点率全营官兵到下关去找张绍勋团长。我随即派出一个排在和平门外马路边高地掩护全营撤退，并命令他们在部队撤完后到下关找我们。我率全营向下关急进。路上不时传来零星的枪声。

第三十六师系由南京警卫军第八十七师两个团与第八十八师两个团合编而成，装备比较精良，干部素质也好，大都是陆军军官学校或各军事学校以及训练班毕业的军官，参加过淞沪一·二八战役及其他各次战斗，他们都有一定程度的作战经验。

十二点左右，我们到达下关，情况之糟出人意料。正为难之际，巧遇第二一五团团长伍光宗，他对我说："你不必再找你们团长了，情况特殊，你带部队到煤炭港，找船过江吧。"我们赶到煤炭港一看，民船倒有些，但每只船上都有武装士兵把守。据了解，这些士兵是广东部队的①。他们先控制了这些船，为己所用。我营部传令班长王锦民，是由上海撤退下来的，他带了几个同班弟兄，将守船士兵和四条船一起弄来。

夜一点多钟，我们上船。这时，新街口一带火光冲天，枪声四起，情况十分危急。我想让大家都上船，但船少人多，有的船因人多而在江中翻沉，景象十分悲惨，不忍目睹。我重机枪连都没有上船。当时情况之混乱，至今也难以用笔墨形容，深深地印在我的脑海里。

四点钟左右，我们仅有少数人到达浦口。等到天明，我集合部队清点人数，只剩下一百余人，并带到乌衣。等师长宋希濂到达乌衣后，我去见他并报告了自防地撤退及过江的情况。他连说：好！好！并命令把部队带到明光上火车到蚌埠集结。以后由蚌埠乘火车经徐州、郑州、武汉、长沙抵达江西萍乡、安源集结整训。

后来，我机枪连长徐正湘死里逃生。回来后，他告诉我，机枪连没能上船，和其他兄弟部队的不少官兵一起，被敌军俘虏，将他们集中起来，押到一个沙滩上，用机枪射杀。他是在枪杀后，从乱尸堆中爬出来，辗转找回部队的。我听了后，悲愤交集，只能安慰他："我们好好整训，今后一定报这个大仇。"

现在回忆起这段往事，还是十分令人痛心的。

---

① 据查，广东部队第六十六军和第八十三军之一部从南京正面突围，第八十三军之第一五六师李江部因与军部失去联系，撤退下关渡江。

守备南京简记

肖兆庚[※]

　　一九三七年十一月下旬，第三十六师撤回南京后，师长宋希濂即集合营长以上军官讲话，要大家保持抗战光荣，在人员、械弹、器材补充后，加紧训练，准备再加入第一线战斗。受师长情绪的感染，大家士气很足。不久，我们营负责担任南京和平门外到幕府山、大红山一带阵地的工事构筑。

　　在和平门外构筑野战阵地工事时，看见很多的军用汽车满载着钢筋、水泥、沙石、木料等构筑阵地用的材料纷纷运给教导总队第八十七师和第八十八师。这些部队和第三十六师曾在一九三六年参加了南京秋季大演习，由国民政府军事委员会训练总监部训练总监唐生智担任裁判长。这些演习的预定目标是以假设敌日军侵略南京时，俟其主力到汤山南北一线阵地后，我军利用复廓佯装节节抵抗，消耗敌军实力，逐次诱敌深入到紫金山以南地区而歼灭之。这次敌人果真来了。在我思想上认为，我们有曾经战

　　※　作者当时系第七十八军第三十六师工兵营营长。

术演习过的部队，地形熟，又有相当坚固的阵地，老百姓拥护抗战，当年担任过演习裁判长的唐生智，又任南京卫戍司令长官，这一仗一定会打赢。师长宋希濂常到本师各阵地视察，鼓动抗战情绪，他曾对官兵们说："我们现在守的这个阵地是重点工事，司令官（唐生智）对我们很重视，说我们在上海抗战很有经验，又勇敢。等鬼子来了，一定能打他个落花流水。"

十二月初，日军到了汤山以东地区与我友军开始战斗。十二月八日，日军在麒麟门、马群一带和教导总队战斗激烈，而我们驻守的和平门外安然无事，只是听到隆隆炮声而已。想到一九三六年的秋季演习，当时为什么不用"诱敌深入到紫金山以南地区而歼灭之"的战术呢？十一日，日军攻南京中华门，我在中山北路三牌楼碰见第八十八师工兵营连长卢华林，他的左臂被日军炮弹打断，他在痛苦中对我说："日寇百余人冲入中华门的一个缺口，已被我军消灭，中华门外仍在激烈战斗。"十一日中午，第三十六师集结在南京挹江门为总预备队，随即在五台山、鼓楼、鸡鸣寺、凤仪门（兴中门）之间准备巷战，我工兵营构筑巷战障碍物，日夜不停地干了两天。

十二月十二日下午六时左右，师长宋希濂在挹江门内师指挥所召集独立营以上部队长紧急会议，宣布南京卫戍司令长官的撤退命令，令本师在下关煤炭港附近渡江，渡江前，务必在八时以前焚烧中山北路的军政部、交通部、铁道部等建筑物。该项任务由我率工兵营完成。我指挥部队将引火材料汽油、煤油等准备好后，即命令第一连连长王涤陈率队烧毁交通部，第二连连长朱厚鸿率队烧毁军政部和铁道部，大约八时半点的火，顷刻间火光冲天。任务完成后，我带着工兵营撤经挹江门时，只有一门洞开，其余两门紧闭，军队和老百姓拼命地挤着，呼天叫妈的救命声不时传来。我是被架起后挤出城门的。

　　到达煤炭港已是十时半了。经了解，知道煤炭港仅有小汽轮一艘，大木船五只，小船二十多只。这时，下关方面的散兵不断向煤炭港拥来，和我师哨兵发生冲突，并拉走五六只小船。师长宋希濂带一部分部队乘汽轮拖木船第一批过江。这时候江边一片乌黑，到处都闪着手电筒的光亮，叫骂声和稀疏的枪声搅在一块儿，令人心乱如麻！我急于过江，催师部的船回来装运队伍，带了副官和士兵十余人乘坐一只小船渡江去了。当晚风不大，但仍有小小的带着寒意的北风。我们逆风行舟，速度很慢。天亮后很久才靠近离浦口约十华里的一个沙滩，不得靠岸，只好涉水上岸。在当地老百姓家弄了一点吃的后，就向浦口赶去。在浦口见到了我营第一、二连连长和一百七十余名士兵，真令人喜出望外！原来是运送师部的船又回去把他们运过江的。我整理好队伍就去浦镇车站找师部，结果师部早已乘车北去，师部留守参谋要我们徒步到乌衣等车。途中巧遇一列开往徐州的空车，终于在徐州找到了师部。

血染挹江门

刘井民[※]

第三十六师撤离上海战场即转进南京，刚整补完毕就加入南京卫戍军战斗序列。我所在的一〇六旅（旅长李志鹏）奉命守备下关江边、狮子山、象山之线。我所在的第二一二团（团长熊新民）担任守备下关狮子山至象山前沿江边一线。第一营（营长谢菽周）守下关沿江为第一线，第二营守狮子山与象山之线的防御为第二线，第三营（营长陈振先）为预备队，位置于挹江门附近。我营部署是：第四连从下关狮子山的绣球山起到狮子山、小火车站止，第五连从小火车站起，到象山为第一线；第六连位置于金川门附近为第二线，并构筑防御工事及掩体。营部位置于狮子山。

在工事构筑过程中，我军预料日军如在下关登陆，必定先占领下关英商和记公司大楼，与我狮子山相对峙，作为侵占南京的

※ 作者当时系第七十八军第三十六师第一〇六旅第二一二团第二营营长。

桥头堡。上级指示必须要破坏和记公司，并构筑抵抗江中之敌的掩体工事阵地。我与熊新民团长一起去与该公司交涉。一位该公司的管事（中国人）对我们说："你们要做防御工事，拿中国政府外交部公函来。"不要说破坏和记公司大楼，就连中国人在自己的土地上设防都不可能。我们怕惹出外交麻烦，因此放弃了这个计划。但构筑防空掩体工事仍在进行。由于材料紧缺，上级要我们就地拆民房取材，从下关狮子山到象山、金川门一带的民房很多都被我营拆了。十一月底，上级又下令将南京城外离城二三百公尺内的建筑全部烧掉，拆光。下关一带的任务由第三十六师执行。一时间江边成为火海，哭声、叫骂声夹杂着火的噼噼啪啪声，响成一片。其中有民房，也有商店。

南京城四周的战斗很快打响了。战至十二日，敌军对南京城的攻势达最高潮。市面上很乱，逃难的百姓和散兵往下关蜂拥而来。中午，熊新民向我传达上级指示，要我营把守挹江门，禁止各部队通过，以确保交通畅通。并说："如不听制止，可开枪射击。"我当时很犯难，但军令不可违，就派第六连连长喻世杰并带重机关枪两挺在海军司令部门口和挹江门执行了上述任务。

第八十三军南京突围记

刘绍武[※]

突围前的情况

一九三七年，鉴于上海战场逐次使用兵力，被日军各个击破的教训，我奉第八十三军军长邓龙光的命令，率第一五六师参谋处长、参谋、中校团附、政训员等十余人组成的幕僚组，先遣赴沪，负责与该军在上海的第一五四师联络，做好侦察、计划、筹备等工作，俟第一五六师上来后，能即时投入战斗。

我们于十一月十三日由汉口乘轮东下，大约十五日抵南京。时南京政府各机关团体已纷纷向武汉、重庆等地撤退。

十一月十六日，我们到参谋本部领得地图一批，乘夜车向苏州进发，至武进，遇敌机轰炸，路轨被毁，迫而乘兵站卡车续进，十七日拂晓抵苏州。当日即见到第三战区副司令长官顾祝同，得知当面的敌情和友军状态，并得他指示：第一五六师到达

※ 作者当时系第八十三军军部参谋处处长。

后，即占领苏州东南处（地名忘记）至用直之线，构筑工事，阻止敌人，担负掩护友军进入吴（苏州）福（山）线既设阵地的任务。我们正忙于出发的一切准备，忽又奉到新命令：第八十三军（欠第一五四师）到达后，即开赴江阴，归江防军总司令刘兴指挥，负确实守备江阴的任务。

第二日我们仍留在苏州，等待部队的到来。那时，由淞沪前线撤退的友军莫不视苏州为给养补给站，到处搜劫食物，强拉民夫。而敌机更乘我之危，轮番轰炸，投弹无数，观前街、公园区大火融融，随处可闻哭声，特别是夜间空袭，地面火箭（汉奸发射，为敌机夜袭指示目标的）几如万弩齐发，有如元宵闹灯，精神大受威胁。由南京至苏州途中已经饱受火箭的骚扰，初不料贴近火线的前方姑苏名城，汉奸的活动，更有甚者，愤恨难言。

第八十三军（欠第一五四师）于十一月十七日到达苏州，即转向江阴前进。大约二十日夜到达江阴附近，奉刘兴令乘黑夜进入江阴要塞外围既设阵地。由于刘兴总部没有工事位置的要图，只得进入临时阵地，作逐次摸索、逐次进入工事的打算。整整摸索了一个长夜，有的部队找不到工事位置，有的部队找到了工事位置而没有钥匙，不得其门而入。

大约二十三日奉刘兴令：即日驰赴无锡归第十九集团军总司令薛岳指挥。随即照薛令集结指定地区。入夜照令占领无锡东北×处（地名忘记）至唐桥头之线。第八十三军军长邓龙光即用电话报告薛岳该军进入阵地情况，薛接电话后，暴跳如雷，大骂邓龙光违背他的命令，要枪毙。邓问为什么要枪毙呢？薛说：谁叫你占唐桥头。邓说，有命令为据，薛乃哑然。原来无锡东北有唐头桥与唐桥头两个不同的地名。薛岳原意是占领前头那一个的，但下达命令时错写成后一个地名，故有此误会，因而加速了无锡的失守。

第八十三军（欠第一五四师）执行掩护主力转进的命令后，十二月初又奉到命令归刘兴指挥，占领镇江西南的某某至某某一带的山地（地名忘记）并负责固守的任务。

军命第一五六师依令占领阵地后，我们在观察当面敌情时，目击几个纵队的敌军向句容疾进，并侦悉敌指挥部就在我阵地前约三十里路的一个村庄（地名忘记）宿营。当时我向邓龙光建议，以第一五六师全面出击，解决敌指挥部后，即将矛头指向句容西进之敌截歼之，使南京守城部队赢得准备的时间。刘兴说，守恐不保，还说攻吗？消极地否定了出击的方案。军参谋长陈文复以同乡关系，用电话向唐生智作同样的建议，也不得唐的重视。次日凌晨，因敌陷句容疾趋南京，结果军奉命放弃阵地，经下蜀、龙潭向南京转进。

突围的经过

我们大约是十二月七日午后到达南京，闻说第六十六军叶肇部已放弃汤山阵地向麒麟门方面撤退中。第八十三军奉命以第一五四师位置水西门附近归第七十二军军长孙元良就近指挥，其余即进入南京，位置于光华门内①，担任巷战工事的构筑。由于缺乏木材、铁丝、铁钉之类的材料，进展极慢。

十二月十日，第一五六师奉命增援光华门。光华门不断受敌人飞机、大炮的集中轰击，城墙数处被毁，敌即乘飞机掩护，用竹梯爬城，蜂拥而来，势极猖獗。经该师多方苦战，敌焰始减。是役伤亡颇重，向卫戍司令长官部请领弹药、卫生包等必需军品，均以库乏存品，百不得一。

---

① 第八十三军（欠第一五四师）撤进城后，驻守汉西门、玄武门一线担任巷战工事的构筑。

十一日晚，第一五六师挖通城墙积土，将冲入光华门城洞内的约一个班敌军予以歼灭。十二日凌晨军部收到该师缴来的战利品一批，军曹的头颅一个。我们除留一束日军以之壮胆的神符作为军中宣传品外，其余即缴送卫戍司令长官部①。此时新街口、中华门一带不断传来爆炸巨响，据说雨花台已陷入敌手，有部分敌人窜入城内，因此，城内秩序大乱。

大约下午二时忽接长官部电话，找军长邓龙光去开会，邓与参谋长陈文一同前去。五时左右，上校参议（第四路军总部参议派在第八十三军服务的）柯申甫突然驾驶邓龙光的汽车来找我。他一进军部大门，就大叫一声："走呀！"这一叫，弄得整个军部官兵仓皇失措。柯转述邓的指示后，我即吩咐各主管负责人立即率所部到中央党部集中，跟着拈了一份五十万分之一的地图，拟乘车先行。讵料车厢内外和篷顶车头均已挤满了人，不能开行。同时广场马路人流汹涌，无法通过。我即弃车步行，黄昏时才到中央党部，见到了邓龙光、叶肇、陈文、罗策群（第一五九师副师长。师长谭邃因肺病，先搭船过江，由他代师长）等，但未见第一五六师师长李江。陈文对我概述了会议的要点和广东部队归叶肇指挥，掩护主力撤退后，由太平门突围出城，经当涂、宣城、宁国集结徽州整训的任务。我问："军长决心如何，已与李江通话了吗？"陈说："已通知李江即率部到太平门集中，我们立即向太平门移动，部署突围。"我说："不是要掩护友军撤退吗？"陈说："不管啊。"原来他们已做出决定，以叶肇部做先锋（叶部入城后未被使用，故集结容易），邓龙光部做后卫，抢先突围。于是我和叶、罗、邓、陈等一拥上车。时广场已万头攒动，水泄不通，将军的怒骂，汽车的喇叭，均失作用；只得弃车乘马，但

---

① 据程奎朗回忆，第一五六师的战利品是十二月十日送到卫戍司令长官部的。

马也无回旋余地，又迫而弃马步行。那时人都准备轻装逃命，不少珍贵行李都视如敝屣。邓龙光的几枝人参浸制的酒和几盒头号的高丽参皆弃诸道旁，无人过问。只见失却节制的队伍蜂拥向太平门方向移动，秩序大乱。我们八时许到达太平门，据报，叶肇、罗策群亲自指挥部队拆除堵塞城门的沙包。我们就在一间守兵用的小房子内静候出城。当时紫金山的敌炮断断续续地向太平门内盲目射击，麕集在太平门内的我军迭有死伤，越城之心愈急。

九时许，忽然人声鼎沸，人流蠕动，据报先头部队已开路出城，我们就争先恐后继续跟上，各显身手，从城门夹缝之中挤出去。由于互相拥挤，造成互相践踏，弱者倒地，强者即踏其身而过。据随后出城的人说，有一个被人践踏，呼天不应的难友愤而拉开手榴弹，造成同归于尽尸塞城门的惨剧。当时紊乱的情形由此可见。

我随邓龙光、陈文出城后，紧跟着先头部队沿京杭道（宁杭公路）南进，沿途为防敌的堑壕、地雷所阻，进展迟缓。约十二时到达岔路口，先头部队与据守该处之敌接触，罗策群几次督队扑敌，均不得手，最后他举起马鞭，大呼："跟我来，几大就几大，唔好做衰仔呀？"（广东话不要丢脸的意思）罗就在这种气愤的情形下壮烈牺牲了。

至此检查部队，只有军直属队不到百人，李江师并未跟上，怎么办？邓、陈等蹲在一间小屋子内一筹莫展，而一向龙精虎猛的陈文，牙缝中哆嗦之声隐隐可闻。我当时也有几分颤动，主张等待李江师到来再做突围打算。邓龙光急不可待地要争取敌人增援部队未到来之前冲过，并立即令特务连用急袭的火力掩护，利用飞机场（似是飞机场）的碉堡逐次跃进，好容易脱离了敌人的火力网。特务连已死伤散失过半，连长不知下落，剩下的一个排长指挥不灵，名为护邓（紧随邓的身边），实则怕敌，不敢向前搜索。此时揣邓心情，大有"谁人救得李世民，你做君王我做臣"之感。我自忖兵微将寡，长路漫漫，必无生还之望，何如死中求生，冀侥幸于万一。乃自告奋勇，单人匹马，自任前驱，侦察一段，回头领邓跃进一段。很快地掌握了一条规律，乃是有篝火的地方就是有敌人的地方（敌怕我接近用以照明的），远离火光前进，万无一失。我们在一个小高地准备第五次跃进时，不见陈文和柯申甫二人，邓想株守以待，我则认为他们二人是有意识地离队（因柯是上海人），主张不等，赶快续进。大约十三日凌晨三时许到达一个不知名的山脚，隐闻急速的脚步声，乃静伏以观，无何，很清楚地听见"丢那妈，萝卜头①"的口音，分明是自己人，这一喜，如获至宝，活似放下了一块大石，即尾随其后跟进，步履也轻快了许多。到一小树林休息，检查自己的一堆，只剩下十几个人，除邓龙光和一个随从副官王志外，其余就是我与邓的卫士三四人，及特务连士兵两三人。拂晓前我们到了淳化镇附近，才知道昨夜在我们前头做向导的原来是莫福如、华振中与他们三四十名士兵。他们备说罗策群战死的经过与叶肇、黄植南（叶肇的参谋长）、司徒非（第一五九师旅长）等踪迹不明的情形，不胜叹息。

我们决定利用山地俯瞰观察敌情，再做下一步的打算。是日从难民口中和望远镜下的观察，知道淳化镇不时有敌出没，京杭公路时有战车巡逻，附近村庄没有敌情动静。我们决心利用黑夜接近公路埋伏，相机钻隙通过。

是日下午六时许，见教导总队旅长马威龙率一小队官兵数十人经过，彼此交换了一些情报和突围意见，我们即利用马部（马

---

① 指鬼子。

威龙部队）为试探前锋，随后跟进。他们很快地过了马路，我们恰遇敌战车三辆向南京四进，故即隐伏，相隔约半小时之久，才通过马路，竟与马等失却联系。因此我们只得用地图校正方向，向南摸索前进，午夜抵秣陵关附近，探知该处之敌正整装待发，乃折回龙都。时东方已白，即昼伏在一个较偏僻的村庄，各向居民买得便服化装难民，利用夜间钻隙前进。至九十里店（苏皖交界的一个地名）遇到一群约百余由上海战场退下来的广西部队官兵，他们据险截劫，缴去我们先头部队的枪，同时向我们包围。我们以众寡悬殊，只得退避三舍，隔河戒备。十五日夜找得当地居民羌润田（后随邓回到广东，由邓送他入军校，毕业后当过排、连长）带路，才绕过该处。那时既怕日本人又怕散兵，狼狈不堪。之后，依每日当地情况昼夜交互行进。十九日我们来到一个相当热闹的市镇（安徽境，不记得什么名了），大家都想在这里好好地休息一晚。但据了解，旅馆棉被不够，同时得知离市镇五六十里的外围常有敌人出没。怎么办？邓不假思索地取出他印有官衔的名片叫人去找区公所所长。该所长很恭顺地马上征集了二三十条棉被送来，并说，马上派出保安队去警戒，保证安全无事云云。

本来邓龙光在龙都化装时，就想将名片和唐生智的突围命令焚毁了的。我对他说：现在还不是消灭军人痕迹的时候，以后可能还有用处。果然，是晚用上了。我们就在那里大吃、大喝、大洗一顿，既饱且醉，并清除了身上的积秽和不少虱子。

二十一日我们到达南陵上官云相的防地。随得蒋介石、余汉谋复电慰勉有加，同时奉令赶赴屯溪收容。到屯溪后，我曾随邓龙光到宁口开会。记得当时有陈诚、白崇禧、罗卓英、薛岳、吴奇伟、陈沛等人参加。我们在屯溪住了十多天，记得与邓龙光、吴奇伟、陈沛、黄占春等在黄山度过了一九三八年的元旦。

一九三八年一月中旬，第六十六军、第八十三军各收容得由南京陆续出来的官兵一两千人不等。于是，第六十六军由林伟俦、莫福如、郭永镳率领，第八十三军由王得全率领，分别向湖南的攸县、安仁等处集中训练。

事后见闻

后来我到了武汉，在武汉先后见到了第一五四师师长巫剑雄和该师参谋长张驰、第一五六师师长李江和该师参谋处长张显歧。据巫剑雄说，他们是于十二月十二日夜从人喊马嘶争先出城的部队中获悉放弃南京的企图后，与参谋长等几个主要人员由乌龙山搭船过江的。李江说，他接到电话命令后，与骆应剑（第四路军上校参议）经中央饭店至挹江门目击一片喧嘈紊乱现象，想渡过此门非焦头烂额不可。不久，乃与骆走到离城门几百公尺的地方，用脚缚吊出城外，走到下关，经过种种周折才搭得某部轮船过江，由陇海路回转京汉路回到汉口的。张显歧谈到他脱险经过的情况犹有余悸。

一九三八年一月中旬，蒋介石在武昌珞珈山召开了一个军事会议，会上不少尝过南京逃难风险的"将军们"都说唐生智放弃南京，没有下达命令，弃城逃走，酿成惨重的牺牲，唐生智应负完全责任。据邓龙光对我说，当时蒋介石很冒火，言不由衷地说了很多话，还要组织军事法庭审判，邓龙光过意不去，由怀中取出唐生智撤离南京前给他的油印的撤退、突围命令，给唐生智解了围。同年的二月间，叶肇、黄植南先后回到广州，叶肇在中山纪念堂曾报告了他被俘脱险的经过。之后，叶、黄又亲口对我讲了他们逃出南京的情形，略述如下：

十二月十二日晚，叶肇与黄植南冲过岔路口后，即遥望山地摸索前进。天明，至汤山附近，找得便衣化装难民，准备逃往上海。但人生地不熟，两人在山地潜伏了一天，饥肠辘辘，迫而冒险下山觅食。到一个不知地名的地方，忽然枪声大作，两人躲入一个堡垒。至黄昏，一片沉寂，知敌已远去，即离堡垒循小路踉跄而行，见路旁番薯皮一堆，如获至宝，分食之余，各将其余珍藏于袋，以备不时之需。是夜，为着觅食进入一个不大的村庄，摸索了几个房子，阒然无人，最后碰到一个年约六七十岁的老婆婆，也没有得到任何可充饥的东西。正懊丧间，忽然枪声大作，日军蜂拥入村，他们爬入禾草堆中的床底。第二天，看见京沪公路上有不少三五成群的难民往来，他们即混入难民中间东行。走不多远，遇见一队鬼子由东往西，他们只好硬着头皮迎上去，希望侥幸过关，不料狭路相逢，日本兵看中了他俩，要他俩挑担。黄植南先挑，勉强走了六七里路，佯装脚痛走不动，被日本兵踢了几脚，他就索性装死。于是，一个日军上等兵的行李就落到国民党军长叶肇的肩上。叶肇生平未尝挑担之苦，忽然压上几十斤的东西，确实难以走动。日本兵看他胡须长长，不能胜任，只好另找壮者代替，他才得以解脱。吸取这次教训，叶肇采取远离交通要道躲过风头再做打算的办法，在京沪公路的一个小村镇里躲了若干天，摸清敌情，逐次接近上海，遂由上海搭轮回粤。

南京突围及广东队伍收容经过

李益三[※]

一九三七年卢沟桥事变的前几天，我因在日本参加左翼世界语活动，被日本警视厅诬陷，无理拘禁八十六天，饱受迫害凌辱。我返国不久，即由朋友们介绍由家乡台山赶到广州，参加了国民党第一五六师，任政训处上尉科员。三天后随军出发北上。本师于十一月十七日开抵苏州的时候，淞沪前线部队已向苏州河南岸后撤。我们随军的后方人员刚抵苏州境内，便得知师部已奉令率队伍由苏州转进江阴，负责扼守江阴要塞。

几天后，部队又奉令由江阴驰赴无锡，负责沿京沪路（沪宁线）节节抵抗，掩护前方的主力转进。我们后方人员便立即先沿着京沪路的无锡、武进、丹阳、句容向后撤退。前方的战况急剧变化，不断传来不利的消息。部队在前方的情况，我们不知道，要撤到哪里，也难判断。为了避免敌机扰袭，每天都白天宿营，晚饭后行军。因不停地急速撤退，我们十分疲劳，好不容易才于

※ 作者当时系第八十三军第一五六师政训处科员。

十二月二日退到南京，参加南京保卫战。

退入南京后，我们这些后方人员算得到几天的休息。十二月六日左右，便开始听到南京外围保卫战的炮声。本师前线的伤兵已源源运送入市。转送过江。政训处后方人员纷纷外出征借碗筷给伤兵喂饭。当时，看到伤兵不怕牺牲，听到前方官兵英勇作战的事迹，并看到南京市民虽已面临炮火的威胁仍积极支援部队，我想：凭南京的坚固的城防工事，看来是可以固守的。尤其我们听到师属第九三二团刚接替守备光华门，立即将以前攻入光华门城郭的一个班的敌人全部歼灭，并割下敌人一颗头颅和缴获一大批战利品的消息后，更坚定了保卫南京的信念（事后根据当时指挥是役战斗的第九三二团少校团附谭廷光的口述，我军是用棉花蘸汽油焚烧，熏迫敌人离开城郭才趁机将之全部歼灭。而根据一九三八年在武汉外围作战时缴获日军"恤兵部"编印的"战绩报导"，竟把那股敌人全部被歼灭的原因，诬我使用毒瓦斯）。我看到报纸登载南京卫戍司令长官唐生智表示"本人所属部队誓与南京共存亡"的谈话，便想象着南京保卫战的壮烈场面，想象到最后的街巷战、逐屋战的激烈战斗，自己决心为保卫南京而献身。

大约是十二月八日的黄昏，震荡全城的机关枪声和炮声响起来了，火光映红了半边天。也是这天晚上，我和刘坚被派往下关看守封用的船只，看样子在做好撤退过江的准备。可是两天后又被调回后方驻地，而且接到通知，要各人买备便服，准备必要时躲入难民区。十一日，再接到紧急通知，凡愿意乘船渡江撤退的，立即报名，等候出发。我们毫不犹豫地表示愿与南京共存亡，决不临阵退缩。

十二月十二日整天在紧张的气氛中度过。晚饭后，我和刘坚被派到中山路旁观察情况。下午五时左右，突然看到一些杂乱的队伍慌张地沿着中山路向挹江门急速奔跑。我们意识到战局已出现险恶的变化，迅即回去汇报情况。可是，突然接到通知，要部队立即到太平门集结，准备突围。可是沿哪条路去太平门？怎样突？突围以后往哪里去？这一切谁也不知道。后方办事处人员已无影无踪，无从联系查问。事后根据当时率领后方人员行动的师部副官处处长梁岱的忆述，是日下午五时左右，他接到师长李江的紧急电话通知，师部已奉令向太平门突围，着他迅急率领后方官兵集合在驻地中山路的路旁，等候队伍经过会合。当时，在电话中听到的只是这么简短的几句，一句话也来不及问便中断了。他即率领大家在指定的地点等候，但见到的尽是狂奔的杂乱队伍挤满了整条中山路，完全看不见本师官兵。他判断已无法联系，仗着自己熟悉南京地形，立即率领官兵于七时左右跑到太平门。可是整个太平门都堵塞着沙包等城防工事障碍物，仅能容个人单身进出，而城门外已挤满了人。他知道出城无望，最后便决定用绑腿从城墙上吊下出城。

我们这些后方人员多是没有军事知识和战斗经验的，加以身上没有武器，手上没有地图，不知怎样去"突围"，而政训处处长凌仲冕，自从部队开到前线以来，即在军部随同军长邓龙光行动，政训处的工作由秘书邓飞鹏主持。在这紧急的关头，官兵们群龙无首，更加惊恐惶惑（原来凌仲冕也在"突围"中和邓龙光失掉联络，他忍受不住那些夺路奔逃的散兵们的喝骂，感到没有气力冲出城门，便带同卫士转身躲入难民区了）。这时听到政训处几位同事私语着准备躲入难民区。我则想着要设法跟上队伍，拼命也要冲出去，不做难民。但在行走着的人群中，一个人也不认识，我茫然不知所措，只好随着人流挤动。尚好一路上听到的都是广东口音，都是走向太平门，我的情绪才稍为镇静。

走了两个多钟头，总算到了太平门。太平门前挤满了人，水泄不通。这时城门洞内的城防工事已被先头部队拆除，由于部队争相出城，依然显得异常拥挤。我侥幸出城，虽然身边全是广东官兵，但没有一个相识的，举目无亲。我向他们打听突围的方向，谁也无法回答。事后，据收容队的营长林涛学回忆说，他曾接到突围的简单命令，指定向太平门突围，第一天经汤山到句容，第二天经大茅山到天王寺，第三天到宁国集中。可是这样的命令，也许只匆匆下达给带兵官，其余的官兵未必知道。因而我虽然多方查问也得不到答复，这是毫无奇怪的。

过了片刻，人们纷纷出发，我本能地跟着，不再询问去什么地方，我感到唯一的生路是紧跟着他们行动。听说，这时已是深夜两点多钟。

广东部队的四个师出了太平门后经过休整多多少少还保持着原来的建制，因而逐渐已不再是杂乱的人群，而是稍有秩序沿着公路前进的队伍。公路上每隔一米左右便堆着小小的白米堆，标着"小心地雷！"的字样，大家顺次向后提醒着，小心谨慎地移动着缓慢的步伐，互相关心。广东话把大家拧在一起了。

十三日天亮后不久，我们通过紫金山山脚直走向对面的小山坡。突然那山坡上响起了密集的枪声。"丢那妈，冲呀！""几大就几大，唔好做衰仔呀！"大家都争先向着枪声响的山坡冲去。我十分兴奋，赤手空拳也跟着大伙冲。敌人很快被我们击溃了，枪声也很快停止。我惊奇地询问右侧的一位战士，是不是就这么容易打一个胜仗？突然，从后头飞来的枪弹声代替了回答。"嗖"的一声，子弹从我的右耳边掠过，顿时我失掉听觉。只见人们相继扑倒躲避，原来一架敌机已在距我几百米远的左前方扔下两枚炸弹。我本能地迅速扑倒在一个小土堆上，突然一连串机关枪弹竟从后方射到我头部右侧几公分远的土堆上，飞沙扑面，我伏卧着不动。及至敌人的枪声转移，我慌忙跟着人们飞快跃过一米多远的山坡岭口，奔向坡背，脱离了敌人的射程。这时，战友们神志自如地缓步前进，纵情谈笑，好像刚才并没有经历一场险恶的战斗。我受到他们轻松情绪的感染，也惊魂稍定。听到他们谈论分析，敌人掌握了我们"突围"情况，布下"诱敌之计"，用少数兵力在对面的山坡顶上吸引我们冲上去，把我们引进在紫金山山腰布下的火网里，加以消灭。按常识，凡是穿棉大衣、佩短枪的都是军官，正是敌人的特别射手的目标。我这个没有经验的"新兵"竟穿上左臂佩着"南京卫戍司令部通行证"黄色大臂章的棉大衣，跟随战友们在战场狂奔猛冲。我痛恨自己无知，可能有的战友已做了我的替死鬼。因而马上丢掉棉大衣才跟着继续前进。事后知道，那天在那个地方，不知发生过多少次类似的战斗。由于我们不掌握敌情，又没有统一的指挥和战斗计划，竟接连多次上敌人的当，惨遭重大的牺牲。第一五九师副师长罗策群，就是在那里身先士卒而壮烈牺牲的。

由于经历一次战斗和长途行军，队伍已越行越稀疏，有些人已各走各的路。整天在田间和山岭小路行进，找不到一点可以吃的东西。十三日黄昏前，我跟着一群散兵走到紧靠公路的山坡，看见那里躺着几具尸体，几个广东伤兵在呻吟。一个伤兵用绝望的眼光望着我，哀求我给他加一枪，让他彻底解除痛苦，我没有带枪，也不忍那样干，便飞快向前跑了。我意识到刚才这里发生过战斗，警惕地留意着敌情。忽然看见一群战士正在扼守着前面公路的隘口，阻击着敌人的两辆战车。我手中没有武器，无法参与战斗，便趁着敌人的战车被阻击不能前进的机会，跟着几个战友迅速穿越公路。后来在收容队听到林诗学谈及当晚的战斗情况，得知他在这里曾指挥队伍与敌人激烈战斗，但因众寡悬殊，迫得后退九华山。我由于一步之差，穿越公路就和他走着不同的方向。

十四日早晨，大雾迷蒙，不辨方向。敌人战车不断地向公路上疾驰。靠近公路的村庄，已被敌人烧光，断垣残壁上还冒着烟。屋内外躺着无人掩埋的老百姓的尸体，偶见几个散兵在游动。

有个过路的中年男子告诉我，第六十六军军长叶肇和第一五六师师长李江在墓东村收容散兵，并准备今晚拔队出发。

我匆匆赶到墓东，队伍已开始出发，我报到后编入司令部随同行动。这时才知道：负责收容的是第六十六军军部参谋处上校处长郭永镳，不是军长叶肇，也不是师长李江。我被收容归队，正像孤雁归群，何等高兴！

郭永镳原是第六十六军参谋处上校处长，不是带兵官。突围出城后，十三日到达句容县九华山脚墓东村。在那里流浪的队伍虽然多是广东人，但散乱混杂，无人率领。郭永镳看到这些广东子弟兵流离转徙，人地生疏，彷徨无主，便自告奋勇，决定在九华山脚的入口墓东村设站收容。我曾私下问他何来这个胆量，他说：估计突围出城的军官，总会有携带现款的军需，否则，到时再设法解决，不能对散兵坐视不理，见死不救的。

十二月十四日，在墓东设站收容。是晚，郭永镳随即率队进入山村，分散居住。第一五九师的营附林诗学率领建制较完整的一个连留在墓东，派便衣扼守山坳。几天后，除留下便衣步哨监视山坳外，也一并调入山村驻扎。

这时，第一五九师第四七五旅第九五二团上校团长何全标、第一五九师第四七五旅少将旅长林伟俦也先后经过墓东，遇见林诗学得知办理收容情况，也进入山村会合。林伟俦在突围时脚部受轻伤，他另设旅部率领何全标等随同行动，协助策划。收容工作始终是郭永镳独负全部责任。几天后，果然有一位第六十六军军部少尉军需翁永年带着万元以上现款前来报到（另一位军需也带来少量现款，已忘其姓名）。这样，不独给养问题得以解决，还可以替官兵购买化装的便衣。我和收容队的官兵每谈到这个问题，莫不佩服郭永镳真的料事如神。

从十二月十四日起至三十日止前后十七天，共收容官兵约一千三百多人，共有枪支约三四百支，但轻重机枪较少。全体官兵分为三个营建制。其编配及主要人员姓名如下：

司令部参谋处处长郭永镳（原第六十六军参谋处处长，归还建制后不久，升为该军少将参谋长）。

政训员　李益三（原第一五六师政训处上尉科员）。

军　需　翁永年（原第六十六军军部少尉军需，归还建制后升上尉军需）。

军　医　××和尚大师（忘记姓名。他不愿在沦陷区做顺民，随收容队出发，擅长医疗跌打创伤，热情为伤员医治。抵广东后，听说由郭介绍入南华寺）。

第一营营长　林诗学（原第一五九师上尉营附）。

营　附　李植生（原第一五九师上尉军械员）。

第二营营长　崔直行（原第一六〇师上尉连长）。

营　附　×××（原第一六〇师军官）。

第三营营长　谭廷光（原第一五六师少校团附）。

营　附　文耀华（原第一五六师上尉营政训员）。

特务排排长　×××（忘记姓名）。

十二月三十日吃过晚饭后，队伍由墓东开拔出发。沿路经溧水、溧阳、郎溪、广德等县属的大茅山脚、马家、天王寺等地。翌年一月十日抵达安徽宁国。

陷京三月记

蒋公谷[※]

　　《陷京三月记》，海宁蒋公谷氏之作也。公谷以军医于役北
伐、西征岁久，事定，既已解甲。及淞沪抗日战起，懔于国亡无
日，因复投袂，参与野战救护。南京之陷，甲士尽撤，氏尚与金
诵盘诸医，救死恤伤不辍。弹裂于前，火炽于后，榱栋瓦石隳于
左右，而担架之奔驰如故，医护之扶伤患如故，一若唯恤手乾坤
忧痛，不知有一己之死生骤变者。用是陷贼三月，得以尽睹敌寇
之残杀，不唯不恤斑白，且使互缚受戮；奸淫不问童媪，又复轮
暴无已，阖门劫掠十荡十抉，自将帅至士卒，无不捆载连舻接毂
以行。翾昨日之俦侣，一转烛间，已化为豺虎奸逆，几不复知人
间何世？原不忍见池水叠尸之惨，反曰："忠魂所在，正宜往
吊。"闻游击队迫近，民间向悬日旗尽褫，其后来其苏之泪，尽
与八百里河同深！仪以公谷此作，不以文词重，而以见闻重，又
不徒以见闻重，特以忠节重，且此作亦足以使野战军医益为世重

　　※　作者当时系第三战区第一救护总队科长。

也。慰堂先生于公谷为昆弟行，既谋重梓此书，来问序于余。虽公谷久逝，国仇已雪，而浩气毅魄，固无间久远。因谨为之序。

抗战胜利后第三十六年辛酉三月秦孝仪①心波序。

二十六年　（一九三七年）**十二月一日**　在先成立的第一救护总队的第一大队，配备于昆山一带，后来即随着第三战区兵站向西侧退却，故此次奉令筹备城防救护事宜，势非另行组织不可。在上月二十日左右，处长承李明扬将军介绍他的旧部李团长长江请他帮忙，筹组第二救护总队。进行很快，一千多名的官兵，不到一星期，居然完全招齐了。

三日　下午四时随处长赴竺桥小学，对第二救护总队训话，大意谓："在这紧张危急之际，李总队长能于一周内招集如许的弟兄，来同负救护的工作，足见各位都是爱国志士。各位过去当过兵或官的，战场经验，自然极丰富。这一次可是与从前不同，是国家民族的存亡关头，你们要以大仁大勇的精神，去完成你们的任务。"词气激昂，振奋了全队的精神。

四日　下午三时，留京各院所各军师军医处等主管人员，均齐集中央路一五六号出席会议。先报告各该部的运输、收容、医疗力量以及位置、距离等情形，再逐项讨论，决定卫生材料及经费的补充，应由办事处负责。至于工作的分配，以及在野战区内救护地，对于伤兵的包扎、集合，则各队附卫生人员应切实负责，然后再由救护队输送之。各接应所、收容所指定在交通沿线，各医院仍在北城一带。

六日　闻敌人已迫近汤山一带，城中可以隐约地听到炮声。下午一时偕副官余瑞华到下关看船，也是要雇到三汊河去运米的。行至二马路，突然听到警报，敌机已闯进市空，盘旋在下关

---

①　秦孝仪系台湾中国国民党党史编纂委员会主任委员。

一带，狂肆轰炸。我站在市街的屋檐下，被震动得很剧烈。大概经过了二十分钟，敌机飞往对江去炸浦口了，才得急匆匆地赶进城。

七日 晨六时许，第二救护总队的全体官兵，已沿中央路集合完毕。遂即由处长训话，除勖以"忠尽服务，奋力救护"外，并希望他们能够"相应时机，加以杀敌。徒手出去，武装归来"。所有队员，本来都是行伍出身，听到此语，无不欢声雷动，亟欲一试他们的身手，即刻就分队出城去了。

南城一带的炮声，较昨日更清晰了。因为同各方联络的便利，而且办公亦较安全，我们便于今晚移住福昌饭店。

八日 晚七时，在福昌饭店膳厅请各院长聚餐商量伤兵收容及转运的办法，在座的尚有各军师长及外侨二人。谈论的声浪，往往为大炮与机关枪的声响所乱。忽然轰天一声响，掠着长空飞过，连福昌那样坚固的建筑，也被隆隆地震动了。有的揣测着说是炮声，也有说是地雷的，但大家始终吃不定是什么声响。九时许，随着处长站在福昌最高一层的屋顶上，瞻望南城，尽淹没在迷漫的烟雾里。大炮与机关枪的声息，连续着不断。大概是炮弹的炸裂吧，不时可以看到红光冲起，划破这一片幽暗。中山路上，暗无灯光，只有我们救护队的若干小队，手里提着桅灯，担架了伤兵，陆续地向北城运输。正看得出神，突然一个炮弹，倏地横飞过顶，于是处长说："我们还是下楼去吧。"

福昌主人丁福成君，夜间到我们房间来了好几次。他力劝处长同他一起离京出走，差不多说到天亮，但无论什么利害，总不能摇撼处长忠勇的意志。最后，向他说："你的财产，既已委托有人（托德侨史排林管理），自以早早离开为是。至于我，是负着重大责任的人，断不能自由自在地出走。倘我现在跟你到汉口，这叫作逃，逃的人生命是有了，再拿什么面目去见人呢？生死成败，早置之度外，请你不要代我着急。但是你的盛意，我是很感谢的。倘若你到了汉口，请你代我向部长当面报告，那我益发感激不尽了。"当下便很坚决地断然回绝了。

九日　听说敌人已攻到麒麟门一带，迫近城垣了。枪炮声较昨日更来得密集而清晰。城南八府塘，已遭到敌人的炮弹。敌机更时刻在城上空盘旋侦察，完全是战场上的情景了。城内的秩序却依旧井然不紊，我们还是照常办公，也并没感觉到有什么可以惊慌的。夜间十二时后，炮声转烈，都向着城中射击，窗外不时掠过一道道呼呼的白光。

十日　九时许，祁明镜（一二三院院长）来，正要随着处长一同下楼到中央路去，忽然得鼓楼医院电话，谓"新街口以北，受敌弹射击，沿路民众与士兵死伤者很多，应即分别措施"。正在接谈中，听到一弹，就在很近的所在爆炸，我和祁急向窗外探视，就在屋后，尚冒着一团烟雾。接着敌弹继续不断地集中在福昌这方面，前门已落到三四弹，屋顶的水箱，也被击中。我们都认为不能不脱离此危险的境地了，乃一同下楼。跑出门，就瞥见我们的汽车在焚烧中，急折向北，进华侨路，处长突然走散了。就立在门口等，等了四五分钟，处长始到。这时敌人依旧向这方面瞄准射击，沿途民众，如潮涌般都朝北奔走。我们既没有一定的目的地，也就随走随仆地跟着他们跑。恰好碰到福昌的侍役何海清，他原是美使馆的侍役，经他邀往美使馆暂歇。是时处长仍令祁赶回医院，迅将卫生汽车接收过来，负责办理伤兵运输事宜，并指示一切，请他转告各院，镇静工作。

十一日　晨，随处长到外交部祁院办公，一般未离京的民众，都纷纷向难民区搬迁。难民区的范围为中山路以西，广州路以北，山西路以南，西侧靠近城脚，所谓新住宅区，大概都包括在内了。

据报军医署驻苏办事处人员，均已离散。下关江边所有一切船只，都经卫戍部统制集中煤炭港看管，伤兵出城渡江，亦须得卫戍长官的手令，才可放行。处长因感觉到情形既然这样严重，重伤的士兵，实在无法可以尽量运送过江了。乃于下午二时，亲赴国际救济委员会，向该会主席拉贝氏提议组织国际红十字会医院，冀其收容重伤兵，俾他们可以安全住院。答称，"须电敌方，征得同意后，方有保障。"处长当即慎重声明："我们来请求设立医院，并非为了战事的如何变化，亦非是贪生怕死，这纯然是根据红十字会条约为人道而发的合理的请求，所以希望贵会亦应该有合理的办法。"理直气壮，该主席为之肃然。

十二日 十时许，各院长均来，处长指定祁、杜、宋三院集中外交部，冷、尤、李三院集合军政部（宋、李二院，工作人员均已走散，只有光杆院长），六院的人、物、财合并工作，分运输、治疗、管理、给养、材料与经理等六部分，主要职务，即由六院分负其责。但办事处的人既已星散，材料经费因之便失了给领的所在，又不知战事可以维持到什么时候，故只有电向刘部长报告一切情形，并请迅予接济，殊不知电报局亦已停闭，因设法由无线电拍发，也不知可以接到否。

四时许，中央路、山西路等处，都已堆积着沙包，交通亦被遮断，情形极为严重。处长当时即指示祁院长，仍镇静工作，说："我决不出城，请你非在万不得已的时候，不要离院，好在这里距难民区还是极近的。"握手叮咛再三。过了十二点钟，情形更加混乱了。我们三人（处长、司机王万山及我）在那里暗的房间里，默然不则一声；虽然经过一天的疲劳，但哪里睡得着呢？我的床位正对着后窗，所以外面的情形看得很清楚。红绿色的信号连珠似的升向天空，接着敌炮就瞄准着该方向射击，每颗炮弹，都掠过使馆的上空。城北燃烧着一大堆融融的火光，城南只听到密集的枪声，上海路上，杂沓的步履声间夹着叮哨的刺刀声。

十三日　昨夜的紧张，今晨还仍然继续着，机关枪声已忙乱了一整夜，大约这是水西门方面我们防御部队所发的吧！到六时光景，突然低落下去，寂然无声了，只有大炮声还在零落的间歇着，已经认不清是属于何方的了。上午十一点钟左右，变成了一个满目荒凉的阴沉的世界，没有一丝声息，没有一个行人，地上堆满了轹乱的军服，尤其是在难民区内更多。我是于九时许才见到敌人，满载于一辆江南汽车公司的公共汽车里，经上海路往北驶去，据那位刚刚逃入使馆内的人说："中山路上敌人已如潮涌般地堵塞进来了。"

十四日　晨起，听到枪声断断续续地响着，那是敌人在射击我们的平民。瞥见窗外的敌人，三五成群地在路上踱躞着，有时作着狰狞的面目，像要扑进馆里来的样子，闻说难民区外屠杀的情形，残酷极了，区内于昨日起，也已开始了抢劫。

十五日　仍可听到断续的枪声，又在把无抵抗力量的平民当作靶子打了。晨间，见有穿着黑制服的敌特务员来馆，由一位新闻记者与之周旋敷衍，结果被他硬借去汽车数辆。下午，又有敌兵数人逾墙窥探，想要爬进来抢东西，经一位新闻记者擎枪吓退了。美使馆是位置在五台山上，所以从我们居室的后窗，可以眺见宁海路。就在马路上，我见到敌人押着我们的同胞数百人，分批走过，传说是拉去做苦力的，但后来我们晓得他们没有一个能够生还。

十六日　今天是首都沦陷后的第四日，听说敌人的暴行益发狂肆，情形愈来愈恶劣了。难民区的每一住宅，敌人日必进出七八次，劫掠复劫掠，后来的如搜劫不到什么物品，便将箱笼捣毁。当他们一进门，就急忙吩咐"关门"，倘若应付稍迟，每遭刺击，这种手段倒好像他们对于抢劫很有过训练似的。难民区的周围，自十三日起，每天都被敌人恣意的放火焚烧，今天望见南城一带，有七八处在燃烧中。夜间，火光照耀得如同白昼，一缕缕的红光中夹杂着房屋折断塌倒的那种烨爆声，心为之裂。

十七日 那两个美国的新闻记者，于清晨匆匆携着行装出馆去了，据悉是由敌机载送出去的。立刻，全馆的空气变得异常愁黯了，失去了保障似的，大家都怀疑顷刻之间会有危险到来。到了夜里，果然有敌兵数人来光顾，先撬开地下的汽车室，推出一辆汽车，随后又到馆内强拉去两辆。这汽车，都是馆内职员及他们的侨民寄存的，钥匙亦归各人带走，绝不能作为战利品看待。而敌人竟不顾一切，将锁内电线割断强行推走，这种"伟大的"强盗行为，真可令人咂舌。

十八日 今晨起来就听到机关枪声渐渐转烈，敌人设有修械所在前面，所以终日试放，震耳欲聋。外面的情形，依然悲惨万状；除了烧、杀、抢之外，更加了强奸妇女的龌龊而残酷的行为。不问老幼，只要是妇女，就是七八十岁的老太婆与八九岁的幼女，被他们撞到，亦绝不会幸免。最残酷的轮奸，有的竟被轮流强奸达数十次的。而被奸以后，还是难以免去他们的残杀。

隔室的老朱，也是馆内的厨役，家里在西康路。他的老父已七十多岁，因不肯离开，留在家里。下午忽然听到他的哀号痛哭，原来老父已被敌人惨杀了。曾恳金陵女大美籍教员魏小姐陪护着前往探视，只见尸体横卧檐下，敌兵多人，占据屋内，正在高歌狂欢，他们就没有敢逼近去殓尸，饮痛而归。一壁诉说，一壁哭："人已死了，还不让我们收殓。"越说便更加痛哭得厉害了。

二十一日 今天纵火情状，更加剧烈，计有十几次的火舌，冲天飞腾；又不知有多少同胞的生命与家计，都荡尽于此了。据外来的人说，所有公私房屋内的贵重家具存物，差不多全被敌人搜括一空，都载往下关，运回本国去了。所有剩下的不值钱的东西，纵容一般穷苦的难胞，抢夺出售，借作将来嫁祸的遁词。

二十三日　敌人最初进据南京的时候，他们估计，城内尚留存着数万我们不及退走的军队，因之他们陆续搜索，演尽种种惨无人道的杀人手段。他们搜捕，凡是壮丁，不问其是否是军士，都指认为"恶鬼"，一群群地押着在一起，迫他们互相捆缚住，然后——他们决不以枪弹来射击爽爽快快的处死的——用刀刺戮、劈杀，或者举火焚死，最残酷的莫过于活埋了。悲惨的哀号，那人类生命中最后挣扎出来的一种尖锐的无望的呼声，抖散在波动的空气里，远在数里以外，我们犹可以隐隐约约地听到。屠夫的心术是奸诈而多疑的，至今他们还不肯放下那血腥的手，认定尚有一两万多的失去抵抗的国军，杂在难民区里，为了要再度严密的搜索，于是想出了登记的办法来。今天各处的墙壁上已贴满了布告，说是明天开始举行。这又是我们一重难关了。

二十四日　一早敌兵又来抢去汽车两辆，使馆的汽车，不论好坏，全部被抢光了。他们弄这么多汽车去，是在装载所抢的东西，我每见到他们部队移动时，后面必定踢踢遢遢跟着许多破汽车、烂的人力车、牛车、小车和驴子，都满载着，外面拿油布遮住。这掩耳盗铃的办法是欺蒙不了众人的耳目的，谁都晓得这都是抢来的贼赃呀！

二十六日　前两天在金大登记，仅需一套手续，就可以拿到张鬼证书的，今天起又起了新花样了。先要到路口去拿小纸条，上面印有敌姓如鹤见、中岛等字样。没准什么时候，临时在马路上散发，任人俯拾争夺，完全是奴视我们的恶作剧。战事的情况，一点也不知道。热心的人遇着这种阴晦的日子，与政府隔膜着不通消息，以后将怎样奋斗下去，也丝毫没有把握，忠勇的正气，寻不到一条发泄的方向，不禁迸出一行行的热泪，放声痛哭起来。那人类至宝贵至高尚的痛楚深深地激动我们。

二十七日　几日来，敌人的暴行，仍然有增无减，总有七八处冲天的火光在周围燃烧着，掳妇女，白昼宣淫，竟是司空见惯；到了晚上，逾墙穿穴，形同窃贼。像诸如此类的污劣行为，据闻向国际救济委员会报告的，日必有数十起。

二十八日　使馆自前几天屡被人抢劫，经国际委员会及美侨向敌方提出抗议后，敌方派中岛部队宪兵四人来守卫，各房间都来看过一次，遇到有妇女的，就嬉皮笑脸得进去坐坐，还要讨香烟吸。进出都被限制，反而不方便起来。一到晚上，他们还不是同样的跑出去做那抢劫奸掳的勾当。吓，倒算是宪兵呢！据云，此次留京的外侨救我们的难民，万分地努力，功德匪浅！司法院收容所，被敌人硬捕去上千无抵抗的弟兄，都被敌人弄死，外侨们认为这是国际救济委员会的失败，深自引责。美侨李格斯，且曾因此痛哭过一次。又云，昨有敌军官数人，爬过金大的围墙，进入里面偷偷地背去一个难女，至今尚未送回呢。

二十九日　隔壁的一位难民，因为面色特别黑，我们都称他为黑子，他全家都逃避在馆内，今天清晨同弟进山西路回中央路家中，走在途中，被敌兵截住，一口咬定黑子是中国兵，不容分辩地就将他捆缚在地上，拿刀来乱砍。他痛极号叫，一跃好几丈，落在塘内淹死了。他的兄弟侥幸脱险回来，这样长短的告诉他的嫂子，因之阖家痛哭，惨不忍闻！

三十日　五时，天刚现曙，就由王万山陪着出外，被逼着鹄立于宁海路上，这时人们都因为要来登记的关系，聚集了不少。敌兵三五成群，耀武扬威地大肆暴虐，表面上算是维持秩序的。不时有三四个敌兵围击着一人，被侮辱的与被损害的同胞，当然不敢回手，抱着头蹲伏在地上，往往被打得半死才罢。看到了，无限的痛恨，毒蛇似的啮着我的心。

二十七年（一九三八年）一月一日　夜来北风飒飒，特别来得冷，满室尘封，除一榻一床外，别无长物。我们二人睡在一间狭小的楼上，听刺骨的风"咯咯"地摇着窗棂，以排遣这二十七年（一九三八年）的元旦，真觉得分外凄凉！回想往年元旦，全家人秉烛笑谈，恍同隔世。

二日　昨为元旦，敌人开始制造傀儡式的伪自治委员会，今天在鼓楼开会庆祝，强迫每一收容所出难民若干人到会上点缀，并指使一般无知识的难民将抢来的鞭炮随处燃放，噼啪之声，自昨天到今天，还没有停止。一群群敌兵都狂醉如泥的蹒跚街头，因之无奇不有的暴行，都演了出来。苦来苦去，只苦了我们的民众。

七日　外间谣言甚炽。游击队确已近逼城垣，敌军恐慌万状，有向伪自治委员会勒索一千套便衣之说。自得悉上项消息起，所有各户出于敌军强迫而悬挂日本国旗，的确完全没有了。红膏药的袖章，也是百不见一，显然的，这是民心一致，同仇敌忾的事实的表露。

十日　饭后与子良随处长遵约赴史寓①，见面时他很惊骇于处长的为什么早不离京。当告以职责的关系，万无离京之理，史极严肃地钦佩着。他说："敌在京率兽食人的行为，不欲消息外传，故封锁南京，比铁桶还要厉害，我们外侨的东西给他们抢光，行动也受限制，同你们差不多，亦等于俘虏。"说时，指着他的脚，因为没有皮鞋，也穿着布鞋。我们请他帮忙设法离京赴沪，他说："要到上海，恐怕一时难于实现，但总当尽力帮忙，相机进行。"

---

①　指德侨史排休住所。

又承介绍往访德使馆孙秘书（国人），住在颐和路三十二号，已靠近城边，若打大路走，则必须经过敌岗位，我们宁愿绕小道多走些路。孙君才由上海同了各使馆的派员坐英舰来京，所以我们得以听到一些最近的战况。归途经云南路，见道旁各塘中，都有被反绑着手而杀害的同胞，尸体已浸得发胖，每一水塘，约有一二十人不等。金银巷金大农场，增多了若干浮屍，随处可以听到母哭子、妻哭夫的哀泣的声音；陡然想起自己家中，因为得不到我的消息，也不晓得有着与这同样的情景吗？

十三日　敌兵怕冷，最喜欢烤火，我曾在宁海路看见他们将家具踩破，又见在山西路拆毁邮亭，顺手夺饼摊的油壶浇上，纵火焚烧。此外也有就在屋内地板上烧起来的。种种破坏行为，不一而足。所以近来晚上火烧的处所，仍不稍减。立在后院的小丘上向新街口一带望去，几乎是一片瓦砾场。断墙颓垣发出一阵阵枯焦的气味，没有一所完整的屋脊可以看到。

十七日　下午又随处长赴史寓，送去各人家信一封。史极诚恳地接受，允代为转出。自南京失陷后，他努力地维护我们的难民，终日奔走着驱止敌人的兽行，故国际救济委员会内人，都称他"会的堡垒"，实在是很确当的美誉。近日因为感冒咳嗽，没有出去，处长为他诊治，并设法买药送去。

二十一日　下午随处长访德侨史排林，并送去药物一种，见他精神较前稍佳。每次到史寓，因抄近路，必要经过水塘，我以不忍再看被害同胞浸在水内的尸体，要求走大路，处长说："忠魂所在，我们应当去凭吊，且睹景生情，可以增强我们同仇敌忾的信心的。"

二十九日　时近阴历的年底，不觉都兴怀乡之感，没有别的办法，只可预备点食品，从食品上聊为安慰，故决议在这几天晚餐也改吃干饭。午间约史排林便餐，谈了很多敌人的暴行。他说："敌人最怕的是德国人，有如儿子见到老子一样，所以我在会内，如得到某处报告，有敌人在那里强奸的事，只消我跑去一吆喝，那无聊的强徒，立刻提了裤子就走，一日间每有数十次的奔波，因之过劳而病了。"

三十一日 今天是二十七年（一九三八年）阴历春节。前天起降雪，到今天还没有开晴，气候极寒冷。午后我因小便滑跌，致将右手腕骨折断，真是祸不单行，懊丧万分。前天史排林曾对处长说起，现在外侨时有往来京沪者，如有文件，可以托他们带去，还能负责寄至汉口。于是处长拟将留京处理伤兵及失陷后的敌情报告委座①，饬我即日起稿。不料一时跌断手骨，难以执笔，非短时间可以恢复的；而事又不能延缓，故吃饭时努力学习左手，或者几天之内，就可以惯常的吧？

二月五日 近日敌探满街，都穿着中服，往往有一言之失而遭逮捕，因之冤死的，已有不少人了。据闻教导总队未退出的官兵很多，曾集议举义，但尚未有具体的办法，而事已泄露，敌人大肆搜索，我第二救护总队第二大队长杨春也参与其间，因而被捕遭害。

十一日 我自手折以来，每餐皆用左手动作，已觉得习惯自如，用铅笔写字，也还像样。于是乃动手草拟报告，不过迟钝些罢了。但事关秘密，每惧人来，时作时辍，迄未完成。密藏之处，没有一定，瓦楞里、门框上都藏过，每天必更换一处，且绝不告诉人，就只我一人知道。

十三日 金大女收容所，以时被敌兵奸抢骚扰，经美侨向敌抗议后，每夜派一特务员来驻守。城内遍处有殉难尸体，尤以水塘及空屋为最多。早几天已由红十字会着手掩埋，就在金银巷金

---

① 指蒋介石。

大农场，挖掘很深的狭壕，把尸体重叠葬入，掩土了事。闻说编号登记的，已有十二万具了。

十五日 下午侯××坐汽车来访，驾车的是美侨李格斯，是最努力维护难民的生佛。难民区内各收容所施粥所需的米煤，必须要由区外搬运来的，若没有李格斯押车，往往被敌扣去，故李总是穿着破衣服日夜不息地奔走。随处长乘便搭他的车开往区外去一看，出新街口，经太平路，夫子庙，转中山路，沿途房舍，百不存一。屋已烧成灰烬，而它的两壁，却依然高耸着，这可见敌人纵火的情形，确是挨户来的。行人除敌兵外，绝对看不到另外的人，一片荒凉凄惨的景象，令我们不忍再看，那些未烧毁的房屋，都变了敌人的店铺，大概都是菜馆、糖果、钟表等类的，敌兵正麇集着。

十七日 报告稿粗已拟就，呈处长核改。处长就观察敌的后方情形细加分析，看出了他们的败兆：无论他们来烧杀奸掠，绝不足压平我们国民的怒气，反足资增我仇敌的心；纪律方面，则在他们自己的道德堕落，无论如何，必将有个崩溃毁灭的时候，故其结论，处长坚决主张抗战到底，在灯下亲笔缮正。另附与郭副处长一函，勉励同人努力工作，不要以我们为念。——封妥密藏，拟待机送到史处，托他转去。

敬陈者：窃诵盘自奉令①留京处理部务以后，叠将办理情形随时电陈，谅邀垂察。迄十二日当南京失守时，以职责关系无法离去，遂陷入敌围，沦为难民。二月以来，虽苟延残喘，得全性命，而旷废职务，负罪实深！应请严予处分，以肃纪律。唯在待罪之间，所见所

---

① 诵盘即处长。

闻暨将九日至十三日办理情形，理合节略密陈，伏祈查核。

最后三日之处理情形：九日起，敌已扑近城垣，我救护队随军退却，即直接输送伤者与各医院，每日夜约有千计，而医院散处各处，收转不易，即经诵盘令饬祁院、杜院、李院，集结外交部，冷院、尤院、邓院，集结军政部，合处办事，分负职务。江院业经诵盘先日令开浦口，俾资输送，得以联络，并以驻苏联办事处及汽车组人员均已星散不见，即饬祁明镜接收汽车，负责伤者之转运，务使尽量过江，以达后方。其他关于治疗、给养、材料等项，均经各院长分任办理，布置就绪，各该员咸能抱定牺牲精神，尽忠职务。在十二日下午四时，虽谣闻敌人已进水西门，司令部人员已走，尚送出伤者数百名。迄十三日上午九时，城内全部见敌，极度惨杀。诵盘偕科长蒋公谷不得已避入美国大使馆，各院人员亦只得暂为隐匿，以避其锋。

城陷后伤者之处理情形：当城未失守以前，诚恐将来重伤者不及输送，伤者之无法安置，曾经诵盘几度向国际委员会接洽，请组织国际红十字会医院，以资救济。正在进行办理间，十二日突然事发，在院伤者尚有三百余名，当时幸经美国教士梅奇先生努力，实行前议，集合伤者于外交部，暂为维持，旋由杜宝忠、冷希曾、李义璋等三人挺身而出，负责治疗，至今尚在该处服务。

敌军入城后之兽行情状：十二月下午四时，闻敌军初自水西门入城，不过三四百人，我军×××××于三牌楼一带，×××××××××××××殊可

312

慨也①。十三日晨，敌大部入城，全市悲惨黯淡，顿陷恐怖状态。初则任性烧杀，继则到处奸掠。（杀）在下关方面，不及退却之我军，当场被杀者，约有万计，道路尽赤，尸阻江流。被俘于麒麟门一带四千余人，无饮无食，每日倒毙者恒四五百人，现在三汊河一带被沉之忠魂尸体，尚不计其数。在城内有大批保安队约四千余人以及每日搜捉之壮丁民众，被认为战士者，每日必有数千，均押赴下关，使其互为束缚，再以机枪扫射，不死者益掷以手榴弹，或以刀刺迫入地窖，或积叠成山，聚而焚之。被难者纵跳悲号，惨不能状，而兽性敌人犹在旁拍手，引以为快。城内之各池塘及各空宅无一不有反缚被杀之尸体，每处数十百计不等。综计旬间之间，死者六七万众，虽方诸明末"扬州十日"、"嘉定屠城"，不足过也。（烧）自敌军入城之日起，纵火乱烧，日必七八起，初将所有高大建筑，除被其占用外殆已烧尽，不能焚毁者，亦必破坏之，继则普通居民亦难幸免。诵盘曾亲赴城南视察，自新街口迄中华门之房屋，百不留一。据闻其他各处，以建筑简陋，延烧尤甚，故受德美人士保护，麇集难民区之二十万民众，多数已无家可归，殊可悯也。（奸）吾民族认为最耻辱最痛心疾首者，厥为奸淫，而敌竟不顾一切，除烧杀掠夺外，复大肆奸淫，稍具姿色者，无一幸免，甚至赤身裸体，公然白昼宣淫。迭经外邦人士目睹，当面斥为禽兽，悄然遁去，恬不知耻。因是一般难女避入金大、金女大收容所以求保护，此后日间虽安，但一至天黑，钻穴逾墙，仍所不

---

① 原文如此。

免，或奸后架去，或一去不返，或虽返而已病不能兴，故悬梁跳井者日有所闻。最近有一五十余岁之老妪，遇敌欲强行非礼，有子二人起而抵抗，竟全家被杀。此类事实，不知凡几，笔难罄述！据国际委员会友邦人士云，有案可稽者已千余起。（掠）敌入城后，三五成群挨户搜查，难民区内更甚，即使各使馆及外侨住宅亦不放过，应门稍迟者即枪射刀刺；先则专掠钱财，搜索身体，随即翻箱倒柜，虽便桶地穴亦必察看，不论日夜每户日必搜查七八次。如是狂掠，竟达两旬之久；现虽稍戢，仍时有所闻。各官署各私宅之大件器物则早已被运一空矣。综计敌军入城后烧杀奸掠，书不尽记，而吾难民在水深火热中之可以求保护，稍得慰藉者，唯国际委员会。是赖在京之德、美友邦人士，咸抱大无畏精神，不避艰危，尽瘁从事。在金大、金女大收容所服务之外侨，无分昼夜，轮流守护，金女大内美人魏小姐每对于敌人之来劫奸难女者，常跪哭求赦，负责纠察组之德人史排林先生，周巡察护，遇敌暴行，力竭声嘶，誓与周旋。此外在京外侨无一不努力救护吾民，与敌人争执，因之受辱被创者时有所闻，而吾二十万难民得以获救，否则恐无孑遗矣。即最近自傀儡式之自治会成立后，被难民众，仍向国际委员会哭诉敌人暴行者，日必四五十起。据闻均详为记录转播全球，是以国际舆论沸然。而敌方亦自感应付棘手，视国际委员会为眼中钉，乃多方为难，刻意阻挠，务使难民区解散而后快。但外侨绝不为动，且更努力，此等精神，人天共钦，不仅吾难民奉为万家生佛已也。

　　最后所得之敌情：（士气）闻敌攻击南京时，士气极盛，以为兵临城下，或被其陷落后，即可休战返国，无如事与愿违，气为之衰。迄一月来，吾空军非常活跃，敌人大为震惊，其士兵每对人做手语，深惧吾轰炸。又闻敌兵饱掠后，每多换穿吾服，向沪逃亡，被捉处死者甚多。此外因荒淫过度而病花柳者，亦属不鲜。总之，敌久戍思归，士无斗志，为敌军当前之弱点，可断言也。（军容）闻此次敌人动员二百万，服装不足，势所难免，然所见敌人军毯不全，大衣俱无，所穿衣服，亦破烂不堪，入城时因之除搜索法币外，专掠被褥，夺人内衣，及到处烤火，多数房屋之被拆被焚，此亦其大原因也。现在京有一百六十二个部队单位之营底满布城内，而尤于城北三牌楼、城南国府路为聚集之区。（纪律）自称文明而又系征兵制度之国家，其士兵纪律之废弛，一至于斯，令人所梦想不到，其奸淫掳掠种种暴行，每官为之首导，而士兵更肆无忌惮矣！且闻内部派别分歧，常各不相容，至如大使馆方面之文治派与海陆军人，固各行其是，即军人方面，海军与陆军、老宿与少壮，各树门户，时起龃龉也。（外侨舆论）在京外侨，德美两国二十余员，无不目敌方为国际盗寇，世界公敌，是以将其暴行由军舰电达本国，传播世界，而尤以德人最所失望。咸云，敌人经济已起恐慌，求助各国，亦无应，增赋加税，捉襟见肘，决不能持久侵略，若吾国抵抗到底，使其欲罢不能，必惫而后已。况国际形势日趋变化，据闻最近情形均与敌不利。综上述观察所及，虽仅一隅之见，然敌方之外强中干，色厉内荏，已不容掩饰，所谓强弩之末，其力已竭；况敌之暴行，举世惊骇，即昔因利害关系虚与委蛇者，亦不复认为可引为己助而存观望矣。故政府为贯彻始终，复兴民族计，唯有再接再厉，坚持到底。虽军事未必确有把握，但能继续淬励军心，增强前线，充实空军，壮吾声威，训练民众，胁敌联络，俾战事形成胶着，保持接触，庶敌无整理喘息之余暇，则战线扩张，消耗愈大，必待其国力疲惫，经济崩溃而后已。至安辑流亡，固吾后方严明赏惩，以肃纪律，及诸凡庶政、教育、生产等等，均毋因军兴而废，则最后之胜利，属吾国无待筮卜也。管蠡之见，冒昧密陈，仰祈核转。谨呈。

二十七年（一九三八年）二月十七日

二十日　近来常听人说起，有许多人都已脱险离京，其所走的路程，大概有三条：一、花钱托人拿到特务机关或敌兵站的通行证，可以乘敌兵车，直达上海，但盘查极严，到了上海，不容易进租界。二、出通济门路行，可以到苏锡，再搭船赴沪，但中途时遭抢劫，很危险。三、由上新河渡江经和县、含山等处可以到汉口，但其间也有红枪会盘劫，要有熟人带路，始可通过。先青适于午间来谈起，有教导总队某营长及其营附与江北红枪会都有接洽，他们留京人员由营附带领过江者已有很多人了。现又有一批，即日就要过江。先青个人想和他们同走，今日特来辞行的。我和处长也打算随他们同行，就请先青去接洽，旋得复约定明日下午水西门外会集起程。

二十一日　饭后先青就来。处长、我及王万山、许银生等五人，各带了简单的卧具，我手上的绷带也卸去了，免人注目，先因走错路，到了草场门，不能出去，又折回莫愁路，才出水西门，在浴室内稍息。由先青去寻这营长未遇。这时浴室内正在上市，人极庞杂，注意力都集中在我们身上，或竟有跑来询问我们干什么的。正在进退维谷万分为难之际，先青已在后面小街一小理发店内将这位营长找到了，乃同去见面。他说，人数太多，衣服也不合适，要以破烂短服装做小贩的样子，才可以过得去。约我们明日再走。

二十二日　照昨天的情形，对于过江这条路，似难冒险行走，故今日决爽约不去了。

二十四日　午侯××来，留与便餐，谈起我们要想即刻离京。他说，倘要径到上海，不但乘车证不易弄到，且到达了车站也不容易进租界，须另有通行证，还得受敌几道盘查，不如先到无锡，再想办法。

二十五日　下午侯××并不爽约，携来敌兵站支部乘车准许证九张，注明是无锡难民，约二十七、二十八两日分走。

二十七日　晨三时许起来，将行装准备完毕。五时，我随处长及子良夫妇在第一批先走，坐了侯××派来的汽车，经中山路出挹江门到车站。

站内敌兵罗列，每一车棚内，约乘坐五十余人，由四敌兵看守车门，竟是押囚犯一样的办法。七时开行，逢站必停。那素称繁盛之区的如镇江、常州等站，都只剩得残垣断壁，人烟绝迹，十分凄凉！

下午抵无锡，先将这张准许证交给守门的敌兵，经他向一站酋接洽，始得下车。

三月一日　从这里到上海，有敌人包办的小火轮可以直达租界，但沿途有敌卡的盘查。处长以须经敌人的侮辱，决计不肯走这条路。此外则坐船两天可到十一圩港，再上对江天生港的外商轮船，也可以到上海；唯日期较长，中间或有危险。但处长只要能避免敌人的侮辱，任何危险是在所不顾的，乃决计如此走法，就请子良偏劳进行。

三日 一切均已经子良布置妥当了。雇到船两只，决于今夜启行。

四日 下午七时抵长寿，往访朱松寿，不遇。这镇本来是很热闹的，经过敌人铁蹄的蹂躏，全镇房舍，烧去了一大半。现在该方面的游击队，以此为总枢纽。当晚上，在屋内点起了汽油灯训练民众，情形极为热烈，确是有办法的。祁刚与总队内一姓张的是相识，承他留宿，就停泊于此。

五日 晨六时许即开船。沿途所经过的市镇，（周庄、东莱）房屋虽有被烧的，而市况均颇热闹，因为敌人只于攻江阴时曾一度到过，迄今没有重来。

至八时才到金风镇，距十一圩港江边尚有三里。就在这里停宿。

六日 晨三时解缆开船，仍以潮涨关系，虽仅三里之遥，迄六时抵港口。当即赶赴江边，适因风浪大作，不易过渡登轮，乃进旅店小住。此处原为沿江一小乡村，对江即系南通的天生港。

七日 今日风势稍煞，晨即登上挂德旗的亨熙船。因装货关系，今日不开行，我们宿在船上。

八日 晨八时，船即起锚开行，经杨林、七丫弄口，都稍有耽搁。于下午六时进吴淞口，远望吴淞，全镇无一完屋，沿江都堆满敌物，有如山积，上盖油布，致不能窥见其中的底蕴。八时过外白渡桥，我们都沉重地呼了一口气，总算脱离虎口，进入孤岛了。

船靠在新关码头。子良、明镜、先青等决暂住中国饭店。我随处长到了汉口路才雇到汽车，先赴处长公馆，已他迁，辗转访问，才知居处。我回原寓，也已易主，承屋主的告诉，方得寻到家中，如此往返跋涉，至夜深十一时，方得与家人相见，悲喜交集。老父仍安居乡间，更安慰了不少。

抵沪后，以稍事休息及部署行装的关系，居住了十六天。于二十四日随处长及子良、先青、德修等四人搭荷船芝沙丹泥号南行，于二十七日到香港。

处长于四月四日搭飞机先行赴汉。我与子良等以待明镜到港，五日才会齐。六日到广州宿了一宵，次日乘车经粤汉路，九日晚抵达汉口。忆自首都沦后，我们被羁绊了前后约三个月，迄这时才完全恢复自由，仍向抵抗敌人争求我们国家民族生存的大道上前进。

难民区历劫记

侯 楷※

一九三七年十二月十二日下午，我从鼓楼电话分局铁门缝隙处，看到南京中山路上一片慌乱，国民党保卫南京的部队，溃不成军，纷纷往下关方向疾走，沿途也有少数官兵朝天放着枪。南京保卫战开始后，首都电话局为配合守城部队作战，成立了"留守工程团"。十二月十日，"留守工程团"奉卫戍司令长官部命令，大部分撤离南京，团长黄如祖、施工员张光暄、测量长陈尔福、测量员龙正谷、机务佐沈毛弟、线务佐汪子卿、长途测量员许国维、话务领班胡善保、机务员陈义刚和我继续留下担任通信联络工作。

原来我们各人住在自己家中，十二月八日，日军围攻南京形势已成，观测气球高悬城外空中，炮兵不停地向城内打炮，情况十分紧张。因此，我们十人自十二月十日起即搬到鼓楼电话分局集中居住。首都电话局在撤离前曾为我们这些人雇了一只木船，

※ 作者当时系首都电话局"留守工程团"工程师。

准备南京危急时渡江撤退之用。由于军队撤退得太快，计划又不
周全，造成极大的混乱。渡江工具奇缺，撤退官兵看见船就拉，
我们准备的一只木船也早已不见（这只船被先行撤离南京的"留
守工程团"用去了），撤离南京是不可能的事了。当时南京城内
的一些外国人，他们组织了一个国际救济机构，叫作国际委员
会，划了一个难民区，其范围是南京的新住宅区，即山西路西
段、中山路西侧，汉中路北边的一块地区。地区内包括了金陵大
学、金陵女子大学、金陵中学，及新住宅区内的许多房屋。那些
房屋多数已无人居住，有些只有个别看守房屋的人。因此，城内
的老百姓，纷纷扶老携幼，进入难民区，找到空房就进去住。我
们十人只好也进入难民区。十二月十二日晚饭后，我们移住到首
都电话局长朱一成的房子里，南京电报局的一部分人由陈治平带
领住进电报局长吴保丰的房子里。朱一成的房子和吴保丰的房
子，大门在不同的两条路上，但后面都可以互通。当天夜里，炮
声隆隆，直至天明才停止，据说是炮兵为掩护部队撤退在向日军
猛烈轰击。另外彻夜还听到中山路上撤退车辆和撤退人员的嘈杂
声。十二月十三日清晨，一切都寂静了。

　　十三日上午，日军大批入城。难民区内日军随意进出，并驻
扎军队。上午十时左右，首批日本士兵两人，进入我们住处，对
我们一一观察询问（用简单中文句，结合打手势）有无武器。我
们赶快摇头说：我们是经商的，没有武器，问完后他们就走了。
不久第二批又来了，这一批来的什么都不问，只是做手势要我们
的自来水笔和手表，看到自行车就推走，我的自行车、自来水笔
就这样被抢走了。以后络绎不绝的日本兵前来勒索、搜身。在十
三日以后的十天里，日本兵两三个一群，有时还有东北人做翻
译，不断到各住宅勒索财物。对法币，他们最感兴趣，看到就
拿，有时还直接向被搜查的人要，如没有，他们动手就打，因

此，被打的人不计其数，我们同住的人中也有被打的。日本兵对于中国妇女，任意侮辱奸污，被害的妇女为数很多。朱一成局长的邻院也是一座楼房，楼顶上挂了一面法国旗，这里住的全是难民，大部分是妇女。十三日夜间，彻夜有日军轮流翻墙，潜入妇女房间，进行奸污。次日，住在这座房屋里的妇女都搬走了。就在同日夜间，有日本兵跑到我们住房内要"花姑娘"。我们都是男人，因此，他们悻悻而去。

十二月十三日下午，黄如祖到国际委员会去了解情况，我陪他一同前往。沿途行人稀少，当距离国际委员会办公地点不远时，看见几个日本兵押解着几个中国男子，后面还有一个中国妇女跟着啼哭，向我们走来，我们急忙转了个弯走进另一条路。走了一刻钟左右，看见远远的广场上坐着数百个中国男子，日本兵持枪监视着他们。我们急忙掉转方向，由原路转到国际委员会办公地点。不到一两分钟，就听到从广场处传来密集的机关枪声。数分钟后国际委员会得到报告说，日本兵在山西路广场上用机枪射杀了数百名中国人。日本兵十三日上午入城后即挨户搜索，难民区内也是挨户搜索，日本兵认为可疑的人即抓去。

为了减少和避免日本兵对我们的骚扰和勒索，我和张光暄、汪子卿、沈毛弟在十二月十五日，日军占领南京的第三天，就由沈毛弟带领，搬到西门子洋行南京办事处居住。办事处经理是德国人，南京沦陷后，他仍然住在那里。沈毛弟的叔叔是西门子洋行的老师傅。在这里避难的有近百人，大多数都是附近的居民，这里实际上成了一个小型的难民收容所。每遇到日本兵前来骚扰时，德国人经理就出去交涉阻止。由于那时日本和德国是轴心国家，因此日本兵还给德国人一点面子，不敢公然骚扰。但日本兵翻墙入内的事，仍然不断发生。不过较其他收容所好得多了。

由金陵大学和金陵女子大学办的难民收容所是南京规模最大

的了，收容了数千人，由美籍教师和美籍牧师主办。那时美国和日本仍有外交关系，日本兵很不尊重他们，但也不敢妄加迫害。日本人经常要收容所派出劳动力，去为他们打扫和清理战场和仓库。这些人一般晚上都能如数回收容所，也有被任意枪杀或一去不回的。在日本部队转移时，日本兵任意强拉居民为他们挑运行李，侮辱殴打，有的丧失了生命，有的流落他乡。日本兵曾到金陵大学收容所，口称要数十名妇女为他们洗衣缝被，收容所左右推托，日本兵就动手强拉，收容所管理人员怕日本人强拉更多的人，就选了四五十人跟日本兵走了。当日由日本兵送回，据回来的妇女透露，大多数人被日本兵奸污了。其他收容所和住在家里的妇女，受侮辱遭奸污的情况就更严重了。据派去为日本人劳动的人回来说，他们在清理一个大地下室时，看见里面有许多被杀死的军民的尸体。他们在路上还看到许多被俘的士兵，也被强迫做各种清理的劳动和搬走国民党军队遗留下来的各种物资。

在南京沦陷的半个月后，另一个大的灾难又降临了，这就是领取良民证。日本人规定，每一个人都要到指定的地点领取良民证。大部分指定的地点是在难民收容所里。领证的人先排成队，然后逐一进行检查询问。检查的方法是逐个地看头上额面上有无戴军帽的痕迹，再看看手上肩上有无老茧等，有时还要来回走路给他们看，只要被认为有可疑之处的，一律被带走，不知去向。

我们在难民区里就这样战战兢兢地朝不保夕地过了五十五天。在我住的收容所里有一个人，他带着一个五灯收音机，每到夜间，我们就在一起偷听广播，听到江西和湖北的广播，知道那里还没有沦陷，而安徽和县有时被日军占领，有时也被我军收复。了解这一情况后，我们首都电话局"留守工程团"留下的职工商量，决定设法逃到和县。在难民区住了约五十天，听说难民区就要解散，因此，我们十一人（电话局十人及电报局陈治平）

323

在一九三八年二月五日凌晨，天微明时出发，十一人分开前后，每人相隔三十米左右，经上海路、莫愁路至水西门。到水西门时，天已大亮，城门已开。城门口一半堆了沙包，一半走人。城门口站着四个日本兵。我们硬着头皮拿着良民证慢慢朝城门口走。日本兵问我们出去何事，我们预先准备好，说是接家眷回南京。在我们行进队伍中尚有少数不相识的挑担卖鱼的和挑担做小生意的，总算是逃出了第一关。出城后一路上见到房屋已烧尽，水西门外大桥和江东门大桥都是木板做的临时桥，下面是填实的。据同行的挑担人说，这桥下全是填的军民的尸体。经过江东门大桥后，在沙洲圩找到汪子卿的熟人，住了一夜。次日凌晨，我们渡过长江步行至和县，然后步行去合肥，共走了六天才到。从合肥乘车到了武汉，到武汉已是一九三八年二月十六日了。总之，日军在占领南京后，南京人遭受了空前未有的浩劫。日本兵杀害了数十万无辜百姓，遭侮辱妇女难以数计，抢劫和毁坏的财物，又何止亿万！这些都是日本军国主义者犯下的罪恶，是侵略战争带来的恶果。

我所经历的日军南京大屠杀

唐光谱※

　　我叫唐光谱，原籍江苏阜宁，在南京北郊六合县竹镇街上居住已四十多年。一九三七年，我才十九岁，亲身经历了日军在南京大屠杀的惨剧，至今仍历历在目。

　　当年，我在国民党教导总队第三营营部当勤务兵。随部开赴上海战场，驻守江湾。十一月上旬开始退回南京。我们回南京不到一个月，日军又进攻南京了。十二月十二日，日军攻入中华门后，南京各部队突围的突围，撤退的撤退，市面混乱不堪。我和六个弟兄，与部队失去联系，即随人流向下关方向奔逃。其中有个叫唐鹤程的，是盐城人，与我至好，故相约结伴逃命，至死不离。当我们来到挹江门外时，城门口被人流堵得水泄不通。有的人在拥挤时被绊倒，人们就从他身上踩过去，再也起不来了。看到这情况，我们六个人相互用绑腿把彼此的手臂绑在一起，相约如果谁倒了，两边的人就把他拉起来。就这样，我们六个人一道

　　※　作者当时系教导总队第三营营部勤务兵。

硬挤出了挹江门。

下关江边人头济济，大街小巷水泄不通，望着眼前的大江，人们不知往何处逃是好，我们也随着人流盲目乱跑。这时，有一个当大官的，骑着大马，冲进人群中，用话筒高喊："……弟兄们，要活命，跟本人冲！"乱兵们看到有当官的指挥，也就镇定些了。那个当官的叫轻、重机枪在前开路，步兵随后，往上新河方向奔逃。当大量溃兵奔到上新河桥时，桥窄人多，很多人都挤不过去。我和唐鹤程没有挤过桥，其他四个人也和我们挤散了，不知去向。我俩没法，只得跟着没有来得及过桥的散兵，沿着长江向龙潭、镇江方向跑。

我们利用高高的芦苇做隐蔽，在江边芦苇滩高一脚低一脚地向前奔逃，当我们逃到一座桥前，日本人已在离桥不远的城墙上，架了几挺机枪，把桥封锁住了。许多想冲过桥的人，都被打死在桥头、桥尾，血流满地。我们乘敌人扫射停歇的片刻，冲过桥，往燕子矶跑。到了燕子矶街上，已见不到一个人影。我们找到一块厚厚的肉案板，两人使尽吃奶的力气，好容易把它抬到江边，放在水里，想扶着它渡到江北去。可是我们忙得筋疲力尽，它还是在南岸边转溜，没办法，只得又回到燕子矶。

天黑了，杀人的枪声越来越近，我俩没命地跑上山，蹲在坑里，不敢发出一点声音。天还没亮，日本兵搜山时发现我们，把我们押至街心的一个空场地里，背靠背，手臂对手臂地绑起来。此时，场地上已站满了像我们一样被绑着的人，而且还有许多人陆续被鬼子赶到场上，捆绑起来。后来，我俩随着这一大群人，被赶到幕府山原国民党教导总队野营训练的临时营房里。这所临时营房共有七八排，全是竹泥结构的棚子，里面塞满了被抓来的人。我们被关在里面，连饭也不给吃，到了第三天，才给喝水。敌人稍不如意就开枪杀人。到了第五天，我们被饿得肚皮贴着脊背，都只剩一口气了。很明白，敌人要把我们活活地饿死，有不少大胆的人，认为饿死不如拼命，就暗中商定以放火为号，各房的人一起冲出去。那天晚上，有人烧着了竹屋。火光一起，各屋的人都一起向外冲去。当大家推倒营房竹围时，见竹围外是一条又宽又深的沟，人们急忙跳下沟，泅水或涉水逃命。可是，沟外却是一堵绝壁，大家都傻了眼。这时，敌人的机枪向人群扫来，血把沟里的水染得通红。逃命的人又被押回房里。因为房子被烧掉了不少，只得人靠人、人挨人地挤着，像塞人罐头一样，透气都十分困难。

第六天早上，天还没有亮，敌人就把我们都赶到院子里，把所有的人臂弯对臂弯地用布条捆绑起来。等到全部人都绑完，已经是下午两点多了。然后，敌人用刺刀逼着这两大群人排成队，向老虎山方向走去。当时，人们已饿得一点气力也没有了。敌人在队伍两侧，看谁走慢了，就给谁一刺刀。走了十多里，天已经黑了，敌人改道把我们赶到上燕门离江滩不远的空场地。六天六夜没有进食，又走了许多路，一停脚步，大家就瘫坐在地上，再也站不起来了。一时间，场地上黑压压地坐了不知多少人。

虽然如此，求生的欲望使人们觉察到敌人要集体屠杀。我们相互用牙咬开伙伴的结头，准备逃命。人们还没有全部把结咬开，四面探照灯亮了，漆黑的夜一下亮得使人头发昏。接着，江面上两艘轮船上的几挺机关枪和三面高地上的机关枪，一齐疯狂地向人群扫射过来。大屠杀开始了！

枪声一响，我和唐鹤程赶忙趴在地上。只听见许多人高喊口号："打倒日本帝国主义！""中华民国万岁！"随着枪声、口号声，许多人纷纷中弹倒下，尸体把我们压在底层，他们的鲜血染透了我的衣裳。我憋着气，动也不敢动。二十多分钟过去，枪声停息，我战战兢兢地摸着唐鹤程，拉拉他，低声问："你怎么样，受伤没有?"他说:"没有,你呢?"话音未落,机枪声又响了起来,我吓得伏在死人堆里,一动也不敢动。等到第二天扫射停止,我发现唐鹤程一点动静也没有,就紧张起来。我用力摇他,他还是不动。当我摸到他头部时,才发觉他头上中了一弹,鲜血直往外涌,吓得我连忙缩进死人堆里……

过了许久,听不到枪响了,我想:要赶紧离开这里,才得活命。我慢慢地、轻轻地从死尸中探出头来。前头尸体横七竖八,挡住了我。我想:向前爬,敌人一定会发觉,就用脚钩住后面的尸体,慢慢地一点一点向后缩,缩到了死尸堆边,我再也不敢动了。

探照灯早已熄火,黑沉沉的夜,淹没了大屠杀惨绝人寰的现场,江水哗哗,真像凄惨的哭声。不知过了多久,我才听到敌人收拾东西的声音,接着便是他们走的声音,汽船也突突地开走了,我才大着胆慢慢地连走带爬,向下游走了十几里。我爬到一个窑洞边,只见窑洞口也横七竖八地躺着被敌人杀害的同胞。我也顾不得许多,爬进了能避风的窑洞里。

迷迷糊糊地等到天亮,又迷迷糊糊地待到中午。当我看到一艘小船向窑洞方向摇来时,吓得心都要跳出来了。当小船靠岸时,才看见船上有一老一少,都是中国人。原来,他们是南岸的人,为躲日本人才到对岸八卦洲去的,现在趁敌人巡逻船不在,过江来装牛草。我立即跑出窑洞,奔向船头,请求老人家救我一命。老人见我满身是血,一副狼狈样,让我藏在船舱里,用稻草盖好,把我带到八卦洲。

后来,几经凶险和周折,我才到了六合县竹镇,定居下来。

南京大屠杀目击记

钮先铭[※]

　　七七事变后一个月，我奉召自法返国，参加了上海的淞沪战争和一九三七年末的南京保卫战。不幸的是日军以野蛮人而加上文明的智慧与武器，我们打败了。而我个人则躲在庙里——南京鸡鸣寺，装了八个月的假和尚，才逃出了虎口归队。

日本隐瞒南京大屠杀

这里我有一个感想兼感慨！

　　三十年来台湾的出版界都走"现实路线"。抗战胜利了，抗战过去了，还写它干啥子，新的问题还多着呢。一个不写，一个不看，致使南京大屠杀的纪实，只有郭歧的《南京大屠杀》和我的两本书《空门行脚》《还俗记》，大家都当小说看，并无敌忾同

　　※　作者当时系工兵营营长，守卫光华门，旋奉命担任断后任务，未能撤退。南京陷落后，作者急中生智，化装为和尚，入鸡鸣寺，幸免一死。

仇的心情，也无痛定思痛的意识。南京大屠杀的经过，不要说青年人，就是五六十岁的中老年长者，谁还关心呢？

日本人更自私，其隐瞒南京大屠杀的事实，并不自今日始。十余年前日本《产经新闻》，拟出版一部八十年的秘录，曾到台湾约了二十一位中方编辑委员，我是第二十名，末座是一位中尉排长。我看到那张名单，觉得非常的庆幸，虽然我是倒数第二名，还有一位背榜的中尉排长。

我当时庆幸的是既有抗战当年的中尉排长，则在大著作中必定会穿插些小故事，所以将我在南京陷敌后的见闻，写得有声有色，以供日方编辑采用。谁知付梓后，一字未提。

南京大屠杀发生于抗日初期一九三七年末，也就是国共二度合作的伊始。

南京大屠杀当然是日本暴行最显著者，其实日本军国主义者从一九三一年的九一八事件以来一连串的残暴，真是罄竹难书。我所能记忆的不过是千百分之一而已！

在抗日战争初期，日军暴行的照片，有三张最为世界各国所注目：一是一位中国老百姓跪在地上，眼睛被黑布蒙着，站在旁边的一个日军，正举着武士刀做砍头的架势。二是有十名左右中国老百姓，在挖土坑，准备一个个自己活埋，日军正在监督着。三是躺在地上的一个中国老妇人的尸体，下身赤裸着，阴户里插着一根树枝。

这三张照片，当然完全是日本人自己拍下来的。日军在南京大屠杀，据统计有三十余万人，军与民没有太精确的区分，我想是一样一半，或许被屠杀的百姓比被俘的军人更多一点。南京当时是首都，也是人口超过百万的特别市，虽然经过淞沪会战的警觉与有计划的疏散（公教人员及眷属），本地居民还有不少留下的。围城战也经过了十天以上空隙，精壮的人或向西沿江而上，或向北渡江而走，也逃掉了一些，剩余的完全是老弱妇孺，有其行不得也之苦。这些人大部被我方维持治安的执事人员，指定集中在南京市山西路新住宅区，这是一片广大的新市区，可以容纳一二十万人。当时虽然未申明那是不设防地区，至少也曾经过万国红十字会出面处理，应是国际公法上公认的事实，一般说来是不应加以侵犯的。

在山西路划定的难民区内，日军的暴行真是罄竹难书。奸淫掳掠自不在话下。当着祖母强奸未成年的孙女，当着丈夫奸淫其妻女，都是最普遍现象。倒是有一段传奇故事：一个少女藏在夹层的天花板里，居然躲过了浩劫，真可比《少女安妮的日记》。

安妮也是藏在古老建筑的夹层房里之间，可是我们那位少女却藏在不到两三尺高的天花板里，渡过四个月的难关。而后因为汉奸组织了"大道政府"，日方也想买好民心，才结束这段公案。

做和尚亲见日军杀人

我所目睹的南京大屠杀，几乎都在城外——沿长江一带。敌军是由金山街①登陆，绕到南京城南进攻。我所守护的光华门正首当其冲。敌军攻击重点既在城南，我所退却的方向只好朝北，走出挹江门，到了长江江边。由于渡江的船只不足，我被挤落江中，再度游靠江岸。

我既失去部队的掌握，只有沿江而下，到了上元门——也是南京沿江的一座城门。由于坚壁清野，所有沿江的民房都经破坏，只有上元门一所小庙名为永清寺，占地约六亩，而庙宇只有三小间。我投奔到那里，为寺僧所收容，其中是三僧两俗：两位

---

① 原文如此，应为金山卫。

和尚都七十开外，一位是三十出头的矮小徒弟；两俗是一个七十开外的施主，一个是七十左右的老农——因茅屋被破坏而寄食寺中。

时间在一九三七年十二月十三日下午三至五时之间，敌军已追到上元门，沿江扫荡，已杀死了不少国军，又有鬼子兵数人来到庙外，见人就杀。在庙产六亩的石榴园中，遗尸就有四十六具。我们是躲在柴房里，四僧两俗，因为我彻底换上了僧衣，也就排入三僧之列。

日兵进入柴房，并未开枪，看见满屋都是干柴，便指着柴火，要寺僧送两担柴火，并指定我和那老农担去，地点是上元门内。我们担柴入城，看见有两三万被俘的中国士兵，两手抱着头部，挤坐在高低不平的地上。有少数中国炊事兵正在举火烧饭，似乎是想供被俘者一顿饱饭，所以才需要相当数量的柴火。我们放下柴火后并未遭到为难，归途已近冬季日短的黄昏，总算安全回到破寺。

而后两日，经过十数次的搜查，而且在寺门外又杀死了几个躲窜的军民。寺内的六人勉强渡过了第一道难关。我们躺在柴房的稻草上，经过漫长的日夜。第三天傍晚，来了几十名日军，并没有再进庙内，却将石榴园里的树枝完全砍走带光，在战栗中我们揣摸不出鬼子兵的用意。

沙滩上进行集体屠杀

时值农历十一月月圆前后，寒风瑟瑟，月照昏沉，夹一点带雪的细雨。

午后，先听到一阵铁钉的军靴声，夹杂着一阵人与人的磨挤声，经过寺庙与公路间五十公尺的距离传过来，行进方向是由东而西的长江沿岸。我和那位年纪较轻的和尚徒弟在研究："大概是鬼子兵换防吧？"他对我战战兢兢细语猜测着。"一定是的，那是利用夜间行军，比较保密些！"我还自作聪明，用我军人的判断对答他。可是我在想，鬼子兵行军就行军，换防就换防，为什么要将庙里石榴园的树枝都砍掉带走，也是当作柴火烧吗？虽属冬季，枝叶尽落，石榴树枝并不那样的干枯，哪能随便燃得着火？何况鬼子兵多次来搜索庙里柴房，何尝不知道这里还存有相当数量的枯柴？我俩怎么猜也猜不透，只好踏卧在稻草堆里战栗着。

再经过一两个小时，远远地传来一阵机关枪枪声，很密，并不像在点射。这样更将我弄糊涂了，心想也许又有我军来反攻，发生了战斗。到天明之后，却一点声息都没有了。平静的死寂，使我的心更加速跳着。以后的多少天中，敌军的小部队或一两个士兵还是来到庙里搜查，将老和尚所仅藏的一百零八块银圆以及可以御寒的毛衣和毛背心都掠夺了去。

经过了一段时间，我们才发现，在距离寺庙上游一公里多的江边，有一块地名叫作大湾子，是长江河流的弯曲部分，靠水的一小片沙滩上，竟躺着无数的死尸，一半泡在江水里。老和尚的徒弟法名二空，他大胆偷偷地去看过一次，才发现了真相。原来前次半夜里的人潮声以及连续的机关枪声，是日军把俘虏来的我国士兵，集体屠杀在那个长江的大湾子里了。这也证实了砍掉我们石榴园的树枝，是当作大叉子，将一批一批被屠杀者尸体推到长江的水里，以便顺流而下冲走。

这是敌人想将死尸流入长江灭迹，无奈冬季水枯，而弯曲部分的长江，水流不畅；且尸体又太多，不可能尽数冲走，才剩下了一大堆，遗留在那一大片沙滩上。

心惊肉跳，惨不忍睹

开春渐渐和暖了，那一大批尸体也渐渐腐烂，一股尸臭传到我们小庙周围。不久来了一批中国人连同少数的日本军官，其中还有一位日本的随军僧侣，手持法器，连敲带唱地念着经咒，来到庙里，硬要我和二空和尚一同去处理那批死尸。当我和二空一同来到大湾子，呈现在眼前的是一大片沙滩上堆满了尸体。由于江水的潮汐，流冲尸体，使得半干半湿泡在浅水中，由于天气渐暖而逐渐腐烂，露在破军服外面的手脚和面部变成了半骷髅形。眼前所呈现的情景，即使用"心惊肉跳，惨不忍睹"来形容，也不尽然能描述我和二空两人当时的心情！

来处理那批尸体的中国人是属于红十字会的，有别于国际共同组织的红十字会，是中国特有的道教组织。处理的方式只是挖坑埋葬。死尸太多，人手总嫌不足，但乡野的老百姓却越集越多，是日军征来还是自动来帮助的，我不知道。后来我才了解，那次埋葬的尸体，据统计有两万余具，先已被冲走的尚未算在内。

日军暴行岂自南京大屠杀始？作为南京大屠杀的一个目击者身份，我将这历时近半个世纪、渐为人所淡忘的旧事重提，是希望能让后一代的青年，子子孙孙，不要忘了我中华民族的痛史！

以我个人的心境来说，我只能用《甲申录闻》中的一首诗来表达：

> 腐肉白骨满疆场，
>
> 万死孤城未肯降；
>
> 寄语路人休掩鼻，
>
> 活人不及死人香！

幸存者的控诉

陈德贵　李秀英　路洪才　姜根福[※]

一九三七年十二月十三日，日本侵略军攻占南京，即对南京人民开始了惨绝人寰的大屠杀。我们是这场浩劫的幸存者或是被害人的亲属，回忆起四十八年前日军灭绝人性的残暴罪行，仍然触目惊心，义愤满腔。

死里逃生　枪痕犹在

我姓陈名德贵，是退休工人。当年日军在南京的暴行，仍记忆犹新。一九三七年，我才十五岁。十二月十三日那天，我随着大批难民逃到下关和记洋行（今南京肉联厂）避难。日军攻进南京城，在下关发现了我们这批难民，遂把我们集中起来，在地上放了两个盆，要大家把手表、戒指等贵重东西都抹下来放入盆

※　作者陈德贵、李秀英、路洪才、姜根福在日军侵占南京时均为普通居民。

内。第二天从难民中抓去两千八百多个年轻人，押解到煤炭港一间仓库关起来，日本兵端着上了刺刀的枪站在门口看守。第三天清晨，日军从仓库里叫出十个人，押到煤炭港河汊口头，让他们站在水里，即行枪杀。我们在仓库里听到一阵枪响，不见十人回来。接着日军又叫出十个人，又是一阵枪声。我心里明白，这是日军在枪杀我们的同胞。当日军第三次进来时，我也被点出去了。走到河汊口，看看太阳，约在上午八点钟。我们刚站进水里，日军就举枪准备射击。我一个猛子栽到河里，正好枪声响了，人们倒入水中。也许日军以为我中弹入水，故而未加追击。我潜游到对面被炸毁倒在河里的火车肚里，伸出头来观看对岸的动静。我亲眼看见日军把一批一批同胞带到河汊口枪杀，从清晨直到傍晚，最后竟把六七百人一起赶到河口，用机枪向他们疯狂扫射。两千多青年就这样被日军活活残杀了。

天黑后，敌人撤走了，四周一片寂静，我才从火车肚里爬出来摸到桥底，两腿僵直，浑身发抖。四周一片漆黑，看不清方向和道路，只好在桥底待一夜，等候天明再走。我拾到一条难民丢下的棉毯，裹紧全身，闷头曲睡在死尸中哆嗦不止。谁知天明后，几个日本兵从桥头经过，发现我在颤抖，一枪打来，子弹从我大腿内侧穿过，左手第四指也被枪子打伤。直到第三天掩尸队员在拖抬尸体时，发现我还活着，便背着日本兵把我救出来，幸免一死。至今我的大腿和手指还留着被日军打伤的枪疤，这是日军屠杀中国人民的罪证！

拼死搏斗　绝不受辱

我叫李秀英，回想起当年日军在南京犯下的滔天罪行，在我身上留下的三十七处伤疤即是一个罪证！

一九三七年十二月初，日军的飞机天天在南京轰炸，房屋倒塌，百姓伤亡，人心惶惶。十二月十三日上午，日本兵从水西门和中华门攻进城来，一进城，烧房子，抢东西，见人就杀，街上的人几乎都被杀光了。我的丈夫和弟弟已经逃到江北乡下避难；我因有七个月的身孕，行动不便，就和父亲留在城内未逃走。我们和一些难友躲在五台山一所美国人办的小学校的地下室里。这个地下室又小又潮湿，二十多个人挤在里面，白天不敢探头，不敢出声，真是又闷又急。

十二月十九日，天下着细雨，刮着西北风，我们冷得瑟瑟发抖。上午约九点钟，六个日本兵，端着枪，跑到地下室，拉走了十多个年轻妇女，我也是其中之一。当时我想宁死也不能受辱，决心以死相抗。我一头撞在墙上，撞得头破血流，昏倒在地。当我醒来时，日本兵已经走了。父亲和难友们把我抬进地下室放在帆布床上。此时，我对敌人异常愤恨，我感到自己撞得头破血流不值得，因我自幼跟父亲学过一点武术，练过拳脚，应该和他们拼一拼，拼死他一个，我也不算白死。想到这些，浑身增添了力量。我把自己的打算告诉了父亲，我说："万一我被鬼子杀了，你告诉我的丈夫和弟弟，我没有受辱，要他们为我报仇！"决心下了，勇气大了，什么也不怕了。就在这天中午十一点钟，又来了三个敌人，他们把男人全部赶出地下室，其中两个把六七个妇女赶到另外两间屋子，准备奸污。剩下我躺在帆布床上。另一个敌人走过来，一边说"中国姑娘不要怕"，一边来解我的纽扣。那时我穿着旗袍。我看到他腰上挂着一把短刀，这种短刀以前我见叔叔挂过，带有鞘，一般不易拔出。我稍懂得，趁他不备，很快打开锁扣，握住刀柄，从床上一跃而起。这个日本兵见状大惊，拼命用手按住不让我拔刀，同时用力扒我紧握刀柄的手，于是一场殊死搏斗就展开了。这时，我早将生死置之度外，我用脚踢、头撞、牙咬，敌人被咬痛了，哇哇直叫，隔壁屋里两个敌人闻声赶来，被抓去的六七个妇女得以脱逃。我死活紧握刀柄，也不知哪来的力气，和那个敌人推来搡去，在地上滚作一团，拼命搏斗。其他两个鬼子就用刺刀在我身上乱砍乱刺，我的腿、脸都刺了好多刀，鲜血直流，我也不知道痛，握刀柄的手始终不放松。最后，一个敌人向我肚子猛刺一刀，我肚子向后一缩，眼前一黑，随即昏死过去，以后什么事情也不知道了。

敌人走后，父亲和难友们回来见我已"死"，伤心备至，白天不敢抬出去掩埋，等到傍晚，父亲和难友在五台山旁挖了一个泥坑，准备把我埋葬。他们将我放在门板上抬出，由于门板的晃动和外面冷风的刺激，使我渐渐苏醒过来。父亲听见我微弱的呻吟，连连喊着我的名字，我好像听到亲人的呼唤，微微睁开眼睛，无力地对父亲说："我没有死，我要活下去!"

父亲设法将我送进鼓楼医院抢救。第二天，我七个月的胎儿终于流产了。我浑身是伤，又肿又痛，满身血迹斑斑，头发根部结成了血饼，医生将我头发剪光，那时脸肿得像个血盆。经医生检查，我身上一共被刺了三十七刀，嘴唇、鼻子、眼皮都被刺破，吃饭从嘴里进去，又从鼻子出来。医生帮我将伤口一处一处地缝合，破皮一块一块地对拢，经过七个月的精心治疗，才使我初步恢复了健康。但日本侵略军残暴地杀害我的罪证，至今还留在我的身上。

追述往事　悲愤难已

我叫路洪才。一九三七年，我家住在雨花门外红土山下，是那条街的第一家。那年冬天日本侵略军已近南京城，从句容逃难路经门前的难民都纷纷传说，日军在句容烧杀淫掳，无所不为。

我们全家都惊慌起来，商量如何逃难。我的外公外婆因孩子多且年龄幼小，两个小舅和小姨才三四岁，我那时才六岁，母亲也已临产，行动不便，只好与外祖父一家同留住地，父亲则带着我和大舅跑到江边渔圩滩（即沙洲圩）荒岛去避难。我们和其他难友一起挖了一个地洞栖身。一天，见日军追赶一个农民往我们这个方向跑，只见日军把那个人捉住后，用石块缚住沉入江中。

这时有从雨花门来的村邻告诉我父亲说：你家出事了，赶快回去看看吧。我们偷偷回到家中，只见一片瓦砾，房屋已全部被毁，院前血肉满地，防空洞内尸体枕藉，全家人无一生存。父亲悲痛欲绝，号啕大哭，在收埋尸体时，看到母亲的肚子被炸开，尚未出世的小弟弟也惨死腹中。住在隔壁的伯母见我们归来，哭诉那天遭难的经过。在父亲带我们走后的一天，六七个日军来到红土山，他们有的提着机枪，有的端着带刺刀的步枪，挨家挨户地搜查。我家首当其冲，他们先是翻箱倒柜，寻找值钱的东西，继而是砸椅劈桌，引火取暖，后来竟放火烧屋。出屋时发现了防空洞，他们看见了我的母亲，叽里呱啦地喊着，要她出来，母亲不肯，万恶的日军端起机枪便向洞内扫射，接着又向洞里扔手榴弹，只听"轰"的一声巨响，血肉随着弹片飞出洞外。这些灭绝人性的侵略军竟拍手狂笑，我家老小七口就这样惨死于日本侵略军之手。

日寇暴行　令人发指

我叫姜根福。南京沦陷时，我被日本侵略军害得家破人亡，我变成孤儿，流落街头。提起往事，历历在目。

一九三七年我刚满七岁，一家八口，住在一条破船上。日军攻陷南京后，父亲带着全家人到三汊河避难，到了石棵柱，船漏水，无法再行，全家人只好弃船上岸，沿着圩堤向前行走。沿街房子空着，居民逃无踪影，我们也不敢住进去。父亲和母亲带着我们姐弟分开躲进芦苇丛。因为母亲没有奶水，三个月的小弟弟啼哭不止，被路过的日军听到，顺着哭声找来，他们发现了我的母亲，企图奸污，我母亲竭力反抗，灭绝人性的日军，竟从母亲怀中夺下小弟弟活活摔死，母亲哭着扑向小弟，日军又开枪将母亲打死。日军走后，父亲含泪将母亲和小弟埋在芦苇岸边。第三天，日军又将我的父亲抓走，再也没有回来。又过了两天，日军在芦苇丛中发现了我十一岁的二姐，竟要奸污她。二姐拼命地跑，日军紧追不舍，跑到现在的河运学校附近，终于被日军抓到，二姐拼命挣扎，连骂带踢与日军拼打，日军恼羞成怒，抽出军刀将二姐从头劈为两半。等我们姐弟几人来到二姐身旁时，都惊吓得哭作一团。几天之内，日军杀害了我三位亲人，抓走了我的父亲（至今下落不明），当时我们姐弟四人都不满十岁，从此失去双亲，流落街头，过着乞讨的生活。

筹组南京沦陷后难民区的经过

杭立武[※]

一九三七年十一月，我在南京看到报纸报道上海有一个饶神父，在上海设难民区，容纳很多妇女和小孩。我忽然动脑筋，觉得日本将进攻南京了，我准备成立一个南京安全区国际委员会，并设置一个难民区。那时我是金陵大学校董会的董事长，认得金陵大学的许多美国人，同时我也是中英文教基金会的总干事，和许多英国人、德国人有来往。

我约集了一二十个外国人，我说我们要设一个难民区，他们都同意，他们认为这是为人道的事情，应该赞同。我们这个难民区很自然地就把金陵大学、金陵女子文理学院划进去，一直到鼓楼、新街口。划好后，我们就写信给上海饶神父，请他把地图给日本的司令看，请他同意我们成立难民区，并且答应以后不要骚扰难民区。

因为日本军方的人和饶神父有来往，饶神父就把地图给日本

※　作者当时系南京难民区主任。

司令。后来饶神父回信给我，只讲日本司令说"我们知道这件事了"，并且接受了地图。后来在进入南京城的日本兵身上发现这种地图，是有难民区的。

当我在进行划设难民区的时候，黄少谷先生告诉我，最好把朝天宫包括在里面，因为朝天宫里有故宫博物院的文物一万七千箱。我说这样做没有用。因为日本人对文物特别爱好，他们一定会进去的。同时，朝天宫离鼓楼也很远，况且我已把地图送到行政院去了。

当时我向张岳军先生报告这件事，他问我意思怎么样，我讲最好搬走这些东西，他就打电报到杭州请示蒋介石。第二天得到回电说是要搬，并且要我负责搬运。但是，我是国际委员会的发起人，又是难民区主任，怎能走呢？没办法，只能找一个人来替代我。刚好有位美国人费吴生（Mr. A. Fitcher）从西安退出来到南京，我请他当副主任，他接受了。这个人真是了不起。

讲到难民区，有五万公里，是中山路以西、广州路以北、山西路以南。抗战胜利后，设立难民区有功的外国人共有二十七人，都获得了勋章。

日本人是在十二月十三日到南京的。守南京的是唐生智，他自告奋勇要守南京城。政府撤离南京后，他在中英文化协会举行记者招待会，找我帮忙翻译。他讲："我要同南京共存亡！"当时我不敢翻译，我说："唐先生，你这句话要负责任的喔!"他讲："你不相信我？"于是，我就翻译了，我理直气壮地一翻译，大家都鼓掌了。

十二月十三日敌人进入南京，就开始抢了。他们起初说是要求放三天假，所谓放假就是让他们随便搞，实际上讲起来不止三天。十六日进入难民区，十六日以前在难民区以外的地方见到妇女就抓。难民区每日有记载日记，后来日记送到美国去刊登在报纸上。有七十八岁的老太婆被人强奸，八九岁的女孩也被强奸，还有一个妇女被日本兵一天强奸三十四次，惨到这种地步。

最初有一些从上海等地退出来的国军士兵，看到难民区比较安全，就拥入难民区。日本人就借搜查为名，进入难民区抢劫、奸杀。外国人觉得这些退入难民区的士兵已经解除武装了，可以说是平民，所以予以保护。后来日本人不管是不是士兵，五十人一队，一百人一队，绑着手串在一起拉着走，说是他们缺乏劳工，实际上这些人去了就被枪毙。最初用枪，后来用刀杀，还有互相比赛，看哪一个杀得有气力、杀得快。还有，奸淫了妇女之后，把乳部割下来，让她在地上叫，他们觉得很高兴，简直是惨不忍睹。难民区的人，到日本使馆去交涉，使馆派了个日本宪兵接见，没有效果。事实上日本宪兵在晚上也是一样地抢。日本兵一直抢到月底。

还有什么证据呢？有难民区的日记，新闻记者托美国兵船用无线电发到纽约电报，还有难民区拍的照片、电影。这些照片、电影托美国使馆的人寄到美国后，发表出来，使罗斯福总统及美国人对日本人的印象大为转变，都认为日本人实在太野蛮了，在扭转当时美国人中立的态度上也起了重要作用。

远东国际军事法庭
审理南京大屠杀事件之经过

梅汝璈[※]

一

记得当年东京国际军事法庭审讯到南京大屠杀事件阶段的时候，被告日本战犯的辩护律师[①]诡辩说：占领初期，南京的遗尸

※　作者当时系出席远东国际军事法庭之中国法官。
①　按远东国际军事法庭的各被告战犯每人都拥有两名辩护律师：一为日本籍，一为美国籍。前日本国会众议院议长清濑一郎（自由民主党人）便是被告前首相东条英机的日籍律师。由于法庭系采用所谓"国家律师制"，这些辩护律师在法庭上的权利义务和代表盟国（原告）的检察官是完全平等的（法庭称检察长为"首席检方律师"，称各国陪席及助理检察官均为"检方律师"）。为了开脱被告的罪责和拖延审判的进行，这些被告律师对于盘问、攻击检方提供的证人证件，以及驳辩、非难检方的论证主张等，都是无孔不入，无隙不乘，无所不用其极的。美国律师的气焰尤为嚣张，时常信口雌黄，节外生枝。远东法庭审讯之所以长夜漫漫。拖延至两载半（一九四六年五月至一九四八年十一月）之久，原因固多（如案情庞大，问题复杂，被告众多，语言翻译困难等等），而被告律师们的"宕延战略"实亦重要原因之一。但自法庭毅然决然地开除了两名最捣乱的美国律师（肯宁汉和施密士）以后，情况便开始好转，审讯的进行因而也就比较顺利。

遍地全是中国人于撤退时互相火并残杀所致。那时各国法官同人都认为这完全是胡说八道，是一件绝对不可想象的事情。

读了宋希濂一文后，我们便知道他们的胡说确也有一部分（当然是极小的一部分）是符合事实的。当时南京既拥有一千艘以上的大小船只，倘使守土有责者能作一些有计划、有秩序的撤退安排，至少那十几万武装部队绝大部分是可以安全渡江的，何至于半数以上（约三分之二）会死于互相火并、践踏和被日军当作水鸭或兔子打死？当然，我这样说并不意味着会减轻丝毫日军在南京任意屠杀我数十万无辜同胞的滔天罪恶。

南京大屠杀，正如宋希濂所说，"实为现代战史上破天荒之残暴纪录"。它的残暴程度比起我国历史上著名的"扬州十日""嘉定三屠"有过之而无不及。宋还说："据后来远东国际法庭对敌酋谷寿夫判决书调查证明，我军民被敌射杀火焚活埋者十九万人，此外零星屠杀的尸体经收埋者十五万余具，总计我惨死同胞三十多万人。"

诚然，说我南京同胞被日军杀害的人数在三十万以上，这是可以从远东国际法庭判决中推论出来的，但是这并不是从远东国际法庭对谷寿夫的判决中推论出来的。远东国际法庭根本没有审判过谷寿夫，因为谷寿夫并不是列名"甲级战犯"而是列名"乙级战犯"。按照国际惯例，只有"甲级"战犯是由国际法庭审判，"乙级""丙级"一般都是由直接受害国的国内法庭审判的（有时是由两个或两个以上的直接受害国所组织的混合法庭共同审判的，但这种情形并不很多）。

谷寿夫是在一九四六年夏天从日本引渡到中国来判处的。记得那时南京国防部由于受到群众的强大压力，曾经请求东京盟军总部把谷寿夫押解到中国来受审。那时我到东京才两三个月。有一天，总部法务处处长卡本德忽然到帝国饭店我房间里来看我，问我对这个问题有什么个人意见，并且说明他担心的是中国法庭能否给谷寿夫一个"公平审判"，或至少做出一个"公平审判"的样子。我当然是叫他尽管放心，并竭力怂恿他立即答应中国的

要求。我说："根据一般国际原则和远东委员会处理日本战犯的
决议，对于乙、丙级战犯，如经直接受害国（即暴行实施他国）
要求，盟军总部是不能拒绝引渡的。"在这次谈话过了不久，听
说谷寿夫便被押解到了中国，他是次年（一九四七年）三月间被
判处死刑的。据卡本德后来同我几次谈话中透露，中国方面还如
法炮制地向总部请求引渡过其他几个著名的乙级战犯，其中我能
记忆姓名的似有酒井隆、矶谷廉介、柴山六郎，可能还有落合甚
九郎（记不清楚）。这些人都是欠下中国人民大笔血债、中国人
民恨之入骨的敌人。他们的地位虽不太高，但是他们对中国人民
所犯下的暴行是数不胜数，罄竹难书的①。

二

　　南京大屠杀无疑的是第二次世界大战日军暴行中最突出的一
件，它的残酷程度在整个第二次世界大战法西斯暴行中或许仅次于
纳粹德军在奥斯威辛对犹太人的大屠杀②。但是奥斯威辛的大屠杀

---

　　①　卡本德几次同我谈到中国要求引渡战犯的问题都是在一九四六年下
半年。一九四七年开春以后，他就完全没有同我提起过这种事情，虽然时常
见面。我在日本三年多一直是住在帝国饭店，总部的许多高级干部也都住在
那里，而且那家饭店又是盟国人士的交际中心，因此在这三年中我同卡本德
在饭店里经常不断地有碰头的机会。但是，从一九四七年起，他就故意避免
同我谈论任何有关战犯的问题。一九四九年一月二十六日，蒋介石释放了冈
村宁次以及已经判决了的在中国狱中服刑的其他二百六十名日本战犯。据
说此事是卡本德出的主意，是通过麦克阿瑟向蒋介石直接提出的。记得运送
日本战犯的轮船抵达横滨的那天（一九四九年二月初旬，那时我还在日本；
法庭工作虽早已结束，但是为了抗拒政府要我任政务委员兼司法部长的
命令，因而滞留东京，半载有余），卡本德还向报界发表谈话。
　　②　关于奥斯威辛集中营的大屠杀，以及纳粹德军在第二次世界大战中
的其他种种暴行，请参阅鲁塞尔勋爵著的《卍字旗下的灾祸》（又名《纳粹
战争罪行录》，中文译本是北京世界知识社出版的）。这本书在描述和分析方
面都很全面、很科学，获得国际出版界很高的评价。

和南京的大屠杀在性质上和方法上都是不尽相同的。奥斯威辛的屠杀是根据纳粹的种族仇视政策和希特勒政府的直接命令有计划、有系统的屠杀，并且屠杀是用一种方法（毒气）进行的，而南京大屠杀则系在长官的放任纵容下由日军不分青红皂白、随心所欲地胡干乱干的。其次，在奥斯威辛那个遗臭万年的"杀人工厂"里，它是把所有的屠杀对象分批地送入毒气室用烈性毒气在几分或几秒钟内杀死的，而南京大屠杀则除了集体屠杀之外，大都是由日军个别地或成群地随时实行的，在屠杀之前大都先加以侮辱、虐待、抢劫、殴打、玩弄或奸淫。德军的屠杀大都是单纯的屠杀，而日军的屠杀则是同强奸、抢劫、放火及其他暴行互相结合的，其屠杀的方法是五花八门、无奇不有的，狂虐残暴的程度是世界历史上所罕见的。这种屠杀的高潮在一九三七年十二月十三日，日军攻占南京后昼夜不停地持续了六个星期之久（见远东国际法庭判处书）。

谷寿夫所率领的第六师团是最早攻陷南京城的日本部队，它是由中华门进城的。直到十二月二十一日开拔去攻打芜湖为止，这个师团一直驻扎在中华门一带（包括雨花台在内）。这一时期是日军在南京暴行的最高峰（那时除匿庇于所谓"国际安全区"者外，日军几乎见到中国男子便杀，见到中国女子便奸，奸后再杀；见到房屋店铺便烧，见到金钱财物便抢），而中华门一带又是杀人最多、暴行最烈的地区所在。因此，谷寿夫对南京大屠杀是负有严重责任的，他是"死有余辜"的。

同谷寿夫第六师团合攻南京城的还有中岛第十六师团，牛岛第十八师团、末松第一一四师团，共四个师团（另外还有吉住第九师团、荻洲第十三师团之山田支队、国崎支队）。这四个师团在占领初期都驻扎南京，它们的军官士兵都曾野兽般地参加了无法无天的暴行。至于中岛、牛岛和末松三人的下落如何，是在战争后期战死了？日本投降后自杀了？抑或被其他盟国引渡去判处了？我不清楚（他们都不是列名"甲级战犯"，因而没有一个是在远东国际法庭受审的）。

统率这四个师团攻占南京城的是恶名昭彰的松井石根大将。他是当时日本华中方面军司令官，也是攻打南京的最高统帅。对南京大屠杀事件，他无疑地负有直接的最高的责任。

松井石根，由于他的地位之高和罪责之大，是被列名于日本"甲级战犯"的一个。他是在远东国际军事法庭受审的二十八名日本首要战犯之一。这二十八名战犯都是法西斯日本的元凶巨魁，其中四人（东条、广田、平沼、小矶）曾任日本首相，其余的亦多曾任陆相、海相、外相，或重要战区的最高指挥官。这些战犯大都是属于大臣、大将一级，长期骑在日本人民头上的人物。他们对于日本侵略国策的制定和侵略战争的遂行是负有重大责任的。[远东国际法庭一九四六年五月三日开始审讯的日本首要的二十八名甲级战犯是：荒木贞夫、土肥原贤二、桥木欣五郎、畑俊六、平治骐一郎、广田弘毅、星野直树、板垣征四郎、贺屋兴宣、木户幸一、木村兵太郎、小矶国昭、松井石根、松冈洋右、南次郎、武藤章、永野修身、冈敬纯、大川周明、大岛浩、佐藤贤了、重光葵、岛田繁太郎、白鸟敏夫、铃木贞一、东乡茂德、东条英机、梅津美治郎。在漫长的审讯过程中，松冈洋右（前外相）和永野修身（前海相）病死狱中；大川周明得了神经病，亦中止审判。因此，在一九四八年十一月宣判时仅有被告二十五名，其中判处绞死刑者为七人（东条、广田、松井、土肥原、板垣、武藤、木村）；判处有期徒刑者为两人（东乡二十年，重光七年）；其余十六人均为无期徒刑（日人称为"终身禁锢"）。按列名日本"甲级战犯"者共有约七十名，均经逮捕羁押，准备交远东国际法庭审判。当时盟军总部的国际检察处（远东国际法庭的起诉机关）以案情过分庞大复杂，而一案审讯的被告亦不宜太多（那时欧洲纽伦堡国际法庭审讯的纳粹德国首要战犯仅二十二名），于是遂决定分为两批或三批向法庭起诉，由法庭作为两案或三案审理。第一案的这二十八名被告都是二十年来在日本政治上、军事上和外交上负首要责任的元凶巨魁。至于其余的那些金融实业界巨头、大财阀、大军火商（如岸信介、欠原房之助、鲇川义介等），以及在政治、军事、外交上地位虽稍低但恶名昭著的那些战犯（如西尾寿造、安藤纪三郎、儿玉誉大夫、青本一男、谷正之、天羽英二等），则拟留在将来第二案或第三案中起诉受审。但是，由于第一案的审理进程旷日持久，于是麦克阿瑟便以盟军最高统帅的身份指示国际检察处（一个完全由美国人操纵的机关）以"罪证不足、免予起诉"为借口而把这余下的约四十名甲级战犯全部分为两批擅自释放了。第一批释放是在一九四七年秋天，共二十三名（臭名远扬的上一届日本首相岸信介、久原房子助，都是这一批释放的）。第二批释放是在一九四八年年底，共十九名。因此，到了远东法庭对第一案二十五名被告战犯的判决执行之后，日本所有的"甲级战犯"已经全部被麦克阿瑟释放得一干二净，再也没有人提起第二案、第三案的问题了。远东国际法庭既已无事可做，只无形中归于消灭。那时各法官亦都归心似箭，纷纷离日返国（在十一位同人中，我系唯一的例外；由于前面说过的某种政治原因，我一直在日本逗留到一九四九年六月上旬）。奇怪的是：在远东委员会的决议或盟军总部的文告中，始终找不到任何明文规定法庭解散的日期或其结束的程序。]

远东国际法庭经过两年半漫漫长夜的审讯（开庭共八百十八次，审讯记录达四万八千多页），在一九四八年十一月四日上午开始举行宣判庭。那个长达一千二百十八页，打破世界纪录的判决书便宣读了八天之久。宣布各被告的个别刑罚是在十一月十二日下午（最后一庭）举行的。对松井石根，远东国际法庭判处的是绞死刑①。

三

由于南京大屠杀是第二次世界大战法西斯暴行中非常突出的事件，而被告松井石根对此事件又负有最高的直接责任，因此远东国际法庭对于这事件的审理是特别严肃认真的。据我的记忆所及，我们花了差不多三个星期的工夫专事听取来自中国、亲历目睹的中外证人（人数在十名以上）的口头证言，及检察和被告律师双方的对质辩难，接受了一百件以上的书面证词和有关文件，并且鞠讯了松井石根本人。

由法庭的审讯中，我们可以看出日军在南京的暴行确实是"现代战史上破天荒之残暴记录"。比起德军在奥斯威辛单纯用毒气的屠杀，日军的杀人方法是残酷绝伦、多种多样的。

现在就将我所能记忆的，对我印象最深、永世难忘的一些暴行实例，以及远东法庭在审讯和判决中所确认的一些事实和论断，作一

---

① 松井石根在两年多的受审过程中一直装出一副懊丧、忏悔、可怜相。在最后一庭，宣布对他判处绞死刑时，他吓得面无人色，魂不附体，两足瘫软，不能自支，后由两名壮健宪兵用力挟持，始得逡步走出法庭。他的绞刑是和其他六名绞刑犯于一九四八年十二月二十三日黎明执行的。在走上绞架的时候，他们都高呼了三声"天皇万岁！""大本营万岁！"这些元凶巨魁们的死硬顽固，有如此者！他们的尸体在火焚成灰以后，是用军舰在海上撒布的，任其随风飘去，使无踪迹可寻。据说这是第二次世界大战后对待处死的国际战犯的一般办法，对纽伦堡国际法庭处死的德国战犯的先例也是如此，其目的是避免复仇主义者之流抓到一点遗骸或骨灰之类的东西便大事铺张，给战犯们隆重安葬，立墓立碑，把他们扮成"殉国烈士"或"民族英雄'的模样。××××年，在当年东条英机的辩护律师，后任日本国会众议院议长清濑一郎的主持下，日本军国主义分子曾花一千五百万日元在名古屋市为这七名被远东国际法庭处死的大战犯树立了一块庞大的纪念碑，以表扬他们的"功绩"。

番最简单的挂一漏万的回忆和叙述。语云："前事不忘，后事之师。"

远东国际法庭判决书说："一九三七年十二月十三日早晨，当日军进入市内时，完全没有遭遇到抵抗。""日本兵完全像一群被放纵的野蛮人似的来污辱这个城市。""南京市像被捕获的饵食似的落到了日本人的手中，该市不像是由有组织的战斗部队所占领的，战胜的日军捕捉他们的饵食，犯下了不胜计数的暴行。""日军单独地或两三成群地在全市游荡，任意实行杀人、强奸、抢劫和放火，当时任何纪律也没有。许多日军喝得酪酊大醉，在街上漫步，对一点也未开罪他们的中国男女和小孩毫无理由地和不分青红皂白地予以屠杀，终致在大街小巷都遍地横陈被杀害者的尸体。""中国人像兔子似的被猎取着，只要看见哪个人一动就被枪杀。""由于这种不分青红皂白的屠杀，在日方占领南京的最初两三天的工夫，至少有一万二千的非战斗员的中国男女和儿童被杀害了。"

法庭的语言是慎重的，估计是保守的。以上这些认定都是根据法庭认为确凿可靠的证言而写入判决书的。然而，仅仅从以上几句话里已经可以看出日军是怎样的穷凶极恶、无法无天，以及我数十万呻吟于敌人铁蹄下的南京无辜同胞其命运是何等的黑暗悲惨！判决书上的这寥寥数语不啻是一幅活生生的"人间地狱写真图"。

四

日军除了个别地或小规模地对我南京居民随时随地任意杀戮之外，还对我同胞特别是解除了武装的军警人员以及他们认为是可能参加过抗日活动和适合兵役年龄的我青壮年同胞，进行过若干次大规模的"集体屠杀"，而这些次的屠杀又是以最残酷、最卑鄙的方法实施的。例如，在十二月十五日（即占领的第三天），我已放下武器的军警人员三千余名，被集体解赴汉中门外用机枪密集扫射，均饮弹殒命，其负伤未死者亦与死者尸体同样遭受焚化。又如，在同月十六日（即占领第四天），麇集于华侨招待所的男女难民五千多人，亦被日军集体押往中山码头，双手反绑，排列成行，用机枪射杀后，弃尸江中，使随波逐流，借图灭迹。这五千多人当中，仅白增荣、梁廷芳二人于中弹负伤后泅至对岸，得免于死，其中梁廷芳且曾被邀出席远东国际法庭做证。他那令人毛骨悚然的证言犹历历如绘地深印在我的脑海之中。

日军在南京最大规模的集体屠杀，只怕要数下关草鞋峡的那一次，那次屠杀是在十二月十八日（即占领的第六天）夜间举行的。当时日军将我从南京城内逃出而被拘囚于幕府山的男女老幼共五万七千四百十八人，除少数已被日军饿死或打死者外，全部都以铅丝捆扎，驱集到下关草鞋峡，用机枪密集扫射，使饮弹毙命，其倒卧血泊中尚能呻吟挣扎者均遭乱刀砍戮，事后并将所有尸骸浇以煤油焚化，目的也是灭迹。其中有一位名叫伍长德的，他被焚未死，待日军离去后从死人堆中负伤逃了出来，得庆更生，此人亦曾被邀出席远东国际法庭做证。他那使人惊心动魄的证言同样在我记忆里留下了不可磨灭的印象。在日军对我六万五千多无辜同胞的三次集体大屠杀中，仅仅这三个人得幸免于死。他们的证言得到法庭的重视和很高的做证评价。

以上几次集体屠杀虽然死者的尸体被投诸江中或焚为乌有，日军自以为无罪迹可寻，但是在大量证据面前，这些暴行已经是铁案如山，不容抵赖的了。

在抗日战争胜利后，南京还发现了好几处"万人坑""千人冢"，其在灵谷寺旁的一处且有敌伪时期南京督办高冠五为无主孤魂三千余所立的一块碑文。这些坑冢无疑的是日军集体屠杀的罪证，可能是他们使用另一种方法（活埋）实行的有力证据。由法医们后来对从这些坑冢里挖掘的数千具尸骸的检验和鉴定报告中，可以推定：集体活埋确也是日军使用过的集体屠杀方法之一，而且使用过不止一次。

由上所述，可见日军对我南京同胞的集体屠杀是极端残酷野蛮的，而其方法又是多种多样的。他们对我南京居民的任意的、个别的或小规模的杀害同样也是用极端残酷野蛮的多种多样的方法实行的。花样之多，死事之惨，是世界历史上所罕见的。

除了随时随地、随心所欲地任意枪杀之外，日军对我无辜同胞还用尽了其他种种更绝灭人性的杀人方法，例如：砍头、劈脑、切腹、挖心、水溺、火烧、割生殖器、砍去四肢、刺穿阴户或肛门等；举凡一个杀人狂患者所能想象得出的最残酷的杀人方法，他们几乎都施用了。而且在南京沦陷后持续六个星期之久的时间里，每天都要对我无辜同胞施用成千上万次，这确实是骇人听闻、史乏前例的残暴记录。

但是最残暴、最令人发指的还是日军为取乐而举行的"杀人比赛"。在这里，我只指出一桩"杀人比赛"中最突出的事例。这件事是在资格最老、声誉卓著的英文《日本广宣报》（Japan Adyertizer）上登载并大事宣传过的①。事情是这样的：

在南京被日军占领以后，有两个日军军官，在全城杀人如麻的空气中，忽然别出心裁地决定要进行一次"杀人比赛"的游戏，看谁用最短的时间能杀死最多的中国人。杀的方法是用刀劈，就像劈柴火或我国南方儿童"劈甘蔗"游戏一样。同意了比赛条件之后，这两个野兽般的军官便各自提着极其锋利的钢刀，分头走向大街小巷，遇到中国人不论男女老幼便是当头一刀，使成两半。

在他们各自砍杀的人数都到达了一百的时候，他们便相约登上紫金山的高峰，面朝东方，举行了对日本天皇的"遥拜礼"和"报告式"，并为他们的"宝刀"庆功、祝捷。

在这以后，其中一名又添杀了五个中国人，另一名却添杀了六个。于是，后者便以接连杀了一百零六个中国人而被宣布为这场"杀人比赛游戏"的"胜利者"。

这种灭绝人性的滔天罪行，经《日本广宣报》披露之后，日本政府、日本大本营和日军司令长官非但不加谴责、制裁，反而

---

① 参阅提姆伯莱（Timperry）著，《日军在华暴行纪实》（英文原著，无中文译本）。

认为它是"耀扬国威""膺征支那"的"光荣"举动。

是可忍，孰不可忍！我们中国人民在中国共产党的领导之下已经屹然站起来了，而且本着"与人为善"的精神实现了同日本人民"中日邦交"正常化，但是对于日本军国主义者欠下我们的这样一些累累血债，我们怎能不告诉我们的子孙后代，永志勿忘呢？

五

日军在南京的滔天罪行，除了任意屠杀我国同胞之外，便是随时随地强奸我国妇女，其次数之多，情状之惨，也是打破世界纪录的。因此，在喧腾一时的世界舆论中，有的人称它为"南京屠杀事件"，有的却称它为"南京强奸事件"。其实，对于日军来说，强奸和杀人是分不开的，因为兽军在强奸之后通常是把被奸的妇女（甚至连同她们的家属子女）一齐杀掉的①。

远东国际法庭的判决书上说："强奸事情很多。不管是被害

---

① 奸后必杀几乎成了日军的一条规律。在国际检察处向远东法庭提出的无数证件里，其中有一件是日本军部发给战区司令长官的秘密命令，要他们禁止士兵归国后谈论他们在中国的暴行。命令说："兵士们把他们对中国士兵和平民的残酷行为谈出来是不对的。"其中引用了一般常谈的故事如下：某中队长关于强奸给过士兵们这样的指示："为了避免引起太多的问题，或者是给以金钱，或者系事后将她们杀掉。"在贪婪成性、嗜财如命的日军，所谓"给以金钱"只是空话，"将她们杀掉"，才是指示的真意所在。命令中又说："如果将参加过战争的军人一一加以调查，大概全都是杀人、抢劫、强奸的犯人。""在战斗期间最喜欢的事情是抢劫，甚至有人见了长官也装作没有看见似的，所以竟尽情抢劫。""在某某地方抓到了一家四口，把女儿当娼妓似的玩弄。因为父母要讨回女儿，所以把他们杀掉了。留下来的女儿一直在不断地被蹂躏着，到出发时又把她给杀了。""在大约半年的战斗中，所能想象得起来的就是强奸和抢劫一类的事情。""在战地中我军的抢劫是超出想象之外的……"这是日本军部对日军暴行的"不打自招"。虽然命令是禁止归国士兵谈论这些事情，但是它并不否认这些事情的客观存在。对于这样一个列为"最机密"的内部文件，远东国际法庭非常重视，给了它很高的做证评价。

人或者是为了保护她的亲属，只要稍微有一点抗拒，经常便遭到杀害。……在这类强奸中，还有许多变态的和淫虐狂的事例，许多妇女在强奸后被杀，还将她们的躯体加以斩断。"法庭接受了无数的关于这类强奸及奸后杀戮的证据。例如，幼女丁小姑娘，经兽军十三名轮奸后，因不胜狂虐，厉声呼救，当被割去小腹致死。市民姚加隆携眷避难于斩龙桥，其妻经兽军奸杀后，八岁幼儿及三岁幼女因在旁哀泣，均被兽军用枪尖挑其肛门投入火中，活活烧死。年近古稀的老妇谢善真在东岳庙中被兽军奸后用刀刺杀，并以竹竿插穿其阴户，以资取乐。民妇陶汤氏在遭兽军轮奸后，又被剖腹断肢，逐块投入火中焚烧。这类不胜枚举的残酷无匹的奸杀暴行，在南京被占领后差不多两个月的时光内（迟至一九三八年二月初旬，情况才开始好转），每天几乎都要发生几百件乃至于上千件。

因此，远东国际法庭的认定是："在占领后的第一个月中，在南京市内发生了两万左右的强奸事件"；"全城内无论是幼年的少女或老年的妇人，多数都被奸污了"。法庭的这个认定和数字估计完全是根据曾经向法庭提出过的那些确凿证据而慎重做出的，绝对没有夸大的可能。其实，当时的实际情况还要比这坏得多。

六

有人说：日军笃信佛教，敬佛畏神，只要藏匿在佛庙或庵观，便能逃避灾祸。但是事实证明了这完全是无稽之谈。非但南京庙庵遭日军火焚者比比皆是，即和尚尼姑被杀、被奸以及奸后被杀者亦为数甚多。他们的命运并不比一般市民更好。例如，著名的和尚隆敬、隆慧，尼姑真行、灯高、灯元等都是在日军进城的第一天在庙庵中被杀掉的。此外，日军还常以杀辱僧人取乐，其方法是：兽军于强奸或轮奸少女后，遇有过路的或能抓到的僧人，必令其续与行奸，有敢抗拒者，便被处宫刑（割去生殖器）致死。

由此可见，所谓日军"敬佛畏神"之说纯系虚构，佛庙庵观实无丝毫安全之可言。

非但佛庙庵观毫无安全之可言，即避难于国际难民收容委员会所设置之所谓"国际安全区"的我国同胞亦不能逃脱敌人之魔爪。"安全区"事实上并不"安全"。

记得远东国际法庭审讯南京大屠杀事件时，曾传唤过几位当时实际负责安全区工作人员出庭做证。就我所能记忆的，他们在宣誓后作了如下的证言，并提出了许多文件档案去支持这些证言。证言的要点如下：

在南京沦陷初期，日军曾一再闯入国际安全区，对该区所收容的难民普遍地进行了"甄别"和"鉴定"。凡是他们认为有抗日嫌疑的、当过兵的以及适合兵役年龄的我青壮年男同胞（极大多数是工人、学生、店员）都被逮捕，成批地捆绑去供集体屠杀，尸体被投江中，或予以火焚，或活埋于"万人坑""千人冢"内。

在"安全区"存在的整个期内（约两个月，至一九三八年二月初始办理结束），日军当局曾多次搜索该区难民，并迫令提供大量少女去"慰安所"（即妓院）"服务"，以供他们蹂躏及发泄性欲之用。

由此可见，所谓国际安全区，其所能保护者亦仅是一般老弱妇孺而已。就是这种人所得到的保护也不是绝对的，因为日军经常单独地或三三两两于夜深人静时越围而入，或则不择老幼，摸索强奸，或则盗窃财物，囊满则去。

"安全区"既无铜墙铁壁，又无武装警卫，在那里服务的国际人士对日军这些暴行亦只有低声下气、苦口婆心地去进行规劝排解或讨价还价，以期减少牺牲而已。〔据出席远东法庭做证的国际安全区负责工作的西方人士说，他们除了对日军进行规劝、排解和讨价还价之外，便是通过新闻记者向世界舆论宣传日军的暴行；同时，将这种种暴行作成"备忘录"，通过外交途径向日军当局每天提出两次抗议。但是日军当局从未理睬，亦不置复，依然任其部下肆虐如故。讯问看到这些"备忘录"没有？松井答称：看到过。讯问他采取过什么行动？松井答称：我出过一张整饬军纪的布告，贴在某寺庙门口。问：你认为在浩大的南京城内，到处杀人如麻，每天成千成万的中国男女被屠杀、被强奸，你的这样一张布告有什么效力吗？松井哑然，无言以对。继又供称：我还派了宪兵维持秩序。问：多少名宪兵？松井答：记不清，大约几十名。问：你认为在好几万日军到处疯狂似的杀人、放火、强奸、抢劫的情况下，这样少数宪兵能起制止作用吗？松井于沉思后低声答称：我想能够。于此，法庭遂传讯另一证人，这个证人根据亲历目睹的事实，证明全城总共只有宪兵十七名，而这十七名所谓"宪兵"非但不制止任何暴行，而且他们自己也参加了暴行，特别是抢劫财物或者从强盗士兵们手中来一次"再抢劫"。在这个证人面前，松井弄得窘态毕露，无地自容；而在法官们心里以及旁听群众的脑中，却弄清楚了最高统帅松井大将在南京所采取的"整饬军纪"的措施，原来就是这么一回事！]

在这里，我记得最清楚的是一位出庭做证的老年西洋牧师，他也是安全区主要负责人之一。他说：在某一夜间，一个日兽兵竟光顾他的住宅达三次之多，目的之一是想强奸匿避在他家中的小女学生，其次便是想窃盗一点财物。每次经他高声嚷斥之后，这个兽兵便抱头鼠窜而逃，但是每次都要偷点值钱的东西走。为了满足他的贪财欲望，最后一次，这位老牧师索性故意让他在衣服口袋里扒去他仅有的六十元纸币。在得到了这份意外之财以后，这个兽兵便怀着满意和感激的心情，一溜烟似的从后门逃走了。

由此可见，号称纪律严明、天下无匹的"大日本皇军"，非但杀人、放火、奸淫、抢劫，无所不为，而且竟堕落到做小偷、扒手的地步！

远东国际法庭在审讯南京大屠杀事件约二十天的过程中，空气一直是严肃、沉重的，唯有在老牧师讲完这个故事之后，法官同人和旁听席中的大量群众（每庭旁听的日本人都在一千以上）都不禁失笑，而被告席上的那些大战犯们（特别是松井石根）却面有难色，啼笑皆非。

所谓"国际安全区"，甚至国际人士自己的住宅，其情况尚且如此，至于整个南京城内其他大街小巷，中国人的生命财产被野蛮糟蹋，破坏到什么地步，便更可想而知了①。

---

① 本文主要是谈谈日军对我南京同胞形形色色、无奇不有的屠杀和强奸。这是直接对我国人民生命的损害。至于由于日军放火、抢劫而造成对我国财产的损害，本文不拟多所涉及。但这绝不意味着日军放火、抢劫之类的暴行似不如杀人、强奸暴行之严重、普遍。在这里，我只想引用远东国际法庭判决书上带有总结性的一段这样的话："日本兵向老百姓抢劫他们所想要的任何东西。据目睹者说：日本兵在街上唤住手无寸铁的平民，搜查他们的身体，如果搜不出任何值钱的东西，就将其枪杀。无数的住宅和商店被侵入和被抢劫。被抢劫的物资用卡车运走。在日本兵抢劫了店铺和仓库之后，经常是放一把火把它烧掉。最重要的商店栉比的太平路被火烧掉了，并且市内的商业区一块一块地、一个接着一个地被烧掉了。日本兵竟毫无理由地就把平民的住宅烧掉。这类的放火在数天以后，就像按照预定的计划似的继续了六个星期之久，因此，全城约三分之一都被毁了。"法庭的这一段概括性的描述完全是根据无数确凿可靠的证据而作出的，绝对没有任何夸大之可能。记得有一个证人还这样说过：就是在松井大将旌旗招展、前呼后拥、骑着大马耀武扬威地举行"入城式"和"慰灵祭"的那天，南京城内不但尸陈遍地，臭气熏天，而且还有十四个火头正在熊熊地燃烧着。但是这个日军统帅视若无睹、无动于衷，没有采取过任何有效的行动加以制止，致令这种情况持续达六个星期之久！

七

远东国际法庭在审理南京大屠杀事件时还接受了一个极端重要的做证文件。它是纳粹德国驻南京大使馆打给德国外交部的一个秘密电报。这个电报是德国投降后盟军搜查德国外交部机密档案库时所发现的。法官同人都非常重视这个电报，给了它很高的做证评价，因为它是来自法西斯阵营内部，是日本同盟的兄弟国家所提供的。电报在概括地描述了日军在南京杀人如麻以及强奸、放火、抢劫的普遍情况之后，其最终结语是：

"犯罪的不是这个日本人，或者那个日本人，而是整个的日本皇军。……它是一副正在开动的野兽机器。"

由于这副"野兽机器"在日军长官的纵容下高速度地和全火力地开动达六星期之久的结果，我南京同胞被残杀的数目无疑的是惊人巨大的！这是不言而喻的。但是这个数目究竟是多大，则缺乏精确的统计，而各方的说法亦不甚一致。

远东国际法庭的判决书上写道："在日军占领后最初六个星期内，南京及其附近被屠杀的平民和俘虏，总数达二十万以上。"这种估计并不夸张，这由掩埋队及其他团体所埋尸体达十五万五千人的事实就可以证明了（精确地说来，由红十字会掩埋的是四万三千零七十一人，由崇善堂收埋的是十一万二千二百六十六人，这些数字是由这两个团体的负责人根据各该团体当时的记录和档案向远东法庭郑重提出的）。

远东国际法庭这个估计无疑地又是慎重的、保守的。但是，注意到日军灭迹伎俩的狡黠和多样化，法庭判决书中遂有郑重声明："这个数字还没有将被日军所烧毁了的尸体，以及投入到长江或以其他方法处死的人们计算在内。"这一点是十分重要的。

仅就我们前面所举的尸体被消灭了的三个事例,便是六万五千余人之多(计汉中门外枪毙的被俘军警三千余人,尸体被焚;中山码头射杀的难民五千余人,尸体被投入江中;下关草鞋峡被密集扫射杀死的平民五万七千四百余人,尸体亦被焚化)。其他无迹可寻,或发现稍迟,来不及向法庭提出证据的,亦必不在少数。说这一类被害者必在十万以上,是非常保守的,中国方面常说被灭迹的牺牲者达十九万人,也绝非故意夸大(在对谷寿夫案的判决书中便有这样的认定)。

此外,还须注意的是:远东国际法庭认定被杀害者为二十万人以上,不但未包括尸体被日军消灭了的大量被害者在内,而且这个数字仅仅是"在日军占领后六个星期内"的。这六个星期虽是日军杀人如麻的高潮,但是六个星期过后,日军杀人的勾当并没有完全停止,只是大规模的、不分青红皂白的杀人是减少了,而个别的、零星的或小规模的屠杀却仍在经常地进行着,这一类的被屠杀者是不包括在远东法庭所认定的那个数字之内的。

把以上所举的种种因素考虑在内,我们可以很肯定地估计:在日军占领时期,我南京无辜同胞被杀害的人数必定是在三十万至四十万之间,即三十五万左右。这个估计绝非主观臆测,而是符合客观实际的,虽然谁也没有过也不可能有绝对精确的计算。同时,可以说,我们的这个估计同远东国际法庭的估计是丝毫没有矛盾或抵触的。

对这约三十五万冤魂,日本天皇、日本内阁、日本大本营都负有严重的责任。因为假使不是他们有意地默许和放任的话,在事件持续这样长久的一个时期里,它是可以随时被制止的。从根本上讲,假使不是他们发动侵略战争的话,这类的大屠杀或任何战争暴行都不能发生。因此,法庭认定:侵略是人类最大的罪行,是一切战争罪行的总和与根源。这个认定是完全正确的。

　　但是对南京大屠杀事件负最高的直接责任者还是松井石根，他是当时日本华中方面军司令官，又是攻占南京的最高统帅。只要他不故意纵容部下，南京大屠杀事件便不可能发生，即使发生，其规模亦必小得多得多，时间亦必短得多得多。因此，正如远东国际法庭所认定的，松井石根应该是南京大屠杀案的主犯和祸首。

　　对这样一个灭绝人性、不负责任的敌人，远东国际法庭判处其绞死刑是完全符合正义要求的举动。对中国人来说，也是一件差强人意的事情。当然，我们决不能因为松井一人被判处了绞刑而忘却这桩中国历史上所罕见的浩劫。相反地，我们以及我们的子孙后代都应该牢牢地记住日本军国主义者在中国犯下的滔天罪行，并从其中吸取教训。

南京保卫战大事记

（一九三七年十一月十九日——十二月十三日）

淞沪战场实行全线撤退后，日军上海派遣军和第十军同时向吴（苏州）福（山）线与乍（浦）嘉（善）线突进。一九三七年十一月十九日我军吴福线既设阵地和乍嘉线先后失守。

十一月十九日

△ 蒋介石任命唐生智为南京卫戍司令长官，刘兴为副司令长官。

△ 苏州、嘉兴失守。

十一月二十日

△ 我军主力部队由苏州退入江阴无锡一带。

△ 国民政府发布迁都重庆宣言。

△ 蒋介石调第二十三集团军刘湘部五个师（第一四四、一四五、一四六、一四七、一四八师），两个独立旅（独立第十三、十四旅）集结广德、泗安、安吉间，以为策应。自即日起先后向该地运动。

△ 我军主力由苏州退入江阴无锡一带。

十一月二十一日

△ 日军第十军之第六、十八、一一四师团和国崎支队向吴兴（湖州）推进。

十一月二十二日

△ 日军猛攻江阴炮台。

△ 日军华中方面军向本国大本营呈报："为了使事态迅速解决，乘现在敌人的劣势，必须攻占南京。"同日，来自第十军的报告也有同样意见。

△ 宋希濂率第三十六师残部抵达南京。

△ 日机空袭南京。警报解除后，蒋介石夫妇同乘汽车巡观全城。

十一月二十三日

△ 蒋介石到常州，召集前方将领训话。

△ 从广东赶赴前线的第八十三军（欠第一五四师）即日到达无锡，担任掩护主力撤退任务。

△ 日军第十六、十三、九师团以主力向无锡推进，二十三日起向无锡东面我军阵地猛攻。

十一月二十四日

△ 国民政府军事委员会发表布告，任命唐生智为南京卫戍司令长官。（唐已于二十日视事）

十一月二十五日

△ 沿太湖南岸西进之敌以第一一四师团主力进攻长兴，以一部进攻宜兴，以第十八师团主力在湖州附近集结，依次向我守军阵地进攻。

△ 无锡失守。

十一月二十六日

△ 国民政府军事委员会对日作战大本营发布南京卫戍部队战斗序列。

十一月二十七日

△ 南京卫戍司令长官唐生智在中央文化协会召开中外记者

招待会上表示："愿与南京共存亡。"

△ 日军第十三师团兵分两路向江阴猛攻，守军第一一二师和第一〇三师及江阴要塞守备部队顽强抵抗。

△ 俞济时率第七十四军残部退至南京东郊，被编入南京卫戍军战斗序列。

十一月二十八日

△ 蒋介石指示南京战略，盼能固守两周以上。

十一月二十九日

△ 蒋介石率唐生智、罗卓英、周斓、桂永清、孙元良以及江宁要塞司令邵百昌等，到紫金山、雨花台、狮子山等地视察南京复廓阵地。随行的还有顾祝同、胡宗南、钱大钧。

△ 沿太湖南岸西进之日军已进抵广德前郊。广德、泗安守军先后向宁国、太平方向转移。

△ 日军侵占宜兴。

十一月三十日

△ 我军在南京城东七十五公里处完成弧形防御线，起自镇江经丹阳、金坛、溧阳而至兰溪。

△ 日军占领广德，守军第一四五师师长饶国华殉国。

△ 侵占广德之日军第十八师团未追击守军直趋芜湖，第六师团和第一一四师团北上，形成围攻南京的态势。

十二月一日

△ 江阴失守。日舰在江阴被我击伤击沉七艘。守军一部沿沪宁路西撤，另一部北渡长江。

△ 日军大本营下达华中方面军战斗序列令（由华中方面军、上海派遣军、第十军组成），方面军司令官为松井石根。同时又令："华中方面军司令官须与海军协同，攻占敌国首都南京。"

十二月二日

△ 德国驻华大使陶德曼抵达南京。

△ 第八十三军（欠第一五四师）在武进一带完成掩护主力撤退任务后，退集镇江附近。

△ 日军第九、十六师团占领丹阳、金坛，是日续向南京推进。

△ 日军侵占溧阳。

十二月三日

△ 第七十一军调赴龙潭，以一部继续留驻镇江，参加守城战。

△ 日军第十军主力于今日开始行动，以一部从芜湖方面进入南京背后，以主力进入溧水附近。上海派遣军于今日以第十六师团沿句容—汤山—南京公路地区，以第九师团沿天王寺—淳化镇—南京公路，均向南京攻击，山谷支队以攻占镇江为目的，沿常州—丹阳—镇江公路向镇江攻击，第十三师团一部也于四日沿江阴—常州—奔牛镇—孟河城—镇江公路向镇江附近推进。

十二月四日

△ 第二军团徐源泉部（辖第四十一师、第四十八师）奉命从湖北开赴南京，其先头部队第四十一师一部今日抵达浦口，即进入栖霞、龙潭一线阵地。

△ 我第一线、第二线部队进入阵地完毕。

△ 蒋介石由林园官邸搬移至清凉山林蔚别墅暂住。

十二月五日

△ 第六十六军前进部队在句容栗子里附近与敌接触。

△ 第五十一师与窜入湖熟之日军接触。

△ 日军第十六师团追击队于今日突破句容附近守军阵地。第九师团一部进入南京第一线阵地淳化镇附近。

十二月六日

△ 罗卓英任南京卫戍副司令长官。

△ 南京市区实行戒严，划定以新街口为起点至山西路止，中山路以西为难民区。

△ 第八十七师一部奉命向南京转进归还建制，阻击任务由江阴西撤之第一〇三师接受。

△ 句容失守。

十二月七日

△ 凌晨五时四十五分，蒋介石乘机飞离南京。

△ 国民政府宣布南京为交战区。

△ 南京警备部队在军火库、飞机库、汽油库及工厂实行有系统的破坏，各军事要点的房屋也开始焚毁。

△ 第四十八师抵宁，当即开赴南京北郊杨坊山、乌龙山一线布防。

十二月八日

△ 拂晓始，日军三路兵力同时发起对南京的正面进攻，至晚上进入南京附近郊区，东北面到达栖霞山，东面到达大胡山，南面到达汤山和淳化镇，西南面到达秣陵关和江宁镇。

△ 晚，南京卫戍司令长官部下令守军退守复廓阵地，其部署如下：右侧部队固守板桥镇大山之线，第七十四军固守牛首山一带据点至河定桥之线，第八十八师固守雨花台，第八十七师固守河定桥至孩子里之线，右与第八十八师及第五十一师左与教导总队联系；教导总队固守紫金山，第二军团固守杨坊山、乌龙山之线及乌龙山要塞，第三十六师固守红山、幕府山一带，第六十六军至大水关附近集结整理待命，第八十三军之第一五六师及第三十六师之一团在青龙山、龙王山一线掩护撤退，在镇江之第一〇三师、第一一二师残部向南京急进。

△ 运输司令部向江北转移。

△ 夜，唐生智公馆被炸。次日将部分卫戍司令长官部人员迁置铁道部。唐生智与罗卓英、刘兴、周斓率少数幕僚继续留驻唐公馆，凭电话指挥。

十二月九日

△ 晨一时许，日军一部以坦克车为前导，由淳化镇与东山间的土路向南京近郊猛攻，由于守军占领复廊未稳，高桥门失守，日军复占领七桥瓮，向光华门紧逼。上午光华门被突破，通济门亦遭猛攻。守军教导总队谢承瑞团和第八十七师一部里外夹击，将大校场之敌击退，盘踞通光营房内及城门洞内之少数日军则始终顽抗。

△ 牛首山阵地被突破后，第五十八师伤亡严重。至晚，该部向水西门附近集结。

△ 第四十一师与围攻栖霞山之敌展开要点争夺战，三进三退，伤亡严重。该师于当日退出栖霞山，向和尚桥东西之线第四十八师阵地转移。

△ 日军华中方面军司令官松井石根致牒唐生智投降书，劝（限）其十日午前交出南京城。

△ 南京卫戍司令长官部发布命令，要求各守备部队"应与阵地共存亡"，同时派第三十六师担任沿江警戒，禁止任何部队渡江。

十二月十日

△ 唐生智拒复松井石根通牒，并令炮兵开炮予以回答。同时长官部令城内部队构筑工事，准备巷战。

△ 光华门战事再次白热化。卫戍司令长官部调第一五六师和宪兵一部增援光华门，以第一五九师控制明故宫附近，策应第一五六师，以新由镇江撤退回京之第一〇三师担任中山门城垣守

备，归桂永清指挥。至日暮，光华门守军将城门洞内之敌焚毙，并歼灭通光营房之敌。

△ 教导总队在紫金山以东地区作战，至今日退守第二峰。

十二月十一日

△ 日军司令官松井石根向南京城外部队下达总攻命令，以主力一面向紫金山、雨花台攻击，同时以一部攻占杨坊山和银孔山，并以一部由大胜关渡江至江心洲向我第七十四军右侧背攻击。

△ 日军连日攻光华门不下，方以主力转向雨花台方面。雨花台右翼阵地被突破，中华门城门亦被敌炮击毁，有少数敌军突入，但被歼灭。夜，长官部下令第八十八师缩短阵线固守城外主要阵地，右与第七十四军左与第八十七师联系，其城垣防务（除中华门雨花台附近外）由第一五六师及第七十四军分担。

△ 因银孔山失守，第二军团与城内联系中断，午后战况不明。

△ 中午，顾祝同用电话向唐生智转达蒋介石的撤退命令。

△ 当晚十一时，卫戍司令长官部接到蒋介石下达的撤退命令：如情势不能久持，可相机撤退以图整理而期反攻。

△ 镇江、当涂失守。

十二月十二日

△ 自复廓战以来，南京各城门均受到压迫。中午起，中华门、中山门、雨花门、水西门、安德门、光华门等先后被突破。

△ 下午五时许，南京卫戍司令长官部召集守城将领开会，宣布撤退命令，决定以大部突围，一部渡江撤退，要求各部本晚开始行动，并对具体时间、路线作了详细规定（由于情况异常混乱，突围撤退命令无法下达，除少数部队突围外，大部拥至江边）。

△　晚九时许，唐生智、罗卓英、刘兴等卫戍司令长官部人员在煤炭港乘轮渡江北撤。

十二月十三日

△　日军侵占南京。至此，开始了持续三个月的大屠杀——南京大屠杀。

图书在版编目(CIP)数据

南京保卫战/ 唐生智，刘斐等著. —北京:中国文
史出版社,2013.1

（正面战场：原国民党将领抗日战争亲历记）

ISBN 978 - 7 - 5034 - 3703 - 8

Ⅰ. ①南… Ⅱ. ①唐… ②刘… Ⅲ. ①国民党军 - 抗
日战争时期战役战斗 - 史料 - 南京市 - 1937 Ⅳ.
①K265. 210. 6

中国版本图书馆 CIP 数据核字（2012）第 286390 号

责任编辑：马合省　卢祥秋

出版发行：**中国文史出版社**

社　　址：北京市海淀区西八里庄 69 号院　邮编：100142

电　　话：010 - 81136606　81136602　81136603（发行部）

传　　真：010 - 81136655

印　　装：北京新华印刷有限公司

经　　销：全国新华书店

开　　本：720 × 1020　1/16

印　　张：24　　　　字数：400 千字

版　　次：2013 年 1 月第 1 版

印　　次：2020 年 9 月第 4 次印刷

定　　价：83.00 元